U0723579

中国教育专家领航系列丛书

家庭教育的九大误区

宋振财　著

世界图书出版公司

图书在版编目（CIP）数据

家庭教育的九大误区 / 宋振财著 . -- 北京 : 世界
图书出版公司，2020.12
ISBN 978-7-5192-7890-8

Ⅰ . ①家… Ⅱ . ①宋… Ⅲ . ①家庭教育 Ⅳ . ① G78

中国版本图书馆 CIP 数据核字（2020）第 195712 号

书　　　　名	家庭教育的九大误区	
（汉语拼音）	JIATING JIAOYU DE JIU DA WUQU	
著　　　者	宋振财	
总　策　划	吴　迪	
责　任　编　辑	王林萍	
装　帧　设　计	杨丽杰	
出　版　发　行	世界图书出版公司长春有限公司	
地　　　址	吉林省长春市春城大街 789 号	
邮　　　编	130062	
电　　　话	0431-86805551（发行）　0431-86805562（编辑）	
网　　　址	http：//www.wpcdb.com.cn	
邮　　　箱	DBSJ@163.com	
经　　　销	各地新华书店	
印　　　刷	吉林省信诚印刷有限公司	
开　　　本	787 mm×1092 mm　1/16	
印　　　张	22.5	
字　　　数	335 千字	
印　　　数	1—2 000	
版　　　次	2020 年 12 月第 1 版　2020 年 12 月第 1 次印刷	
国　际　书　号	ISBN 978-7-5192-7890-8	
定　　　价	45.00 元	

中国教育专家领航系列丛书

顾问委员会

丛书编委会

总序

教育大计，教师为本。

《国家中长期教育改革和发展规划纲要（2010 — 2020 年）》（以下简称《纲要》）中要求，"创造有利条件，鼓励教师和校长在实践中大胆探索，创新教育思想、教育模式和教育方法，形成教学特色和办学风格，造就一批教育家，倡导教育家办学"。2012 年《国务院关于加强教师队伍建设的意见》（国发〔2012〕41 号）在《纲要》精神的基础上，更明确提出要"培养造就高端教育人才"。党的十九大报告也进一步明确强调"优先发展教育事业"，打造教育家型教师是深入贯彻落实党的十九大精神和教育方针，办好人民满意教育的一项重要举措。

教育事业的发展离不开德才兼备的优秀教师。教育家型教师是教师队伍的领军人物，是引领教育事业发展的楷模和榜样，是教育事业改革与创新的核心力量，成为教育家型教师是每位教师的职业追求。

国将兴，必贵师而重傅。多年来，长春市把全面加强教师队伍建设作为一项重大政治任务和根本性民生工程切实抓紧抓好，遵循教师培养的规律，不仅高度重视新教师、骨干教师和名师的培养，也十分重视教育家型教师的打造。《中国教育专家领航系列丛书》选取了在长春教育一线工作，有教育情怀、有教育思想、有教育业绩，在全国有较大影响力的专家型教师，系统地诠释他们的教育主张、教学风格、教育智慧以及在教育教学中的学术成果。旨在传播这些教育家型教师的思想，推广其教育教学经验，进而感召和引领广大教师专业成长，推动教育事业的发展。

就在本丛书推出的过程中，中共中央、国务院印发了《关于全面深化新时代教师队伍建设改革的意见》（以下简称《意见》）。《意见》指出："到 2035 年，教师综合素质、专业化水平和创新能力大幅提升，培养造就数以百万计的骨干教师、数以十万计的卓越教师、数以万计的教育家型教师。"本丛书的推出，恰逢其时。希望本丛书能为中国教师领跑，为实现教育现代化领路，为中国教育领航。

黄宪昱

2020 年 4 月 21 日

自序

　　2017 年 9 月 15 日，一个平常的秋日，"动力教育合格父母培训"启动大会，如约在学校召开。记不清这个约定是在什么时候做出的，也记不清这个约定者是谁，但冥冥之中这个约定却是真实的存在，而且记忆是这么清晰、这么深刻。

　　也许是在做班主任的日子里吧，看着学生一双双厌倦学习的眼神，听着家长一句句没完没了的抱怨，感受内心一次次刺痛的反思……

　　也许是在读媒体新闻的日子里吧，又一个孩子在家长的负面情绪轰炸下痛苦自卑，又一个孩子在家长学习成绩的高期望下跳楼身亡，又一个孩子在高自尊高敏感高脆弱的性格驱使下害人害己……

　　也许是在学习培训的日子里吧，翻开《让孩子安心做自己》，才深刻领悟每个生命都是独一无二的；阅读《教育激扬生命》，才真正明白教育者要充分相信学生；参加"动力教育合格父母培训"，才醍醐灌顶：家庭教育呼唤真爱……

　　　　……

　　就是在这样的日子里吧，我们的内心与自己做出了一个约定，约定要在那样的一天，学校教育场要开辟一个新的场域：家长教育场；家长要经过培训，成为合格父母。这一天真的来了，这一天是 2017 年

9月15日。一位同事说，要把这一天作为父母节，这个建议真好。教师要有教师节，父母要有父母节，父母节提醒每一个家长，做父母要培训，要学习。

做家庭教育，我给自己起了一个学术名字：北斗。我喜欢家长叫我北斗老师，听起来更亲切。取名北斗，一是告诉自己，我不是太阳，我没有太阳普照万物的光芒；二是告诉自己，我只是夜幕中亿万颗星斗中的一颗，很平凡；三是告诉自己，在孩子积极、阳光、向上、快乐、幸福的日子里，我愿意隐去自己的光辉，只在一旁默默地为他们加油祝福；在孩子的精神生命不慎走入孤单、害怕、迷茫、失望、绝望的通道时，我愿意显露自己的光辉，在孩子精神生命的通道中点亮星光，引领孩子继续向着自己梦想的远方勇敢前行。

"动力教育合格父母培训"一学年下来坚持了七期，近千名家长全程参加了培训。"为孩子请命，为心灵点灯；让真爱回家，让幸福相伴。全心全意，全力以赴；真爱能赢，真信必胜。"36字合格父母培训誓言，已经深深植入参训家长的心中。

培训以欧阳维建主编的《爱能赢》（广东教育出版社，2011年7月第1版）为基本教材，讲解家庭教育的七大奥秘：会爱才是真爱，做孩子喜欢的父母，我是一切的根源，倒过来更精彩，负面情绪是爱的毒药，关系决定未来，让爱流动起来。

培训采取"一次听讲五次分享"考核制度。五次分享包括卡片分享、演讲分享、微信分享、案例分享、阅读分享。期望通过不断地重复、分享，将正确的教育价值观植入参训家长内心。我们组织、编写、印发了四期《北斗星》，刊发了部分参训家长的教育案例与培训感悟，是"动力教育合格父母培训"的重要成果。本书中引用的参训家长文章，均来自《北斗星》（略有修改）。本书每篇中"参训家长微分享"一章所引文字，均来自参训家长的微信分享。这些来自参训家长笔下的文字，原汁原味，真诚朴实，反映了参训家长的教育心声，是本书一个重要特色。其余几篇引文出自《爱能赢》或网络。在此，对所有引文的作者一并表示感谢。

本书以"家庭教育的九大误区"为名，意在提醒家长在教育中要努力遵循生命成长规律和教育规律。教育比不得，要努力发现孩子独一无二的特性；教育疑不得，要无条件地充分地相信孩子；教育快不得，要允许孩子的成长一点点发生；教育高不得，要给孩子成长足够的安全感；教育控不得，要放手让孩子亲身去经历和体验；教育贬不得，要满足孩子精神生命对赏识的强烈需求；教育疏不得，要给孩子安全的身体陪伴和精神陪伴；教育欺不得，要以身作则尊重孩子的人格；教育偏不得，要努力构建多个平衡系统。

《家庭教育的九大误区》即将和读者见面了，我心中洋溢着一份喜悦和期待。希望有更多的家长读到它，希望有更多的家长通过学习和培训，早一天成为合格的父母。

2018 年 7 月 1 日，我被长春市教育局聘为"长春市家庭教育讲师团讲师"，从此，我的合格父母培训演讲开始走出所在的学校，走向更多的学校。截至现在，已经进行培训演讲 16 场，受众家长近六千人次。

我有三个美好的期望：期望有一天，中国的家长（包括还没做父母的年轻人）都能自觉走进图书馆和书店，静下心来读几本关于家庭教育的书。期望有一天，中国的家长（包括还没做父母的年轻人）都能自觉走进合格父母培训场，静下心来花上吃一盘水饺的价钱，聆听一场精彩的讲座。期望有一天，中国的所有大学的所有专业，都能开设"合格父母培训"课程。因为孩子的事，不仅是父母的事、家庭的事、今天的事，更是国家的事、民族的事、未来的事。

2018 年 12 月于办公室

目录 content

第一篇

教育**比**不得

1

世界上没有完全相同的两片树叶，也没有完全相同的两个孩子。每个孩子都是独一无二的。教育的过程就是家长和教师不断帮助孩子发现独特的自己、发展独特的自己、实现独特的自己的过程。

2

每个父母心中都有一个完美的孩子，这个孩子集合了所有孩子的优点，没有缺点，但这样的孩子在现实中根本不存在。很多父母将自己的孩子跟这个自己想象中的完美的孩子比较，于是走进了家庭教育的误区。没有比较就没有伤害。

3

有一种成长叫作自我超越，是自己超越自己，是今天的自己超越了昨天的自己。作为父母，要不断帮助孩子发现这种超越和成长。一个孩子只要和昨天比努力了、进步了、成长了、改变了、突破了，就是成功，就是最值得我们竖起大拇指肯定和赞赏的成功！

4

我知道芸芸众生中我是谁，我才心安。我知道我的爸爸和妈妈，我知道我的成长和经历，我知道我的优点和缺点，我知道我的特点和特长，我知道我的方向和目标，我知道我的来处和去处……就像夜幕中的满天繁星，每颗星星都有自己的位置，都按照自己的轨道运行。

每个孩子都是独一无二的

先来读一篇参训家长的文章。

天空的快乐是万里无云，阳光的快乐是沐浴大地，我的快乐是你给我的拥抱与亲吻。宝贝，现在的你是一个美丽童话的开始，以后的故事也许有百般滋味，但一定美不胜收：有绚丽的晨曦，也有风有雨，但一定有灿烂的阳光迎接。愿我的宝贝永远在爱的海洋里遨游，在幸福的天空翱翔，平安快乐。

从宝宝呱呱坠地，咿呀学语，到蹒跚学步，再到上幼儿园，如今升了小学，轻描淡写的几个过程，其中蕴含了多少酸甜苦辣，只有自己知道。既然已为人父，为人母，就要对子女负责。哪位家长不希望孩子成龙成凤，出类拔萃，独一无二，恨不得把天下最好的都给孩子，殊不知自己可能已进入了一个个教育误区。在望子成龙的驱使下：唠叨、比较、打骂、怀疑、抱怨、讽刺、溺爱、忽略都将上演。

原来没有参加培训之前，我个人认为玉不琢不成器，孩子不打不骂不管不容易成才。所以每当孩子犯错的时候，作为母亲，我不是先心平气和地了解前因后果，讲道理，而是不分青红皂白先骂一通，打一顿再说，导致孩子什么事都不愿和妈妈说了，这样粗暴地对待孩子，不仅没有办法让孩子真正认识到自己的错误，还有可能会在孩子心里留下阴影，让孩子性格变得偏激。我儿子总说："妈妈，我的世界你根本不懂。"听到之后，我无比心酸、自责、愧疚、不解，觉得自己这个妈妈做得太失败了。

参加"动力教育合格父母培训"之后，我有了很多感悟，觉得北斗老师讲的这几个案例不都是在说我吗？以前我从来没有站在孩子的角度去看待问题，希望在之后的课程当中，北斗老师能够解开我心中的困惑，让我真正走进孩子的世界，走出教育的误区。

还记得儿子很小的时候，我问儿子，长大之后想做什么啊，有什么愿望吗？儿子说："我想当科学家。"我欣慰地笑了。儿子偏爱拆一些小机器、小零件，用螺丝刀拆一些零零碎碎的小东西。开始我以为是孩子憋在家里没意思，淘气，就随他了，也没管。可逐渐大一些了，儿子好奇心越来越强，什么东西都想拆，也不管有用的没用的，什么影碟机啊、小闹钟啊，无一幸免。

有一天带他出去玩，儿子喜欢一个小手表，就给他买了回去。回到家里，也就是上个厕所的工夫，小手表就被拆得支离破碎。当时我就气不打一处来，大声吼道："你不知道那是新买的吗？拆完了还能戴了吗？"说着顺手就拿起爷爷用的痒痒挠，狠狠地拍在儿子的屁股上。儿子害怕了，大声说道："妈妈我错了，再也不拆了。"听到之后，我心都碎了，为了20元的小手表，竟然把儿子打了一顿，事后无比地自责、心疼和后悔。还没上一年级的孩子呀，哪能晓得那么多呢？哪能知道手表有什么作用，哪能知道那是用辛苦工作赚来的钱买的呢？从那以后，儿子不再肆无忌惮地拆东西了，也害怕了那支痒痒挠了。我不知道这件事给孩子的心灵造成了怎样的伤害，感觉好对不起他，慢慢地这件事也就不了了之了。

经过这件事，我想和各位家长说，言传身教真的很重要，不要扼杀孩子的兴趣。学业固然重要，但兴趣是激发孩子创造力的源泉。如果孩子表现出某方面的爱好，千万不要干涉，而是应该鼓励他，说不定这个爱好还能成为孩子的一项技能。

世界上没有完全相同的两片树叶，也没有完全相同的两个孩子。每个孩子都是独一无二的。教育的过程就是家长和教师不断帮助孩子发现独特的自己、发展独特的自己、实现独特的自己的过程。故事中这个小学一年级的孩子，他的生命的独特性已经早早地显露出来，"儿子偏爱拆一些小机器，小零件，用螺丝刀拆一些零零碎碎的小东西"。偏爱拆一些小机器小零件，就是这个孩子生命独特性的表现之一啊。小家伙对机器零件有着天生的好奇心，总要看一看究竟，看一看到底是怎么回事，看一看影碟机为什么会播放出声音，看一看小闹钟为什么会响铃，看一看小手表为什么会旋转……好奇心、探究欲，这是多么难能可贵的生命特性啊。

但是，颇为遗憾的是，我们这位妈妈或许是太心疼辛苦工作赚来的钱了，太心疼这块手表了，对拆卸小手表的儿子竟然大吼大叫起来，甚至"拿起爷爷用的痒痒挠，狠狠地拍在儿子的屁股上"，甚至"竟然把儿子打了一顿"。"妈妈我错了，再也不拆了"，当孩子因为妈妈的愤怒而极度恐惧说出这句话的时候，我相信每一个读着这个故事的父母，都会"自责、心疼和后悔"，因为也许正是此时此刻，孩子把自己未来可能成为优秀工程师的发展通道关闭了。

我读了这个故事之后，也和作者一样很心疼。我心疼的不是孩子被妈妈打了一顿，不是那块被孩子拆得支离破碎的手表。我心疼的是一个孩子表现出来的对机器机械的偏好，对未知领域的好奇心和探究欲，就这样被妈妈吼了回去，打了回去。这多像一朵刚刚鼓起的花苞，还没等长大没等开放，就被无情地揉碎零落，揉碎零落的或许还有再次努力开放的勇气和信心。

在物质产品极其丰富的今天，在人们的物质生活水平已经即将实现小康的今天，一块20块钱的手表，对每个家庭来说都不是什么大事，即便真的弄坏了，不能用了，也没什么了不起。一块20钱的小手表，跟孩子的好奇心比起起来、跟孩子的求知欲和探索欲比起来，更是微不足道。一块手表坏了可以再买，可以再修，孩子的好奇心和探究欲一旦被扼杀了，再恢复起来需要多大的勇气和力量啊。好奇心比手表更重要，求知欲比具体的什么物件更重要，在这个问题上我们的观念不能模棱两可。

必须树立这样一种教育价值观：孩子小时候萌生出来的每一颗真

善美的幼苗，我们做父母的都要倍加呵护，小心翼翼地去培植、去发展。我相信人性中既有真善美也有假恶丑，如果把人性中的真善美比喻为田野中的禾苗，把假恶丑比喻为田野中的杂草，我们当父母的就是那个手拿锄头小心侍弄田野的农民啊。这片田野犹如每个孩子的心灵，我们是孩子心灵的建设者和守护者。把什么留在孩子心灵的田野上，把什么从孩子心灵的田野上除掉，这完全取决于我们父母。

我们要锄掉的是孩子人性中的假恶丑，我们要保护的是孩子人性中的真善美，保护每个孩子与众不同的优良特性。所以，我们必须清楚保留什么、去掉什么，必须时刻在禾苗与杂草中去辨识，在一般性品质与特性品质中去判断，这需要我们不断学习，练就一双识英才的慧眼。不仅如此，我们还要练就熟练的"锄地"技能。锄头上下左右翻飞之间，锄掉的是形形色色的杂草，留下的是蓬勃成长的秧苗。否则，差之毫厘谬以千里，一不小心就可能毁草伤苗。

我常想，到底是哪些因素在影响一个人将来做这项工作而不是那项工作，取得这样的成就而不是那样的成就。因素一定有很多，但不可否认的是，一个人天生的特质、偏好，是其中最重要的因素。一个人按照自己天生的特质、偏好的通道去成长和发展，喜好便成了成长和发展的内在动力，他将来在特质、偏好的领域取得更大的成就就容易成为可能。从这个意义上说，我们做老师和父母的，如果没能在孩子幼小的时候、少年的时候，帮助他不断认识自己的特质和偏好、发展自己的特质和偏好，我们的教育就很难说是成功。更让我们感到遗憾和悔恨的是，我们的孩子在他幼小的时候、少年的时候，他的优良特质曾不止一次显现在我们面前，我们却因为这样那样的自以为是的理由，一次次将它们扼杀在萌芽之中，在孩子的一条条发展通道上设路障，挖深坑，甚至干脆野蛮地、暴力地封堵关闭。

当我们封堵关闭了孩子一个又一个发展特质和偏好的通道时，当孩子在做我们家长安排的一件又一件事情时，孩子正在远离兴趣，远离快乐。苏联教育家苏霍姆林斯基曾说，如果学生有了一门喜爱的学科，那么你不必为他没有在所有各科上取得"五分"而不安。应当使人更为担心的，倒是门门成绩优秀但却没有一门喜爱的学科的学生。多年的经验使我们确信，这种学生是不懂得脑力劳动的欢乐的平庸之辈。可见，一个不了解自己特质和偏好的孩子，一个对学科学习不感兴趣的孩子，他的学习还只是被动学习，即便他的成绩很优秀，但他感受不到脑力劳动带给他的快乐，一旦有一天由他自己做主，不再有人逼他学习，或者逼他学习他也会反抗拒绝的时候，他就会主动逃离这种学习。因为远离痛苦追求快乐是人的本性。

所以，教育比不得。将自己的孩子跟别人家的孩子比较，比丢了孩子的特质和偏好，比丢了孩子的兴趣和潜能，这是本末倒置的毁根之举。教育要保留、保护孩子的特质，要引导孩子追求自己的偏好，发展自己的兴趣，在对兴趣的反复探索中快乐地学习成长。

现在回到上文的教育故事中，如果故事中的母亲非但没有对拆卸手表的儿子吼叫打骂，而是根据儿子表现出来的特质，激发孩子拆装小机器小零件的兴趣，购买关于制造的书籍阅读，引导孩子从物理知识角度更深入地琢磨，为孩子淘来更多的小机器供孩子拆装，带孩子到制造厂、组装厂参观，给孩子报拆卸组装的课外班学习，让孩子利用生活垃圾制造物品……孩子在属于自己生命特质的天赋牵引下去玩，去动手，去动脑，去想象，去实践，这是更高层次的学习，这是更有意义和价值的教育引领。

每一个孩子都是独一无二的，每一个孩子都是一座有待开发的生命宝藏。做父母和老师的，要帮助孩子努力发现、开发生命宝藏的价值，引领孩子成长在特质与偏好的发展通道上。或许你的孩子从小就表现出语言能力天赋，小嘴巴不停地说，刚学会的词句就用得恰到好处，时不时还能创造出令你想象不到的语句，能生动形象地向你描述一天里见到的人和发生的有趣的事。或许你的孩子从小就表现出逻辑能力天赋，无论什么事都喜欢问为什么，脑子里有问不完的问题，喜欢自己探求答案，能发现事物背后隐藏的某种规律，并对这种发现引以为豪。或许你的孩子从小就表现出视觉空间能力天赋，对色彩、线条、形状、形式、空间及其它们之间的关系特别敏感，对绘本、作画、物品的颜色和形状、建筑的形式和风格有自己独特的审美理解和感受。或许你的孩子从小就表现出肢体动作能力天赋，喜爱运动，喜爱体育，喜欢舞蹈，喜欢动手建造东西，喜欢户外活动，能较好地调节和控制身体，善于用身体语言表达自己的思想。或许你的孩子从小就表现出音乐智力天赋，听见歌曲就不自觉地跟唱，喜欢聆听美妙的自然之音，喜欢能发出声音的一切物体，常常沉浸在对音乐的美好想象之中，对音乐节奏、音调、音色和旋律敏感，对作曲、演奏和歌唱喜爱。或许你的孩子从小就表现出人际交往能力天赋，无论走到哪里，他的身边都有一群伙伴，小伙伴有矛盾纠纷都喜欢找他仲裁解决，他能敏锐察觉他人的情感与想法，容易与他人建立密切关系，关心人，善解人意，适合团队合作。或许你的孩子从小就表现出内省智力天赋，会从爸爸、妈妈、老师、同学等人口中了解自己的优点和缺点，常静思以规划自己的人生目标，以深入自我内心的方式来思考，喜欢独立工作和独处的空间。或许你的孩子从小就表现出自然探索智力天赋，喜欢动物、植物，认识植物、动物和感知其他自然环境的能力出众，对包括人的生命在内的自然界的生命表现出强烈的探究欲望……

　　每一个孩子都是独一无二的，都有属于自己的独特心理需求。做家长的要努力了解孩子，让孩子安心做自己。要了解孩子的人格特质和特殊需要。因为要了解，所以家长就要调整自己的脚步，给孩子时间，让孩子好好协调自己对外在环境的反应，不让孩子生活在压力中；因为要了解，所以家长就要想办法满足孩子特殊的生理和心理需要，不让孩子生活在羞愧里。

　　要了解孩子的想法和感受。孩子是成长中的孩子，孩子会依照自己的成长经验和认知水平对外界做出反应，了解他是怎么想的，为什么这样想，在我们帮助孩子做选择时，孩子才可能听得进去我们的建议。

　　要了解孩子的特殊长处。我们了解了孩子的特殊长处，就会以孩子的长处为出发点，引领孩子不断取长补短，扬长避短，帮助孩子成就他自己。

　　要了解孩子的失望和希望。生活的本来面目就是这样：有昼也有夜，有春也有冬，有晴也有阴，有喜也有悲，有乐也有苦，有希望也有失望，有生也有死……这是生活的常态，生命的常态。只有既看得见世界的完美也看得见世界的不完美，既看得见自己的优点也看得见自己的缺点，孩子才能心平气和地做他自己。

每一个孩子都是独一无二的。每个孩子的遗传基因都带有父母强大的个体特质，每个孩子的成长环境都具有独特的时间空间。在这个只属于这个孩子而不属于那个孩子的独特的时空中，孩子在成长中遇见的每一个人、每一件事、每一种物、每一个生活现象、每一个自然现象，孩子在成长中的每一个经历，都会给孩子的成长带来或积极或消极或大或小的影响，就是说，每个孩子都有属于自己的与众不同的生命成长轨迹。如果我们把每个孩子的成长轨迹在坐标系中描画出来（假设这是完全做得到的），那么，我相信没有任何孩子的轨迹是完全重合的。

当然，在所有对孩子成长产生影响的人、事、物、经历中，人的因素是最重要的；在人的范畴中，父母、老师、同学无疑又是最重要的人。因此，我们高度重视家庭教育，开展了"动力教育合格父母培训"，希望每一个参训家长经过系统的学习、练习、修习，都能成为"合格父母"，都能为孩子的成长助力而不是成为阻力，都能成为发现孩子特质、培养孩子特长、帮助孩子实现自己的贵人。

父母心中有个完美的孩子

先来读一篇参训家长的文章。

亲爱的宝贝：

你好，现在你长大了，但是妈妈却一直在忙，忽视了对你的照顾。我是一个不合格的母亲。但是，妈妈知道我的女儿一直是一个乖巧、听话、可爱的好孩子。

宝贝，妈妈知道你性格有些腼腆，但是妈妈却不知道如何与你沟通。还记得刚刚开学不久的时候，你每天满心欢喜地上学。但是，妈妈怕你输在起跑线上，一点儿也不顾及你的想法，自私地占有了你的一切时间。周六周日，我将你的日程安排得满满的，美术、钢琴、英语、数学、舞蹈，恨不得都给你报上名，让你去学。我也是信心满满，认为你将来会成为一个明星，成为别人眼中羡慕的偶像、妈妈心中的骄傲。

可是，有一天，你到学校门口，无论如何也不愿意进学校的大门。我问你原因，你说你就是不想进去。这样的理由真的让我很生气，我没有控制住自己的情绪，开始埋怨你，唠叨你，开始拿你和别人家的孩子比较，把你说得一文不值！更是质问你为什么不努力，甚至开始怀疑你是不是天生就是一个不爱学习的坏孩子、笨孩子、不听话的孩子。我恨铁不成钢，我甚至举起手，打了你，打了我亲爱的宝贝女儿一巴掌。

我记得，从你出生，我从来没有打过你，一直把你当作手心里的宝护着。但是，这一巴掌打下去，我的心，颤抖了，也真的开始后悔了。

宝贝，你知道吗，到现在，妈妈依然后悔，心里隐隐作痛。就在巴掌打下去那一刹那，我想起了动力教育合格父母培训，想起了北斗老师的讲解，想起了那首《感恩有你》……

妈妈真的很后悔自己做的这一切。但是，你不爱去上学的问题，并没有因为我打骂你而得到解决。那时，我才真正认识到，我自己的错误所在。于是，放学后，我在学校门口等你，等着给你道歉，祈求你原谅我。

还记得当时，我将你抱在怀里和你说："宝贝，妈妈错了，妈妈不应该打你，妈妈不应该给你那么多的压力，不应该骂你，不应该怀疑你，不应该把你和别人家的孩子比较，你是独一无二的，你是妈妈的宝贝……"

看到我的表现，你也泪流满面，还轻轻地亲了我的脸，向我点点头。你原谅了我，还说出了真正不想上学的原因：你不是不爱学习，是你真的很累，想有一点儿自己的时间。

那一刻，我真的很自责。于是，我今天静下心来，写下"妈妈的保证书"：

宝贝，妈妈保证：妈妈一定给你更多的自己的时间，不给你太多的压力，多倾听你的心声，还给你一个快乐幸福的童年。

宝贝，妈妈保证：妈妈也一定改变，不再唠叨，不再埋怨，和你一起努力，陪你长大，更让自己成长，做一个合格的母亲，做一个优秀的家长，也给你做个好榜样。

凡是过去都是序章，凡是今天都是开始。宝贝，我要做你真正的朋友，和你一起喜怒哀乐；我要努力改变自己，让真爱回家，让幸福相伴。宝贝，希望你监督我，更要相信我。相信我们一起可以创造快乐的家庭！幸福的生活！

爱你的妈妈！

这篇文章，我曾经在第三期合格父母培训上，让故事的中的妈妈到台上分享。分享之后，我做了如下的点评：

这是一位小学一年级家长的参训分享。我们的妈妈，为了不让孩子输在所谓的起跑线上，为了让孩子成长为一个明星和别人的偶像，将孩子的双休日安排了满满地学习任务，剥夺了孩子在这个年龄应该有的属于自己的生活和快乐，孩子感到很累、很疲劳，感到力不从心，感到应该玩一玩，放松一下，休息一下，但妈妈自以为是，一意孤行，于是孩子开始讨厌学校，讨厌学习。

孩子没有按照父母的设想去学习，这位妈妈就开始像很多妈妈一样，走进了家庭教育的误区：唠叨孩子、抱怨孩子、比较孩子、怀疑孩子、羞辱孩子、打骂孩子……每天向孩子输入大量的、压抑的、烦躁的、冰冷的、痛苦的负能量。负能量是什么？负能量是孩子心灵的天空中越积越厚的乌云，让他感到压抑和窒息；负能量是什么？负能量是孩子心灵的家园中产生了超过 70 分贝的刺耳的噪音，让他心烦意乱；负能量是什么？负能量是孩子的心灵站立在凛冽呼啸的寒风中，让他感到颤抖和寒冷；负能量是什么？负能量是孩子心灵中的最爱眼睁睁被人抢走，让他感到绝望和痛苦。负能量是孩子成长、跳跃、飞翔的阻力。

好在有那样一个时刻，我们的合格父母培训、北斗老师的演讲、《感恩有你》的歌曲、一次听讲六次分享的教育价值观从这位妈妈心底升腾起来，让她开始反思自己的教育，质问自己的教育，并真正认识到自己教育的错误。这归功于这位妈妈一次又一次地培训分享，分享是最有效的重复，人的一切能力都是有效重复出来的，是重复让北斗老师的教育价值观一点点在这位妈妈心底扎下根，并在关键时刻阻止了错误教育行为的继续发生。

尤其难能可贵的是，我们的这位妈妈敢于承认错误，敢于向自己的女儿——刚刚上小学一年的女儿道歉，这是了不起的自我改变和突破。看得见的是作为孩子的父母，向孩子道歉似乎颜面扫地，似乎削弱了父母的权威；看不见的是，妈妈用道歉告诉孩子，大人也会犯错，犯错是人生的常态。犯错不可怕，犯了错误，认识到了错误，就要向被伤害的人道歉，就要改正错误。一个真诚道歉的人才能真诚改正错误，一个敢于承认错误和做到改正错误的人，才更真实，因而也更值得钦佩。每个人都是优点和缺点的平衡体、统一体，每个人都不是完美的人，道歉本身就是发生在这对母子之间最温馨的教育，这样的教育本身就在为孩子树立榜样。

不错，我们是大人，但我们也曾经是孩子，孩子有这样那样的错误，我们这些从孩子长大才成为大人的人，当然也会有这样那样的错误。也许跟孩子比，我们这些大人有时候还不如孩子。孩子犯错误了可以改，我们大人犯了错误喜欢辩解；孩子不会了可以学，我们大人明明不会、不懂却找各种理由排斥学习、拒绝学习；孩子伤害了小朋友可以道歉，我们大人伤害了别人却难以启齿；孩子受了委屈被人误会可以去忍，我们大人受了一点儿委屈就到处抱怨发泄。所以这位妈妈的道歉，实属难能可贵！这位妈妈的保证，实属难能可贵！不是孩子不进步，而是父母太落后；只有父母好好学习，孩子才能天天向上。能够不断学习进步的父母，他们的孩子也一定会健康幸福成长。

现在，我把这篇文章放到这本书里，除了上述点评文字的意义外，还想再次强调：每个父母心中都有一个完美的孩子，这个孩子集合了所有孩子的优点，没有缺点，但这样的孩子在现实中根本不存在。很多父母将自己的孩子跟这个自己想象中的完美的孩子比较，于是走进了家庭教育的误区。没有比较就没有伤害。

孩子是父母爱的结晶。孩子刚刚来到人世，从头到脚都是新的，初为人父人母的爸爸妈妈在付出养育辛劳的同时，也会看到孩子在健康成长，也分享到了孩子成长带给自己的快乐和幸福。看着吮吸着妈妈的乳汁长大，一刻也不能离开父母的小家伙；看着在屋里爬上爬下，妈妈离开一会儿也要像跟屁虫一样跟随的小家伙，我们心生怜爱的同时，早已把自己定位成了孩子的保护者。孩子的吃饭、喝水、睡觉、玩耍、健康、安全，无时无刻不在牵扯着我们的心，昨天我们还是父母眼中的孩子，今天，似乎一夜之间，我们就成为父母，担当起对孩子法定的监管、看护、教育的责任。有多少个光景，我们的孩子是那样听话，完全依赖我们的照顾，我们完全掌控着孩子。但是终于有一天，孩子会说话了，孩子会走路了，我们突然感觉：孩子不听话了。

是的，孩子会说话了，就开始说自己的话，虽然话说得不够清晰，也不太流利，但完全是孩子自己想说的话，是孩子自己意愿的表达。孩子会走路了，就开始走自己的路了，虽然走起路来带有蹒跚之态，虽然走着走着就摔倒了，但那是孩子在走自己的路，向着自己想去的地方走去。也许就是在这样一个时刻，这个曾经如此依赖我们的小家伙，竟然开始说自己的话走自己的路了，竟然可以暂时不依赖爸爸妈妈了，竟然有时候不理睬爸爸妈妈的劝阻，开始做独特的自己了。

孩子开始做自己了，我们做父母的却烦恼起来。让起床的时候不起床，让吃饭的时候不吃饭，让不看手机的时候不放下，让上学的时候不上学，让穿什么不穿，让玩什么不玩，让写作业的时候不写作业，让睡觉的时候不睡觉，让干什么不干什么……总之，一句话，父母的话不好使了，孩子有了自己的想法，有了自己的主意，有了自己的心事，有了自己的情绪。原来孩子做自己是从不听大人的话开始的，不再完全听大人的话、听父母的话，孩子才真正开始长大了。

可是，孩子不听话，我们一时还不习惯。我们已经习惯了孩子听话的样子，已经习惯了孩子听话带给我们的心理满足，习惯了掌控孩子。曾经，我们以孩子的保护者自居，以保护者为荣，以掌控者为耀，以替孩子做出选择为负责，认为没有了我们的保护，孩子就不会安全幸福地成长。即便是现在，孩子有了自己的意志，这种保护者的角色定位始终也没有改变。现在孩子不听话了，要脱离我们的保护了，心里就不是滋味，感觉做父母的权威受到了挑战。毕竟我们还是这个家庭的中心，还是孩子的家长，哪有孩子不听家长的话的道理？

是的，作为家长，作为孩子的法定监护人，我们要一直陪伴孩子长大到十八岁。十八岁之前，孩子还是法律意义上的未成年人，我们还有责任监护孩子。但这种监护完全不是孩子小时候的看护了，这种监护更多的是对孩子成长提供必要的教育，教孩子生活能力，育孩子优良品质。

原来，不听话是在长大，不听话是在做自己。我们如果能看到这一点，认识到这一点，就不会对孩子不听话感到烦恼了。因为孩子要做自己，所以他正成为一个独立的人，父母给了他身体，但他自己一定要有自己的灵魂。当孩子有了自己的灵魂的时候，请记住：他就是跟我们一样需要平等对待的生命，他的生命就应该得到应有的尊重。

"认为你将来会成为一个明星，成为别人眼中羡慕的偶像，妈妈心中的骄傲。"是的，为人父母都有望子成龙、望女成凤的美好期待，这期待里有振兴家族的殷殷期望，有自己未曾实现的美好理想，有来自父母本能的对孩子未来的美好设计。这都是人之常情，我们都非常理解。但我们不能因为心中有了这份期待，就试图把孩子改变为我们心中完美的孩子，就不能接受孩子当下，尤其是孩子上学之后表现得不好、不快、不高、不强、不优。

为什么人家的孩子英语好，你不行？为什么人家的孩子能得满分，你不能？为什么人家的孩子爱发言，你不说？为什么人家的孩子会说话，你不会？为什么人家的孩子会唱歌，你不会？为什么人家的孩子有朋友，你没有？为什么人家的孩子知道心疼妈妈，你不知道？为什么人家的孩子都听话，你不听？为什么……

相信这样的话，我们父母都不陌生，我们常常把这些话挂在嘴边，用来教育我们的孩子。我们说这些话的初衷是希望自己的孩子也能变成好孩子，也能英语好、得满分、爱发言、会说话、会唱歌、有朋友、心疼妈妈、听话……我们嘴边上的"人家的孩子"，是我们家长主观假想出来的"完美的孩子"，是集成了无数个孩子优点而构想出来的好孩子，这样的"好孩子"根本不存在。我们把自己的孩子跟假想出来的"完美"的孩子比较，跟集成了无数个孩子优点的"完美的孩子"比较，倘若不是为了打击我们自己的孩子的自信，那就是我们不会爱孩子，不懂真教育。

这样的比较，是拿我们孩子的缺点比"好孩子"的优点，拿我们孩子的"短处"比"好孩子"的长处，拿我们孩子的"弱势"比"好孩子"的优势，是长别人家孩子的威风，灭自己家孩子的志气。这样的比较，唯一的教育结果就是让我们的孩子越来越不自信，越来越自卑，越来越抬不起头。我们家长用主观想象制造出了一个"好孩子"，原想用这个"好孩子"做孩子的榜样，激励自己的孩子，结果却事与愿违。

所以，好孩子不是比出来，教育比不得！

这样的比较，更糟糕的是，我们总能发现孩子的不好、不行、不能、不足、不快、不高、不强、不优，我们总能发现自己的孩子不如人家孩子的地方。我们一叶障目不见泰山，我们被孩子的缺点遮住了双眼，再也看不见孩子的优点、长处、可爱的地方。我们发现了孩子的缺点，接下来就想着改变孩子，想着快一点儿赶上人家的孩子，快一点儿让自己的孩子成为人家的孩子。孩子每天都在被要求改变，属于孩子自己的优秀特质被一天天埋没，我们成了邯郸学步故事中的燕国人，最后非但没有学会赵国人优美的走路姿势，反而忘记了自己走路的方法，岂不悲哀？

教育比不得，世间没有"完美的孩子"，每个孩子都是优缺点的对立统一体。如果我们不想让孩子一辈子活在自卑的痛苦中，如果我们不想让孩子优秀的天赋特质一点点毁在我们的错爱下，请远离比较，请永久删除我们心中臆想出来的那个"完美的孩子"！

有一种成长叫作自我超越

在参训家长中，有这样一位妈妈，她坚持写日记，记录孩子成长中的每一个重要时刻，记录陪伴孩子成长过程中发生的每一个美好故事。下面这篇短文，就是这位妈妈日记中的几段文字。

时光飞快地流逝，转眼儿子已经 13 岁了。不知不觉中他的个子长高了，肩膀变宽了。他经常会像他老爸一样，拍拍我的肩，有模有样地说："妈妈你真棒！"看着高高帅帅的儿子，他成长的往事还历历在目，今天和大家分享一下我们家宝贝的成长日记。

2005.3.2 晴

今天是宝贝出生的日子，当医生把我推上手术台的时候，没有恐惧、没有惊慌，我满怀期待，我的宝贝就要像天使一样降临到我们的家庭。我要给宝贝做一个好榜样，做一位坚强的妈妈！

2006.10.6 阴

转眼间我的小围池一岁多了，他特别喜欢晚上五颜六色的彩灯。每天晚上，他都会吵着要出去："妈妈，看火灯。"他经常说反话，把"灯火"说成"火灯"，而且语调特别可爱。当听到他说这句话的时候，我和老公总会忍俊不禁。他看到我们笑他，反而更有劲儿了。给他穿好衣服，他都会讨好地说："妈妈，我爱你！"我总是欢喜地一笑，心里却很感动。"儿子，妈妈更爱你，愿你的世界如五彩的灯火，绚丽多姿！"

2007.3.2 多云

今天是儿子的生日，为了给他庆生，我和老公做了很充足的准备，买了面条、小蛋糕，还有红皮鸡蛋。儿子带上生日帽显得很兴奋，嘴里不停地说："妈妈，过生日真好。"从那个生日开始，儿子记住了我和家里每一位成员的生日。当蜡烛点燃时，我觉得儿子肩上的担子很重，他承载着父母的希望和理想。为了保证孩子能够无负担地成长，我和老公做了一次长谈，最后达成一致：孩子要过他的人生，不要把我们没完成的理想强加给他。儿子，勇敢地选择自己的人生！

2009.11.5 晴

"相信、信任，是一朵温室里的小花，它需要双方共同去维护。"随着孩子慢慢长大，他明白了很多道理。每一次带他出去玩，他都会提很多要求，我总会在他众多的要求里选出1——2个去满足，并且告诉他："妈妈相信你，说话能够算数。"这时他总是重复我说的话："妈妈，我知道，信任是一朵温室里的小花，它需要双方共同去维护。不然，我的花就会枯萎。"这么多年走下来，我和儿子共同维护的小花依然盛开！

2011.8.30 晴

今天，儿子成了一年级的小学生，我的孩子像小鹰一样，就要离开我的羽翼去飞翔。我的心里有不安、兴奋、各种矛盾。早上儿子背着书包上学了，这是我和孩子在生活中的第一次分离。我的不安和冲动让我做出了不理智的决定，我和领导请了三天假，要守在校园门口。万一儿子有需要，我要像"神"一样快速出现。很快孩子们午休了，满操场的孩子又蹦又跳。我的孩子在哪？根本找不到！放学后，我迫不及待地挤进人群，寻找他小小的身影，当看见他的瞬间，我全部的不安与担心消失得无影无踪。儿子兴奋地讲述着学校的新鲜事……儿子并没有发现我的疲惫，倒是老公浅浅地笑着，对我做个鬼脸和手指刮脸的动作，笑着问我：明天还在这蹲一天吗？我无奈地笑了。有一种爱叫作放手，有一种爱叫作给我一片天，让我自己去飞翔，有一种爱叫妈妈请相信我能行！

2017.8.30 晴

现在，儿子已经是一名初中生，个子长高了，人也长壮了，随之而来的问题也变多了。有幸的是他生长在一个温暖的大家庭，在这里遇到的每一位老师都对他的成长有一定帮助。"要感恩人生中遇到的每一位老师"，我经常这样教导我的儿子。因为他们和你没有任何血缘关系，但是却像亲人一样期待你的进步！

孩子在成长，随着问题的到来，我逐渐感到力不从心，正当我处在焦急的状态中时，我遇到了北斗老师。几期课程的培训，我不再迷茫，找到了方向，对自己又充满了信心。

生活原本朴实无华，也许我的文章语言不够华丽，希望它能像小溪，涓涓细流滋润心田！

读着这位母亲用心写出的文字，一种强烈的感受向我袭来：文字，真好！我们真要感谢我们的祖先创造了这么优美的文字，我们可以用文字记录稍纵即逝的美好瞬间。想想在孩子成长的岁月长河中，有多少次生命迸溅的浪花让我们欢喜、自豪、满足，这个曾经褓褓中的小生命，一路成长过来消耗了我们多少精力，也带给了我们多少快乐。当我们用文字留住了这些快乐，这些快乐便可以让我们享用终生，这真是一件再划算不过的事情。这真的还要感谢我们的孩子，感谢我们自己，感谢在陪伴孩子的岁月里，我们能坚持下来，在看似平常的陪伴中，把一个个美好的瞬间放到永恒的记忆里。

从把"灯火"说成"火灯"，到儿子带上生日帽显得很兴奋，嘴里不停地说："妈妈，过生日真好。"从他总是重复我说的话：妈妈，我知道，信任是一朵温室里的小花，它需要双方共同去维护。不然，我的花就会枯萎，到儿子兴奋地讲述着学校的新鲜事……我们看到了什么？是的，成长。有一种成长叫作自我超越，是自己超越自己，是今天的自己超越了昨天的自己。作为父母，要不断帮助孩子发现这种超越和成长。一个孩子只要和昨天比努力了、进步了、成长了、改变了、突破了，就是成功，就是最值得我们竖起大拇指肯定和赞赏的成功！这种成功虽然也来自比较，但不是把自己的孩子跟人家的孩子比较，跟我们主观想象中的"好孩子""完美的孩子"比较，是孩子自己跟自己比较，是今天的我跟昨天的我的纵向比较。这种比较不但具有可比性，而且更具有比较的意义，这种意义就是：时间是有力量的，成长是有力量的。

也许我们记不清孩子到底是哪天学会了说话，哪天学会了走路，哪天学会了穿衣服，哪天学会了系鞋带，哪天学会了写字，哪天学会了读绘本，哪天学会了唱歌，哪天学会了花钱，哪天学会了滑旱冰，哪天学会了骑自行车，哪天学会了跟我们提出要求，哪天学会了关爱我们，哪天学会了做菜，哪天学会了收拾房间……可一定是有那么一天，我们的孩子就学会了做这个、做那个。我们不能确切地知道他们什么时候就能实现一次自我超越，因为生命的自我超越似乎每天都在发生，成长每天都在发生，生命的每一分钟每一秒钟似乎都在为实现某种成长和超越提供契机、积蓄能量。和昨天的他们比，今天的他们知道的事情越来越多，能做的事情越来越多，想做的事情越来越多。他们的生命每天都在进步，都在成长，都在丰富。

和自己比较，孩子才能更好地做自己。每个孩子一出生，便是一个独立的生命个体。他继承了父母的基因，他的基因里既具有独一无二的生命特质，又具有人人都有的成长动力和高级本能。这种动力就储存在生命深处，它表现出来的就是孩子的自尊心、好奇心、进取心；这种高级本能是只有人才具有的，它表现出来的就是孩子的思维的本能、模仿的本能、创造的本能。

好奇心、创造力，这是生命赋予孩子的天性。孩子总是对一切充满好奇，总是对一切充满探索的欲望，他的脑子里有无数个为什么。他不满足于发问，他更要身体力行地去体验，去感受。他用他稚嫩的身体反反复复去抓、去碰、去抱、去拍、去锤、去踩、去踢、去哭、去笑；他清澈的眼睛像一台高清的摄像机镜头，把每天发生的情景统统不加选择地摄录下来，储存在潜意识中；他灵敏的耳朵像一台灵敏度极高的录音机，把每天听到的声音也统统不加选择地录下来，放到自己的潜意识中。我们不知道什么时候，这些放在孩子潜意识中的情景、声音、思想、情感、价值观就开始影响孩子，我们以为孩子还小，还什么也不懂，我们都被孩子外在的稚嫩、娇小给欺骗了。原来，孩子在一刻不停地接收外界信息，一刻不停地主动尝试和探索。

等到孩子长大了，能说自己的话走自己的路，能支配自己的时间和空间了，孩子就会在更大的场域、更丰富的项目上去尝试、去创造。我们提倡孩子要和自己比较，就是要家长明白这样一个道理：在保证安全的前提下，孩子的每一次尝试、每一次创新都是对自我的重新认识，每一次尝试和创新，每一次体验和经历，无论成功还是失败，都具有自我超越的意义。在尝试和创新中，孩子在发展着自己的体力，发展着自己的能力，发展着自己的思维，发展着自己的思想，发展自己的意志，他的精神生命在成长。尝试成功，增强自信；尝试失败，吸取教训；尝试受挫，跌倒再爬起。不断尝试，不断突破，不断积累成长经验，不断挖掘生命潜能，这就是和自己比较、实现自我超越的价值和意义。只有不断地和自己比较，孩子才能越来越好地做自己。

和自己比较，我们才能帮助孩子做他自己。作为父母，我们陪伴孩子的时间最长，陪伴孩子的成长活动最丰富，陪伴孩子的精神交流最深刻，我们应该比其他人更了解自己的孩子。知子莫如父，知子莫如母。

我们了解孩子，知道孩子的优点、长处，就能做到赞赏孩子的优点，发展孩子的长处。我们不盲目地跟风似的把孩子的课余时间用各种补习班填满，也不盲目地让孩子实现我们未曾实现的愿望。我们可以在充分尊重孩子意愿的前提下，以发展兴趣和特长为目标，请优秀的教师，上相应的兴趣班、特长班，让孩子的兴趣和特长在课余时间得到实实在在的发展，也让孩子在发展兴趣和特长中增强生命的自信，感受生命自我超越带来的自豪。

我们了解孩子，知道孩子的缺点、短处，应该包容孩子的缺点、短处，决不在任何场合、任何人面前，通过任何方式，批评孩子的缺点，揭开孩子的短处。同时，我们要让孩子明白：每个人都是优缺点对立统一的和谐体，没有缺点和短处的"完美的人"是不存在的。我们爱你，是爱你的生命，既爱你的优点，更爱你的缺点。如果你的缺点和短处并不影响你发展自己的兴趣和特长，也不给自己、他人和社会造成危害，你完全可以不去在意它，只当它是你这个独一无二的生命的特点。

我们了解孩子，知道孩子的心理需求，就能理性分析孩子心理需求的合理性。对那些合情合理的需求，我们尽量满足；对那些不合情的、不合理的、过度的需求，我们也会温和而坚定地拒绝。

我们了解孩子，知道孩子的生活习惯、学习习惯，就不会强求孩子一定要适应我们的习惯。孩子愿意抱着玩具熊睡觉就抱着玩具熊；孩子喜欢吃什么，我们就做什么；孩子喜欢早晨起来完成作业就早晨完成作业；孩子喜欢先做数学作业就先做数学作业；孩子喜欢安静地背诵就安静地背诵……因为我们知道，这是孩子适应了的习惯，是孩子经过多次尝试感觉最适合自己的习惯，最安全、最舒适。鞋子合不合适，只有脚知道，适合的就是最好的，没有对错，只有选择。

我们了解孩子，知道孩子每天在付出努力，在努力成为优秀的自己。我们看到了孩子的努力，我们就会成为为孩子鼓掌的人，给孩子点赞的人。也许孩子努力了成绩也不是很高，名次也没有靠前，但这些都不重要，重要的是孩子努力了，努力想成为更好的自己，努力发展自己的学科素养，这就够了，这就是在成长，这就在超越自己。有了这一点做基础，我们才可以接着想一想：我们还能为孩子做点儿什么，还能给孩子怎样切实的帮助。

我们了解孩子，知道孩子的志向和目标，所以轻易不去干涉孩子，不去粗暴地让孩子遵从我们的选择。我们了解孩子，知道孩子排解负面情绪的方法，所以轻易不去干扰孩子，不武断地对孩子选择的方式进行否定。我们了解孩子，知道孩子表达情感的方式，所以轻易不去强迫孩子改变……

我们这样做的一切，目的只有一个：就是帮助孩子做他自己，帮助孩子在做自己的过程中，不断实现自我改变、自我突破、自我超越。

当然，我们对孩子的了解，也许远不像我们想象的那样全面、深刻，甚至很多时候，我们根本就不了解我们的孩子。这听起来确实有些遗憾或讽刺，但在很多家庭却是真实存在的。我们忙于自己的事业工作，忙于自己的应酬交往，分不出更多的时间陪伴孩子，挤不出更多的时间和孩子交流。更由于我们骨子里的这样或那样的落后的教育观念，认为孩子的成长是他自己的事，顺其自然，作为家长只要给孩子提供了足够的物质条件，为孩子选择了一所好学校、一个好班级，让孩子参加了一个又一个课外班，就尽职尽责了。因为我们不了解，或者了解得不够全面、不够深入，所以，我们对孩子说出的话就对不上孩子生命的频道，在孩子这里，我们这些不走心的关怀、督促、批评就成了耳边风，就成了唠叨，就成了孩子讨厌的、拒绝的、不喜欢的爱，我们就可能成为盲人摸象这个成语故事里讽刺的那些盲人。所以，了解孩子，这是我们做家长的必修课，我们一定要补上这一课。只有充分地了解孩子、懂孩子，我们才能帮助孩子成为他自己。

我们提倡让孩子和自己比较，我们反对动辄把孩子和人家的孩子比较，和父母脑子里想象出来的"好孩子""完美的孩子"比较。但我们并不反对孩子把他人的生命作为自己生命的参照，更提倡孩子通过阅读优秀人物传记，在心中为自己树立一个又一个榜样。读周恩来的传记，树立为中华民族之崛起而读书的远大志向；读焦裕禄的传记，汲取全心全意为人民服务的奉献精神；读海伦·凯勒的传记，培养不向命运低头的顽强意志；读袁隆平的传记，树立献身祖国科学事业的理想……当我们的孩子心中有了这些优秀人物做榜样，有了优秀精神生命的感召和引领，他们才会不计较个人得失，不计较眼前利益，才会胸怀天下，敢为人先，不断超越自我，活出一个精彩的人生。

最近，偶然浏览到华东师大二附中乐东黄流中学的网站，看到了一篇文章。这篇文章是根据叶澜教授的讲话整理的，题目是"为实现每个学生拥有幸福和有意义的人生而进行的教育"。叶澜教授在文中对"卓越教育"做出了新的理解：卓然独立，越而胜己。卓然独立，即志向不狭窄，人格不依附，思维不趋同，言行不虚浮。越而胜己，即自我日清晰，反思成习惯，人生会选择，发展能自觉。我个人特别欣赏叶澜教授的解读，也拿过来与家长们分享，希望我们的孩子在我们的教育下，都能成长为"卓然独立，越而胜己"的卓越人才。

我知道芸芸众生中我是谁

先来读一篇参训家长的文章。

我的女儿是一个活泼、可爱、喜欢运动的孩子。从幼儿园起，就参加各类体育项目的比赛，速度滑冰、滑雪、跳绳、中长跑等等，无论是区运动会还是省运会都取得过优异成绩。在学习上，即便是小六，也一直是班级的前几名，学习轻松，没有任何压力。作为父亲的我，一直引以为豪。

上了初一，一下子班级里各路高手云集，学霸、艺术特长生、具有某项天赋的才子一拥而至。而我的宝贝也算是运动方面有一技之长的吧。在学习上，我们也不会示弱。抱着这样一种心态，女儿迎来了第一次月考，成绩还行，初步了解了自己的位置，其他也没有什么太大的感受。为了女儿下一次考试能够一鸣惊人，我们制订了一整套的学习计划，增加了几项课后补习，当然我们也没有忘记她一直深爱的体育运动，一想起我的宝贝能够德智体全面发展，我就会暗自窃喜。但当第二次考试成绩公布时，女儿不但没有达到预期的一鸣惊人，反而倒退了几名。

我想我是一个饱经风雨的成年人，除了要安抚一下并不开心的宝贝，我们更要总结经验，再接再厉，一定会成功的。女儿选择完全听从我的安排，我们制订了更加周密的学习计划，她的每一分每一秒几乎都在我的掌控之中，我也是一个读过大学的人，还管不好一个初中生吗？"宝贝，有老爸在，你就不用怕"。可怜我那无比听话的孩子，对我言听计从，在我的安排下，分秒必争，起早贪黑，除了补习、加量，我们仍然坚持着体育训练。把所有时间安排得相当紧凑，她已经习惯于每一件事都要向我请示，爸爸我想上厕所、爸爸我想去刷牙洗漱、爸爸我今天听了你的话吃水果了、爸爸我能先休息5分钟再学习吗……

说心里话，那时的我，如此掌控着孩子，可并没有丝毫的高兴和得意，总觉得哪里有点儿不对劲儿，我感到心里有些惶恐不安。我的宝贝女儿怎么变成了我的附属品，我说东她不敢向西。我那原本活泼可爱、聪明伶俐的女儿去了哪里？她的思想、性格、人生，难道都是我的复制？等她慢慢长大以后，没有我在她身边的时候，她还能找到自己吗？一想到这里，我的心都在颤抖……可是我又能怎么办，在这个竞争激烈而又残酷的现实世界里，我怎敢放手，让孩子落后于别人，为了她的将来我只能选择忍耐，多少人家的孩子不都是这样培养的吗？因此，虽然我的内心对自己的做法已经有所质疑，但我仍然按照一贯的套路，安排着孩子的一切……

最担心的事情还是发生了。孩子开始有了变化，她开始尝试着和我顶嘴，她开始在我没有留意的时候偷懒，她开始放弃所有家务，甚至连自己的内务都要以学习忙为借口，全部推到我和她妈妈身上，她开始像其他女孩一样喜欢明星，她开始随机性地搞些恶作剧。人前她会装成一个乖乖女，背后却是一个怪丫头。怎么会是这样，她开始不听我的话了，她要慢慢地拉开与我的距离，她将对我有所隐瞒，而我将不能再对她加以控制。作为一个付出那么多心血来精心培养她的父亲，我怎么能受得了。我仿佛是气急败坏一样开始对她训斥、吼叫，甚至冷嘲热讽。但其实，在几次争论中，原本就已经开始质疑自己的我，心虚得不敢再固执。而这一切又在最近的一次月考中得以验证，孩子的成绩突然一落千丈，所有美好的憧憬，瞬间灰飞烟灭。孩子沉默了，我也沉默了，我突然感到莫名的无助，我开始迷惑，问题到底出在哪儿？我这样精心打造她，我有错吗？

我想知道别人家优秀的孩子是怎样培养出来的。在这个关键时刻，谁能告诉我该怎么办。

就在我一筹莫展的时候，幸运的是孩子就读于长春五十二中赫行实验学校，更加荣幸的是我遇到了北斗老师，参加了几次北斗老师的"动力教育合格父母培训"，渐渐地被他的理论所感染，这不正是我所面临的困惑吗？"教育快不得，要慢一点儿，教育高不得，要低一点儿"；"每个人都是优点缺点的平衡体，没有缺点，只有特点；没有缺点，只有起点；没有缺点，只有不同点。优点不说不得了，缺点少说慢慢少"。我恍然大悟，似从梦中惊醒，要遵循孩子成长的自然规律，拔苗助长，秧苗迟早会死掉。

"作为家长，改变从今天开始，从当下开始，只有你改变了，才能正确地、积极地影响孩子。"这句话说得太对了，说改就改，我放下父亲的威严，与孩子谈心，我把我要改正的地方和盘托出。我对孩子说："我知道你是一个勤奋上进的孩子，我要给你足够的空间，我仍然全力支持你，但不是在你的面前，而是在你的背后，你只管放心大胆地前行。"孩子被我这突如其来的举动吓呆了，"宝贝，这是真的，我能做到，我相信你也能像爸爸一样突破自己。"我说。我们击掌为誓，接着神奇的事情发生了。我们的心态都回到了正轨，我不再唠叨，更没有了吼叫，我体谅她学习辛劳，关注她的营养和睡眠，我们一起分享每天学校里发生的事情，我们一起开怀大笑，我们一起静默思考，我们一起说出自己的策略，我们一起握紧拳头喊出："fighting！"孩子真的是很容易满足的，她的笑容又回来了，学习的劲头也高了许多。虽然有时也会累，但我们快乐着。再次引用北斗老师的一句话："你是独一无二的！你是最棒的！你一定能成功！"

我一直想，茫茫人海，芸芸众生，每一个人都不过是大海中的一朵浪花，夜幕中的一颗星斗，渺小得不能再渺小，平凡得不能再平凡。但无论怎样渺小与平凡，我们都不能忽略它的存在，而且正是无数朵渺小的浪花才汇聚成辽阔的大海，正是无数颗平凡的星斗才构造成浩瀚的宇宙。小与大、平凡与伟大就这样对立统一地存在着。

我们的孩子,他也是一朵浪花、一颗星斗。把他放到人海中、夜幕里,我们感受到的是孩子的渺小和平凡,但只要我们把目光聚焦在他的身上,他自身的生命竟然就是一片海、一片天、一个宇宙。

我知道芸芸众生中我是谁,我才心安。我知道我的爸爸和妈妈,我知道我的成长和经历,我知道我的优点和缺点,我知道我的特点和特长,我知道我的方向和目标,我知道我的来处和去处……就像夜幕中的满天繁星,每颗星星都有自己的位置,都按照自己的轨道运行。

文中的爸爸像很多家长一样,曾经固执地把能掌控孩子作为教育成功的一个标准。"我们制订了更加周密的学习计划,她的每一分每一秒几乎都在我的掌控之中,我也是一个读过大学的人,还管不好一个初中生孩子?"

很多家长乐于掌控、管控孩子,孩子的时间我来填充,孩子的空间我来安排,孩子的爱好我来开发,孩子的事情我来做主,孩子的交往我来选择,孩子的生活我来掌控……

"说心里话,那时的我,如此地掌控了孩子,可并没有丝毫的高兴和得意,总觉得哪里有点儿不对劲儿,我感到心里有些惶恐不安。我的宝贝女儿怎么变成了我的附属品,我说东她不敢向西。我那原本活泼可爱、聪明伶俐的女儿去了哪里?她的思想、性格、人生,难道都是我的复制?等她慢慢长大以后,没有我在她身边的时候,她还能找到自己吗?……一想到这里,我的心都在颤抖……可是我又能怎么办,在这个竞争激烈而又残酷的现实世界里,我怎敢放手,让孩子落后于别人,为了她的将来我只能选择忍耐,多少人家的孩子不都是这样培养的吗?"我们很欣慰,文中的爸爸对自己掌控孩子的行为进行了深刻的反思,但惯性和环境的强大力量,还是让这位爸爸没能走出掌控的教育怪圈。

其实,我们只要稍加追问,掌控、管控的教育观就会不攻自破。我们能掌控孩子多少年?我们当下掌控孩子的结果是什么?我们给孩子做出的所有安排真的就都是对的吗?当我们没有精力和能力掌控孩子的时候，孩子怎么办？我们自己的生命愿意被别人掌控吗？如果我们仔细思考这些问题，并尝试着对每个问题给出我们真诚的答案，你会惶恐地心疼地反问自己：我这是在做什么？我这真是在爱孩子吗？我的孩子还是一个独立生存的人吗？我不是把孩子当成了木偶人，把自己变成木偶人的操纵者了吗？

我是谁？我当下是怎样一个人？我喜欢做什么？我能做什么？我的潜能是什么？我将来能成为什么样的人？我的人生目标是什么？我人生意义是什么？我怎样才能实现这个目标？每个进入初中和即将进入初中的孩子，都会无数次地问自己。小时候，父母是孩子世界的中心，孩子的所有疑问都会从父母那里得到答案；上学后，老师是孩子世界的中心，孩子的所有疑问都会从老师那里得到答案。一进入初中，进入青春期，孩子自己就成为自己世界的中心，他们急于了解自己，认识自己，自己规划，自己设计，自己给自己的人生寻找答案，这是人的自我意识的一次彻底觉醒，是一个人即将成为一个独立自主的自己的强烈心理需求。每个孩子都要经历这个深刻的自我觉醒过程，孩子只有不断学会自我比较，才能既看得见自己的优点，也看得见自己的缺点；既看得见自己当下能做的和做得好的，也看得见自己当下不能做的和做不好的；既看得见自己未来可能做的和做得好的，也看得见未来不可能做的和做不好的。孩子只有真正了解了自己，才能安下心来做好自己的事情，才能远离焦虑、迷茫、怀疑、自卑带来的压抑和痛苦。

1944 年，陶行知先生在《大公报》上提出儿童的"六大解放"：解放学生的头脑，使他们能想；解放学生的眼睛，使他们能看；解放学生的嘴，使他们能谈；解放学生的双手，使他们能干；解放学生的空间，使他们能到大自然、大社会里去扩大认识的眼界，取得丰富的学问；解放学生的时间，要让他们消化学问，并且学一点儿他们自己渴望学的学问，干一点儿他们高兴干的事情，决不能把儿童的全部时间占据，使儿童失去学习人生的机会，养成无意创造的倾向。

陶先生七十多年前的呐喊，今天读起来仍振聋发聩。当我们高举着爱的旗帜，打着爱的名义，将孩子的头脑、眼睛、嘴巴、双手、时间和空间牢牢地捆绑住、掌控住的时候，我们怎么指望孩子更有灵性更有创造力地成长，怎么指望孩子在芸芸众生中找回自己、做好自己。

下面三段话，均来自参训家长的教育案例。

记得有一次我约了朋友要带孩子去上街，临出门时叫孩子换衣服出发，可是叫了几遍孩子就是不动。当时我的火一下子就起来了，大发脾气，命令她立刻出发。可是，孩子却突然非常激动地对我叫喊："凭什么我叫你们的时候，你们就可以让我等一会儿，你们有事的时候我就得立刻答应，你约了人上街，问我了吗？我又没说要去，我根本就不想去。"当时的我是震惊的！面对孩子的激动叫喊，我哑口无言。是啊，当孩子喊"爸爸你来一下"，爸爸因为手机游戏这局没结束说等一会儿的时候，当孩子喊"妈妈你来一下"，我因为其他事让孩子等一会儿的时候，我又有什么资格要求孩子立刻答应呢？上街也是我自己决定的，根本就没问过孩子。

记得有一次周末，女儿有舞蹈课，早早地我就起来给她做了早饭，做好了去叫她起床。我对她说："快起来吧，一会儿该晚了，都上课了。"叫了好几遍，她说："妈妈我今天不想去上课了。"我听了很生气，就对她大发脾气说："我这么早起来给你做了早饭，都忙了一早上了，你竟然说不去。不行快点儿给我起来。"女儿看着我，吓得赶快起来了。吃完了饭我带着她去了舞蹈室，上了一会儿，老师突然对我说，孩子好像发烧了，快领回家吃点儿药吧！这时，我发现女儿的脸特别红，用手一摸好烫，我说女儿你怎么发烧了呢？女儿说妈妈我早上就有点儿不舒服。我说那你为什么不早说。女儿说我还没来得及说，你就大发雷霆了，我哪还敢说呀！听到这儿，我很后悔为什么不问清孩子为什么不想上课呢，总是要孩子听话，最好是我说什么就是什么，让你向东你就别向西。这样是错误的方法，自从听了北斗老师的家庭教育培训，我决定一定要改掉这个坏脾气，要和孩子做好朋友。

那是一天晚饭前，孩子的爸爸没有零钱来买葱了，当时特别着急做饭，就从孩子的存钱罐里拿了几块钱硬币。然后一场"战争"就爆发了，孩子像炸毛的小狮子一样朝爸爸怒吼道："为什么动我的存钱罐！为什么拿我的钱？！"爸爸被她吼呆了，然后更愤怒地质问道："我为什么不能动！""就是不许动！"我看情形不对，孩子已经抽噎起来，我也不明白她为什么跟父母划分出这么明显的界限，为什么要对她的爸爸大喊大叫。但是直觉告诉我，必须先让父女俩分开冷静一下。我把哭泣的孩子领进卧室，怎么问她也不说原因。于是我想到了一个好办法，对孩子说，如果你现在不想告诉妈妈，而你还想把怒火和委屈发泄出来的话，你就都记在日记本上吧，把你为什么生气都写下来。孩子听到这个新奇的办法，立刻掏出了日记本，刷刷地写了起来，我看到其中还夹杂着些许拼音。待孩子写完了之后，我问她，妈妈可以看一下吗？我可以帮你想出解决问题的办法。孩子点头欣然同意，于是我看到了孩子的内心：爸爸最讨厌了，动我的东西！给爸爸扣分！（后面还画了一个大叉）。顿时，我就明白了，我们的孩子长大了啊，长大的孩子有着独立自主性，她渴望着被当作一个大人来对待、尊重啊。于是我在她日记的后面写道："宝贝，爸爸没经过你的允许，就拿走你的物品，是非常不正确的行为，妈妈会和爸爸沟通，让他给你道歉，并和你保证，下次再动你东西之前和你打招呼，好吗？"孩子接过本子看完我的话，立刻就笑了，还在后面给我写下了回复：给爸爸画一个对号！爸爸可以动我的东西！

"你约了人上街，问我了吗？"——我们家长可以不问孩子，不跟孩子沟通，就直接安排孩子的时间，就直接替孩子做出决定。孩子的"自我"被我们弄丢了。

"我还没来得及说，你就大发雷霆了，我哪还敢说呀！"——我们家长不允许孩子不听话，不允许孩子对家长的决定提出反对，不听话了，反对了，我们就吼孩子，用我们的权威压住孩子。孩子的"自我"被我们控制了。

　　"为什么动我的存钱罐！为什么拿我的钱？！"——我们家长认为，孩子都是我的，所以孩子的一切理所当然都是我的，我有完全的支配权和使用权。孩子的"自我"被我们吞噬了。

　　一个迷失"自我"的孩子，一定是一个自卑的孩子；一个自卑的孩子，一定是没有快乐和幸福的孩子。作为家长，我们一定要搞清楚：我们给了孩子一个健全的身体，但我们不能给孩子一个灵魂，孩子要有只属于自己的精神和灵魂。要让孩子找到自己、找回自己，我们唯一能做的就是尊重孩子，相信孩子！

参训家长微分享

——我姑娘和一个同学，她们从幼儿园就开始在一起上学，直到现在她们又在同一个班级。以前她们是非常好的朋友，就因为我总说那个孩子懂事、听话、会说、学习好，后来我姑娘就特别不愿意搭理她，也不和她说话了，我也不知道怎么回事。有一次，我又提起这个孩子的时候，我姑娘特别激动地说"她好，你让她给你当姑娘。"我俩互相辩解了大概十分钟，我们都特别激动，最后不了了之。

——我有个朋友，他家孩子和我儿子都在咱们学校一年级，平时说话唠嗑只要和孩子有关的，我俩都在比，回家也是暗自较劲，给孩子的压力很大。比如某一个问题，用我的思维去思考，儿子做的如果和我想的不一样，我就会说你看小张做得多好，你咋就不行？说过几次以后，我发现我儿子再听到我说这样的话时，他的眼神很反感，自己就说："我笨，我不行！"当听到他这么说的时候我很吃惊，不知不觉间我已经伤了孩子的心。

——我在像孩子一样的年龄时，如果我的家长拿我和别的孩子做比较，我会很生气，有时想破罐子破摔，有离家出走的想法。

——以前每次考试成绩出来后，都会问同桌多少分？最高分多少？几个答满分的？刚开始孩子会一一回答，但只要有其他同学的分数高于她，我就心里不舒服，然后严厉地批评她错哪了，怎么总是不认真！再后来我就听不到真实的回答："我不记得了！""反正他比我分数少！"

慢慢地我也明白，看别人的成绩，不如看自己孩子的成长。

——我是一个非常强势的妈妈，第一次听完北斗老师的培训，我一看这些误区我全部都占了，就改变了策略，于是我女儿说出了藏在心里的秘密。她说妈妈您以前对我的教育是"和别人家孩子比"，比来比去就变成了"挖苦讽刺"。您可曾想到我心里有多难过吗？当您挖苦和讽刺我时，我在心里想过好多种死的方法，最后还是放弃了。女儿说思想斗争过，最后我爱妈妈要比妈妈讽刺我多得多！孩子的爱远远超过我，我感觉我好自私呀。我姑娘和我说完这些话，我真正痛痛快快地哭了一场，反省我自己。

——虽然我一直告诉孩子不要去跟别人比较，别人有的你虽然不一定有，但你有的他也未必有。但是当孩子在团队中的时候，我就忍不住在心里拿他和别的孩子比较，大多都比较我家孩子不如别人的地方。比如，谁家孩子上课比较乖，谁家孩子画画创意更好，等等。尽管一再暗示自己这样做不对，但偶尔话里话外还是会渗透一些给孩子，孩子听了以后，总是会对这件事情失去很多兴趣，认为自己就做不好了。我觉得这样做很伤害孩子的自尊心。

——人家孩子会洗自己的衣服，你连自己的脸都不愿意洗；人家孩子比赛又拿奖了，你写个作业磨磨蹭蹭真费劲；人家孩子听话让干啥干啥，你可倒好说几遍也不听；人家孩子见人就打招呼又会说话，你见到人总不好意思还不说话……时间久了孩子会想：人家孩子那么好，你要他去吧；人家孩子哪都好，你养他去吧。

——我爱人有四个很要好的发小，所以我们几个家庭经常聚会。大人沟通感情的同时，孩子们也有玩伴。比我儿子大的有两个姐姐，一个大他六岁，一个大他四岁，学习都很好，是班级乃至全年级的尖子生。我们家长在一起谈论的无非就是孩子，我就曾经和我儿子说过，你看丹丹姐姐和畅畅姐姐学习多好，你要向她们那样，妈妈就不操心了。我记得很清楚，我曾经说过两次，当有一次聚会我又说这话时，儿子生气了，很委屈地对我说："我怎么了？我学习不好吗？我没有她们厉害吗？"看着儿子那气鼓鼓的小脸儿，我心一颤，意识到自己犯了一个严重的错误。

——几年前曾教过一篇课文叫《三个小板凳》，文章讲述的是爱因斯坦小时候在手工课上做板凳，交给女教师的是一个制作得很粗糙的小板凳，一条凳腿还钉偏了。教师十分不满地说："你们有谁见过这么糟糕的凳子？"同学们纷纷摇头。老师又看了爱因斯坦一眼，生气地说："我想，世界上不会再有比这更坏的凳子了。"教室里一阵哄笑。爱因斯坦脸上红红的，他走到老师面前，肯定地说："有，老师，还有比这更坏的凳子。"教室里一下子静下来，大家都望着爱因斯坦。他走回自己的座位，从书桌下拿出两个更为粗糙的小板凳，说："这是我第一次和第二次制作的，刚才交给老师的是第三个木板凳。虽然它并不使人满意，可是比起前两个总要强一些。"我觉得"纵向比较"要比"横向比较"更能让孩子容易接受，因为"人外有人，天外有天"，总有我们比不过的时候，所以只要孩子一次比一次有进步，做最好的自己就好！

——我是一个非常要强的母亲，从把二十三个月的孩子送上幼儿园开始，我对她要求得就特别严格，她每天都穿戴整齐，高高兴兴去幼儿园。一年以后，升到中班，她开始动笔写字了，每天回到家里写完作业，我都让她自己检查对错，养成良好的习惯。有一天我去园里接她放学，看到板报学习园地上粘贴着孩子们的书写。回来的路上，我对她说："姑娘，你班的杨爱溪小朋友字写得好漂亮……"她突然用眼睛看了我半天，说："你喜欢她吧！"我一听她说出这样的话是不开心了，随后姑娘又说了一句："那让杨爱溪当你的孩子吧！"孩子说出这两句，我心里有一种说不出来的感觉，知道自己说错话了，我们做父母真的不要拿自己孩子与别人家的孩子比较，那样会伤害她幼小的心灵。

第二篇

教育疑不得

①

每个孩子都是行走在成长道路上的鲜活生命，从咿呀学语到蹒跚学步，从幼儿天问到少年读书，从人生梦想到现实处境，孩子的成长无时无刻不在发生。成长既让孩子不断增强生命自信，又总会伴随新的苦恼而陷入迷茫。但无论如何请相信孩子，让怀疑一开始就从我们的教育观念中消失。

②

孩子的一切能力都是重复出来的。孩子会说话，是因为孩子重复地说了无数次话；孩子会走路，是因为孩子重复走了无数次路。孩子第一次做不好，实在是再正常不过的了。我们要把做得不好的第一次当作起点，要把能做好的第 N 次当作终点，起点到终点总会有一段距离，只要往前走，距离终点就会越来越近。

③

怀疑就像一台粉碎机，它会把一切美好的东西粉碎。它会粉碎孩子此时此刻的美好心境，它会粉碎亲子之间的美好感情，它会粉碎孩子对父母对社会的基本信任，它会粉碎孩子精心编织的美好梦想，它会粉碎孩子积极向上的成长动力，它会粉碎孩子一点点建立累积的自信。

④

4.相信孩子，信任产生力量，相信孩子的父母可以照见孩子的未来，被父母信任的孩子可以照见自己的未来。父母和老师送给孩子最好的教育礼物，就是孩子日益增长的自信！

无论如何请相信孩子

先来读一篇参训家长的文章。

25岁，芳华正茂的年纪，也就是那一年，在所有亲人的期盼中，你来到了我的世界。见你的第一眼，我泪如泉涌。这泪里，有十月怀胎的辛劳；这泪里，有生产对身心的折磨；这泪里，有初次见面的喜悦与感动；这泪里，更有对未来美好的憧憬与期许。从此，我们从二人世界变成了幸福的三口之家。

你，圆圆的脸蛋儿，嫩嫩的皮肤，吹弹可破；长长的睫毛，有时候，爸爸都怀疑睫毛的长度会挡住你的视线；奶奶经常超级夸张地说："我大孙子的小屁股苍蝇上去都打滑儿"；而我，看着你像"米其林"轮胎一样的四肢，总是很有成就感。

有你的日子，每天都是充实快乐的。从最开始的不识爸妈，到寸步不离。从咿呀学语，到蹒跚学步。从独立吃饭，到背起小书包去幼儿园。我猛然发现，我的小豆包开始慢慢长大，慢慢独立了。那时的你，每天像"复读机"一样，"妈妈"这儿，"妈妈"那儿的。一天不知道要叫多少遍"妈妈"。那时的我，无论你做什么，都觉得是无可厚非的，还乐在其中，不能自拔。那时的你，就像我的影子，而我的视线也从未离开过你。这样乐在其中，互相陪伴的日子过得真快呀！

你在慢慢长大，也在慢慢进步，而我，也在浑然不觉中对你的要求越来越高。你第一次骑自行车，我扶着车子教了你三天，你独自骑车摔倒，哇哇大哭。我竟然脱口而出："怎么那么笨啊！"你上幼儿园很久，10以内的加减法都算不明白，你怯怯地看着我拉长的脸，不敢作声。我还是提高嗓门道："是不是智商有问题啊？10个手指头还弄不明白吗？"上书法课，其他孩子都写完了，只有你被老师留下。我无法克制，从楼道拽着你进屋，直接扔到沙发上，嘴里不停地怒骂着，巴掌像雨点儿般落在你的小屁股上……你无数次的无法达到我要求的高度，我无数次地怒骂你、打你、挖苦你……而这时的你也总是用沉默来回应我。就在这样反复地、痛苦地磨合中，我们共同走完了小学的学习生活。

初中，我又燃起了希望。我认为，你长大了，懂事了。开学前，我们有了一次推心置腹的谈话，达成协议，你努力上进，我尽量不动武力，说服教育，可我们都没有做到。你依然有各种各样的问题，依然成绩直线下滑；而我，也没控制住，依然武力相向，暴跳如雷。我的儿，是我对你的要求太高了吗，还是你根本就不努力？我的儿，是我对你拔苗助长了吗，没能给你足够的成长空间？我的儿，你变成了我不希望看到的样子，而我也变成了你陌生的模样。我的儿，我不想用居高者的姿态来震慑你，看见你瑟瑟发抖的样子我也很心疼。我的儿，我们之间有怎样的鸿沟无法逾越难以沟通呢？

我不奢望你在班级里是最棒的，但，请你努力上进。请给我们彼此一个机会，重新走进对方的内心，就像小时候一样，我就是你的全世界，而你就是我的唯一。那时的我在你眼里，是温柔的、漂亮的。每每说起儿子也是满满的幸福。现在的妈妈，在你眼里，只有学习，只有成绩，每天像监工一样，动不动就大吼大叫，怒目圆睁。我知道，这时候的自己是最不堪最丑陋的。这样的丑陋不只是爬上眼角的皱纹，更不是鬓角零散的白发，而是一个发了疯的、不受控制的魔鬼……

新学期，北斗老师开启了"动力教育合格父母培训"，说心里话，开始并没有重视。可两期下来，我发现，北斗老师总结得太精辟了，有些问题好像说的就是我，我不正是缺少解决这些棘手问题的有效方法吗？我的儿，我已经开始慢慢改变，我尽量少唠叨，很多时候话到嘴边又咽下。我已经尽量多鼓励，少挖苦。我已经学会了表扬（即便有时候是违心的），因为我看到了你久违的笑脸。我试着去拥抱你，才发现，你把我抱得更紧了……我的儿，我们的母子情分还很长很长，学习只是你生命的一部分，陪你好好走过你的学生时代，也是我义不容辞的责任。你努力做一个积极向上、活力满满的少年，我努力做回那个温柔漂亮的妈妈，更要努力学习做一名合格的家长，可好？

　　第一次读到这篇文章，我的心揪得很厉害，说不出来的酸甜苦辣。后来，写这篇文章的妈妈在合格父母培训会上分享这篇文章时，很多家长当场留下了滚热的泪水。他们都有同样的感受，做父母的真是太不容易了。从美丽温柔的女孩到严厉暴躁的妈妈，这里不仅仅有岁月留下的印迹，更多的是在陪伴孩子成长的过程中日积月累付出的辛劳。孩子是父母的软肋，我们满心地去爱他，全力地去教育他，甚至为了孩子愿意做出各种牺牲——体力上的、情感上的、工作上的、兴趣上的，苦着自己、累着自己、委屈着自己、忍耐着自己。可是，随着孩子一天天长大，长大成小学生，长大成初中生，长大成高中生，长大成大学生，我们为之付出全部心血的孩子，却并不感恩我们的爱，甚至和我们成为最亲密的陌生人，最亲密的敌人。这怎么不让做父母的心寒意冷，肝肠寸断？为什么我们的爱没有换来孩子的爱，为什么我们的爱变成了对孩子的伤害？

　　是的，不会爱，爱变害；不会育，成阻力。

　　你第一次骑自行车，我扶着车子教了你三天，你独自骑车摔倒，哇哇大哭。我竟然脱口而出："怎么那么笨啊！"你上幼儿园很久，10以内的加减法都算不明白，你怯怯地看着我拉长的脸，不敢作声。我还是提高嗓门道："是不是智商有问题啊？10个手指头还弄不明白吗？"上书法课，其他孩子都写完了，只有你被老师留下。我无法克制，从楼道拽着你进屋，直接扔到沙发上，嘴里不停地怒骂着，巴掌像雨点儿般落在你的小屁股上……

　　你有过类似的教育经历吗？你有过类似的教育行为吗？你有过动不动就怀疑孩子"不能""不行"的时候吗？你有过动不动就骂孩子"丢人""笨蛋""废物""猪脑袋""没出息""就知道吃""是人就

比你强""你去死"的话吗？如果你有过，甚至不止一次，甚至是经常这么骂孩子，你的孩子怎么可能会爱上你？

你知道你在做什么吗？你在怀疑自己的孩子，你在进行语言欺凌，你在一次次践踏孩子做人的自尊，你没有把孩子当作一个独立的人去对话。

教了孩子三天骑自行车，孩子自己骑还是骑不好。"哇哇大哭"，已经是孩子在自责、在自卑、在害怕了。可我们呢？我们非但不去安慰，不去鼓励，而是赌气似地脱口而出"怎么那么笨呢？"不假思索，张口就来，习以为常。语言欺凌已经成为我们家长彰显权威的武器，用起来是那么得心应手，一次次击中孩子心灵深处脆弱的自尊。

上幼儿园很久，10以内的加减法都算不明白，孩子"怯怯"的表情，"不敢作声"，内心又一次在自责，在自卑，在恐惧。可我们呢？我们非但没有耐心地换一种方式给孩子讲解，告诉孩子别着急慢慢来，反而提高嗓门，甩出一句："是不是智商有问题啊？10个手指头还弄不明白吗？"我们开始怀疑孩子的智商，并把这种怀疑告诉给孩子。我们开始讽刺孩子，羞辱孩子，让孩子感到自尊正在被眼前的这个人——他的妈妈毫不留情地践踏蹂躏。

上书法课，孩子写得慢一点儿，被老师留下，孩子此时可能已经在担心、在害怕。可我们呢？我们非但没有给予孩子充分的理解和安慰，反而"从楼道拽着你进屋，直接扔到沙发上，嘴里不停地怒骂着，巴掌像雨点儿般落在你的小屁股上……"一连串粗暴的动作，一连串怒骂、打骂。一个几岁的孩子在父母心里哪里还有生命的尊严？一个几岁的孩子哪里有力量去对抗"发了疯的、不受控制的魔鬼"似的妈妈？这还是自己的孩子吗？这还是自己的妈妈吗？

是的，作为家长，我们可以找很多理由去解释我们这样做的原因，其中最冠冕堂皇的理由就是为孩子好，为孩子将来好。我们甚至还可以拿出古训来证明：吃得苦中苦，方为人上人。可是，为了让孩子好，就真的可以让孩子饱受心灵的痛苦吗？就真的可以肆意践踏孩子的自尊吗？就真的可以一次次怀疑孩子、不相信孩子吗？一个心灵经常感受痛苦的孩子，一个自尊动辄被践踏得七零八碎的孩子，一个由自尊渐渐走向自卑的孩子，他的未来真的能好起来吗？

未来，真的很重要。可不可以这样说：相对于今天，明天就是未来，后天就是未来，以后的日子都是未来。未来既有看得见的未来，也有看不见的未来。这就像行驶中的汽车，作为司机，我们看得见的前方总是有限的，看不见的前方才是无限的。看得见的前方，我们能够判断路上有没有障碍、有没有危险、有没有风景。看不见的前方，我们根本无从判断，我们只能一边前行一边看到更远的未来。成年人如此，我们的孩子呢？我们的孩子还很小，还只是刚上小学或初中的未成年人，以他们极其有限的人生经验和认知水平，他们是怎么看待未来的呢？他们现在看得见的未来有多远？也许只是明天、后天，也许只是一周、一个月、一个学期、一个学年。

可是，就是在这看得见的有限的时间内，我们的孩子已经隐隐判断出他的未来是什么样子，就像今天一样，就像每天一样。不会骑自行车就要被妈妈说"笨"，不会10以内加减法就会被认为"智商有问题"，书法课写得慢一点儿就会被连打带骂。每天都要瞻前顾后、胆战心惊地去学习、做事，每天都可能面临父母的怀疑、挖苦、贬损、打骂，每天孩子的心都会感受到不同程度的压抑和痛苦。这就是孩子可以看得见的未来，这样的未来和父母想象中的未来大相径庭，但这样的未来在孩子心里却是真实的存在。

扪心自问，作为家长，我们喜欢这样的未来吗？我们不喜欢，却让少不更事的孩子喜欢上这样的未来，这可能吗？哪里有压迫哪里就有反抗，可怜我们的孩子，他第一个要反抗的不是别人，是给了他生命、养育他长大的爸爸妈妈。孩子本不想反抗，他们经历了多少次痛苦的折磨，经历了多少次犹豫徘徊，才做出了反抗的行为。反抗了，孩子又后悔、自责，不能原谅自己，不断谴责自己，又想向爸爸妈妈道歉。但是，孩子在每天可预见的未来中，还是看不到光明，看不到自由，看不到希望。父母的教育方式没有改变，家庭的成长环境没有改变，自己受怀疑、遭讽刺、挨打骂的境遇没有改变。就这样，我们的孩子心一点点硬了、冷了，他不想再和爸爸妈妈对话，他把心门关起来、锁起来，他用冷漠把自尊层层包裹起来，防止再遭践踏，再受伤害，再感疼痛。

一个看不见未来的孩子还想做什么？还有兴趣读书吗？还有动力学习吗？他们不喜欢这个家，这个看不见光明、自由和希望的家；不喜欢班级和老师，这个给他带来耻辱和自卑的地方。他们更多的时候是沉默不语，是一个人在外面行走，是躲在自己的空间里用游戏疗伤或者寻求刺激，是以欺凌更弱小的人的方式发泄压抑，或者真的想到了死……

"请给我们彼此一个机会，重新走进对方的内心。"走进彼此内心，这个机会不是孩子给我们的，这个机会就牢牢握在我们家长自己手中。无论如何都要相信孩子，只有坚持树立这样的教育价值观，这个机会才会慢慢出现在面前。每个孩子都是行走在成长道路上的鲜活生命，从咿呀学语到蹒跚学步，从幼儿天问到少年读书，从人生梦想到现实处境，孩子的成长无时无刻不在发生。成长既让孩子不断增强生命自信，又总会伴随新的苦恼而陷入迷茫。但无论如何请相信孩子，让怀疑一开始就从我们的教育观念中消失。

当孩子学了三天还不会独立骑自行车，我们不怀疑孩子，告诉孩子：别着急，慢慢学；当孩子10以内的加减法算不明白，我们不怀疑孩子，请教一下老师，怎样教孩子他才会懂；当孩子书法写得慢一点儿，我们不怀疑孩子，第二天还有时间，再来写……我们不拿自己的孩子跟人家的孩子比较，不跟"好孩子""完美的孩子"比较，我们尊重并适应孩子的成长速度、成长节奏，让他安下心来做自己，不怀疑、不害怕、不紧张、不痛苦；很享受、很快乐、很期待。请家长们记住：无论如何，无论我们的孩子糟糕到什么程度，成绩差到什么程度，行为不好到什么程度，过去有多不好，我们都要相信孩子，都要相信孩子会好起来。哪怕孩子的老师也不相信孩子，孩子的亲属也不相信孩子，孩子的朋友也不相信孩子，全世界每个人都不相信孩子，作为父母，我们仍然要坚定地相信孩子。没有好不好，只有信不信；好孩子是信出来的！我们相信孩子，孩子才会有力量再次尝试；我们相信孩子，孩子才会有勇气拯救自己；我们相信孩子，孩子才会看到未来的一线曙光；我们相信孩子，孩子才能抓到这最后一棵稻草而不至于自暴自弃。自信源于他信，孩子的自信归根结底是我们相信出来的。当孩子的父母相信孩子，当孩子的老师相信孩子，当孩子的朋友相信孩子，我们的孩子才自信！请家长们记住：无论如何，永远都不要怀疑我们的孩子不能、不行、不快、不高、不强、不优……

请给孩子重复的机会

先来读一篇参训家长的文章。

时光荏苒，2017年8月，迎来了宝宝人生的第二个阶段，小学生活阶段。怀揣梦想，宝宝来到了我们心目中理想的小学。作为家长，我也很高兴，憧憬宝宝在理想的学校会更爱学习。

可是在入学的第二个星期，孩子就因为英语朗读闹情绪，起因是英语老师要求每个孩子每天在微信群里朗读英语。宝宝刚接触英语，不会读或者说不敢读，导致每天都故意找理由把英语这项作业拖延，甚至有两次哭着说，我没有别人读得好，我也不会读，我不读了……

面对宝宝的这种表现，我害怕强制要求他会让他产生逆反心理。于是我分析了宝宝出现这个问题的原因：一是宝宝看别的同学读得非常流利，自己读得太慢且不流利，产生了自卑心理；二是宝宝没有学音标直接读单词，的确有难度；三是宝宝想让自己在同学面前表现优秀，或者是说孩子对自己的要求太高。综合分析之后，当宝宝再次闹情绪的时候，我蹲下来跟宝宝说："刚开始学，谁都不会，谁都是慢慢学的。刚开始都读得不好，咱们听到那些读得好的同学，是他们先练习了好多次，读熟练了才发到群里的，妈妈小时候就这样过来的。妈妈小时不会写字，不会拿笔，后来慢慢练习就会了，成长就是要把不会的事情变会，这些英语单词妈妈也有不会读的，不信咱俩一起跟着录音机读十次，试试看……"就这样，经历了一次又一次陪读（跟着磁带），孩子慢慢敢大声读英语了，到现在已经爱上读英语了。有一次我故意装弱，问宝宝这个单词怎么读，宝宝很高兴地教我读，之后说了一句："妈妈，每个人都是从不会慢慢到会的，妈妈努力，我等你的好消息！"我当时觉得宝宝好暖心，这是我曾经鼓励他的话语，他竟然又说给我……

我总结了一下这个过程：首先，我们要和孩子共情，把自己身高变矮，和孩子一样高，最好蹲下来，"返老还童"，把我们年龄定格在和孩子一样的年龄，再去分析问题和解决问题。其次，适当在孩子面前示弱，让孩子有某个点的自信。最后，家长要赞美和鼓励孩子，赞美和鼓励的作用超乎想象。

反思体会：压缩自己的身高，和孩子平视说话。"减少"自己的年龄，按孩子的思维想问题。家长的语言对孩子来说是一种养料，给孩子表现的机会，和孩子一起成长，一起磨炼，相互激励，共同提升。父母理解尊重孩子，孩子就会尊重理解父母。

父母的价值是滋养孩子生命的根基，要给孩子阳光、水分、信任，相信家长和孩子一起同心同力分析问题，没有解决不了的成长问题。展望明朝，孩子，我们是好朋友，我们一起面对成长中的各种问题。

故事中的妈妈显然是一位有教育智慧的家长。在孩子刚上小学一年级的时候，在孩子不敢大声朗读英语，不敢把自己的朗读发到微信群中的时候，妈妈没有怀疑自己的孩子，没有对孩子的学习困难视而不见，更没有我们常见的伤害孩子自尊的语言欺凌，这着实已经是难能可贵。

"甚至有两次哭着说，我没有别人读得好，我也不会读，我不读了。"这是孩子的心里话，这是孩子维护自尊的表现。每个人包括孩子，都不想在众人面前出丑，都害怕在众人面前出丑，都不想把自己的"不能""不行"表现给他人。孩子还没有达到"不怕出丑"的境界，所以我们不能强迫孩子做他们不能做的事情。

但是，面对孩子的学习困难，我们也不能视而不见，让孩子养成逃避困难的习惯。故事中的妈妈深谙一个道理，这个道理或经验，用她自己的话说就是："刚开始学，谁都不会，谁都是慢慢学的。刚开始都读得不好，咱们听到那些读得好的同学，是他们先练习了好多次，读熟练了才发到群里的，妈妈小时候就这样过来的。"这是经验之谈，更是学习的规律。将这样的经验或规律告诉孩子，不断根植于孩子的内心，孩子在学习的道路上才可能一次次实现自我超越。

原来，人的一切能力都是重复出来的，都是练习出来的。"学而时习之""温故而知新"，说的就是这个意思。原来，孩子的一切能力都是重复出来的。孩子会说话，是因为孩子重复了无数次说话；孩子会走路，是因为孩子重复了无数次走路。孩子第一次做不好，实在是正常不过了。我们要把做得不好的第一次当作起点，把能做好的第 N 次当作终点，起点到终点总会有一段距离，但只要不停地往前走，距离终点就会越来越近。

这看似是一个简单的道理，是一个我们大人早就知道早就明白的道理，但是在教育孩子的过程中，我们恰恰常常忘记了这个道理。这个道理只是在我们的大脑中存放，时常还可以提取出来讲给别人听，时常还作为我们自己没有做好事的理由，但并没有转化为我们的教育素养和教育智慧，更谈不上由此产生我们科学的教育行为。

"妈妈小时不会写字，不会拿笔，后来慢慢练习就会了，成长就是要把不会的事情变会，这些英语单词妈妈也有不会读的，不信咱俩一起跟着录音机读十次，试试看。""读十次，试试看"，这样的话对对读英语有点儿畏惧的孩子来说，多有诱惑力啊。其实，我们的孩子骨子里是无所畏惧的，是对万事万物有着强烈的好奇心的。初生牛犊不怕虎，说的就是我们的孩子。但同时，我们的孩子也有着强烈的对安全感的需求。只有心里感到安全了，不害怕了，不恐惧了，他们的好奇心、无所畏惧的勇气才能淋漓尽致地表现出来。孩子在好奇心和无所畏惧的心理驱动下，才能一次又一次地开始了他人生的"探险"：说话、走路、吃饭、上学、写字、画画、坐车、与陌生人讲话、买东西、做家务、存钱、旅游……"做十次，试试看"，我们的孩子就是在这一路勇敢地尝试中，一路不断地重复中，增长了能力，增加了智慧。我们自己，我们当下具有的一切能力，何尝不是在一次次重复中形成的。重复是形成一切能力的法宝，重复形成能力。

可是，我们看到在实际的教育中，有多少家长违背了孩子的这个成长规律。只因为我们的孩子第一次做没有做好，第二次没有做好，就开始怀疑孩子的能力，就开始怀疑孩子的智商，就开始进行语言欺凌，就开始粗暴地剥夺孩子再尝试再重复的机会。能力是重复出来的，我们没有给孩子足够的重复的机会，孩子就没有重复的体验，就不会形成相应的能力。孩子没有相应的能力，反过来又成为我们唠叨、抱怨、指责、讽刺的理由。孩子既没有增加做人、做事的能力，自尊又一次次受到我们的伤害，心灵又一次次饱尝了痛苦，这样恶性循环的始作俑者，不是孩子，恰恰是我们——孩子的父母。是我们一次次浇灭了孩子尝试的好奇心，是我们一次次剥夺了孩子重复的欲望，是我们让孩子越来越感到"无能"，越来越感到"害怕"，越来越感到"自卑"。我们亲手毁了孩子却全然不知。

在合格父母培训中，我们讲过一个教育案例——"洒掉的牛奶"。故事是这样写的：

我五岁时，有一天到厨房的冰箱里取牛奶。那时牛奶瓶是玻璃的，三斤装。我拿出牛奶瓶，一下没抓住，牛奶瓶掉到地上。妈妈听到响声跑过来一看，牛奶和玻璃碎片满地都是。

我以为妈妈会打我一顿，没想到妈妈愣了一下突然笑了，说："牛奶已经洒了，儿子，看看有什么用？别愣在这儿，你不是叠了很多纸船吗？这不是一个海洋吗？咱俩划纸船，去把你的纸船拿来。"

在我去找纸船的时候，妈妈已把玻璃碎片收拾干净，地上剩了一个牛奶的海洋。我和妈妈用纸船在"牛奶海洋"上比赛，玩了20分钟，纸船湿了。妈妈说："好，玩够了，牛奶完成了它的使命。"妈妈把牛奶清理了。

然后，妈妈领我到院子里，找了一个一模一样的瓶子说："刚才你把牛奶洒到地上，是因为不知道怎么抓。"妈妈灌满水，说："你现在右手抓瓶颈，左手托瓶底，试一下。"我在草坪上，来回走了十多次，等我学会拿稳牛奶瓶后，她说："好，玩去吧，你以后不会打破牛奶瓶了。"

这件事影响了我一生，特别有两点。第一，妈妈把一滩没用的牛奶变成海洋，变成有价值的东西，让我玩了20分钟。后来在我进行科学研究，每当实验失败，我就回想起它，去思考这次失败有哪些有价值的东西，我很多的科学就发现是这样发展来的。

第二，也是最重要的，我从那时起不害怕失败和犯错误。一个人犯了错误，只要改了，下次做对就可以了。我从小不害怕犯错误，不害怕失败，这是我成功的秘诀。

这个小孩后来获得诺贝尔化学奖。当记者采访他，问："你今天的成就，与你的家庭教育有没有关系？"这位化学家不假思索地回答："当然！我的今天，一半应该归功于母亲，儿时在她身边经历的一件小事让我受益终身。"

这个选自网络的教育案例，展现了妈妈高超的教育素养和教育智慧，和我们刚刚读过的教育故事有着可贵的相似之处：那就是让孩子不断地重复，用重复形成朗读英语的能力，用重复形成拿牛奶瓶的能力。孩子打碎了牛奶瓶，妈妈没有生气，没有愤怒，没有怀疑孩子的无能。先是变废为宝，与孩子一起在牛奶的海洋里玩起了划纸船。接下来到院子里，找了一个一模一样的瓶子，向瓶子里灌满水，教孩子如何拿瓶子才不会掉下，然后让孩子在草坪上来回走了十多次。故事当下的结果是孩子学会了稳稳地拿牛奶瓶，自信又向上增长了一小截。故事对孩子的影响竟然是终身的，"我从那时起不害怕失败和犯错误。一个人犯了错误，只要改了，下次做对就可以了。我从小不害怕犯错误，不害怕失败，这是我成功的秘诀。"原来，不害怕犯错误和失败是成功的秘诀，这个道理真的是太深刻了。反观我们当下的家庭教育，孩子稍有差池就抱怨指责，孩子稍有不合家长心意就语言欺凌，孩子稍有做事失败就横加怀疑。从此，我们的孩子害怕尝试，害怕出错，害怕失败，成为戴着脚镣手铐的舞者和奔跑者。试问：这样的孩子能舞出生命的华美吗？能跑出矫健的雄姿吗？

北斗老师在这里呼吁：请再给孩子一次重复的机会。告诉孩子，我们身体就是最好的重复的资源，我们自己就是最好的学习资源。我们的眼睛是录像机，再看一遍，再录一遍，就是又重复了一遍；我们的耳朵是录音机，再听一遍，再放一遍，就是又重复了一遍；我们的嘴巴是复读机，再说一遍，再读一遍，就是又重复了一遍；我们的双手是复印机，再写一遍，再做一遍，就是又重复了一遍；我们的大脑是计算机，再算一遍，再想一遍，就是又重复了一遍。告诉孩子，不害怕，再试试；不着急，再试试；不气馁，再试试；不乱想，再试试；换角度，再试试；歇一歇，再试试；缓两天，再试试。重复形成能力，人的一切能力都是有效重复出来的，无论如何，请再给孩子一次重复的机会。

　　重复形成能力，有效重复能更快形成能力。如果我们能把身体的各部分资源综合利用起来，一边看一边想，一边读一边写，一边听一边记，综合用好我们的眼、耳、口、手、脑，就会实现有效重复，就会更快形成能力。我在教学时，曾经给我的学生提出过不少口号，其中关于重复学习观的就有两句。一句是：学习其实很简单，再做一遍就行了。一句是：五者并用，智慧无穷。前一句强调的是重复，重复形成能力，重复形成习惯，人的一切能力和习惯都是不断重复出来的。智商有高有低，智力也有不同的表现内容，但有一点是相同的：重复形成能力，这是学习规律。重复使用眼力，观察力就会提高；重复使用听力，听力就会提高；重复使用嘴力，表达力就会提高；重复使用手力，手力就会提高；重复使用脑力，脑力就会提高，人的身体机能越用能力越强。后一句强调的是有效重复、高效重复，综合运用身体资源，学习的效率就会提高。一个完整的学习知识的过程，就是信息接收——信息处理——信息输出的过程。人体接收信息有两条基本渠道：用眼睛看和用耳朵听，二者各有优势，互相补充。只看不听或者只听不看，都在关闭其中的一条信息接收通道。信息接收通道堵塞了一条，接收的信息就不完全，就会有遗漏，学习当然会低效。人体输出信息也有两条基本通道：用嘴巴说和用手写，二者同样各有优势，互相补充。只说不写或只写不说，同样在关闭其中的一天信息输出通道。信息输出通道堵塞了一条，输出的信息就会有限，学习也会低效。

大脑是信息处理加工中心，所有通过看和听接收到的信息，只有经过大脑的处理分析，才能储存、结构、记忆、提取。所以，学习不用脑，接收到的信息就很难处理加工，大量的信息横七竖八地堆放在一起，大脑空间就会杂乱无章，输出的信息也会杂乱无章。大脑一乱，大脑的储存、结构、记忆、提取功能都会减弱，学习效率自然就高不起来。

五者并用，智慧无穷；有效重复，形成能力，这是学习的基本规律。谁重复次数多，谁有效重复次数多，谁的能力就提高得快，谁的学习成果就丰富。书山有路勤为径，一勤天下无难事，勤奋就是不断地付出体力重复。一个孩子，如果能在小学阶段养成勤奋学习的习惯，养成付出体力有效重复的习惯，这个习惯必将受益终生。

重复形成能力，五者并用，有效重复，会更快形成能力。演讲就是综合运用人体资源进行有效重复的方式。让我们的孩子学习演讲、学会演讲、爱上演讲，用演讲的方式进行重复学习，把学到的知识讲出来，把思考的知识讲出来，把应用的知识讲出来，孩子的学习能力就会增强，考试能力就会增强，自信心就会增强。

所以，请再给孩子一次重复的机会。不怀疑，不生气，不讽刺，不打骂；蹲下身，耐下心，再等等，再试试。孩子一定会回报给我们进步与成长的惊喜。

怀疑会粉碎一切美好

先来读一篇参训家长的文章。

前几天大姑娘生病了，烧了两天，头一直疼。毕竟还是孩子，体质本就不好，再加上学校离家比较远，她又是个慢性子，每天就要比别人早起晚睡很多，所以这次病得比往次严重。孩子每天打针都要打到半夜，打针刺激的胃疼、血管疼，高烧烧得浑身都疼。不爱写作业，可又不说出来，我又没有和孩子好好沟通，也没有耐心地设身处地地站在她的角度为她想想，只是想方设法地督促她快点儿写完作业。她依然磨蹭，我没耐心了，又开始了唠叨、埋怨。姑娘被逼急了，哭了，依然什么都不说。看见她哭了，我又后悔了，孩子生着病呢，为什么不能耐心点儿呢？我们自己生病了也什么都不想做呢，何况是孩子！

大姑娘本是听话的孩子，初中以前没用我操过心。初中以后，感觉孩子不上进了，为此埋怨过孩子。期中考试成绩下来之后，我自己气得哇哇哭，感觉孩子不听话了，自己好伤心。可听了北斗老师的"动力教育合格父母培训"课后，我想按照北斗老师说的改变一下自己的教育方式，也改变一下自己的心态。我下定决心，要好好陪孩子，耐心地和孩子沟通。

在陪孩子一起写作业时，我也发现了一些问题。比如说这周末，大姑娘写作业时表现得很烦躁，稍微复杂一点儿的题，会选择性地逃避。你问她原因，她依然不会去和你交流，只是自顾自地低头写着算着。你再问，她会眼泪不住地往下流。要是放在以前，我一定又会大声地吼她骂她，可是这次我想做个合格的妈妈，按北斗老师说的去做，改变一下自己的方法。我尽量平和地跟她沟通，虽然最后沟通失败——我说她听，但这就是她的性格——不善于表达，不善于沟通，一切想法，她只会对自己说。

最后我跟她说："不要写了，休息吧！心情不好，写出来的答案也是不准确的，效率也不高，没写完的，明天再写吧。"她什么也没说，洗洗睡了。第二天早上，因为是周末，她完全可以不用早起，可是我看见不到四点，她房间的灯就亮了。我悄悄地起来趴在她房间的门上看，她在写作业。大姑娘本是听话的孩子，她虽没有别人聪明，但她听话，真的很听话。后来我送她上课的路上，又跟她说了好多。她依然是默默地听着，眼泪在眼圈里打转，脸上却带着笑（从小到大遇到困难的时候，她一直都是眼泪在眼圈里打着转，脸上却带着笑）。我和她说："从小到大都一直是我在说你在听，你从来不会主动地跟我说些什么，你不说我就不了解你真正的想法，不了解你的想法，我就会去猜测，去试探性地问你。你不说我就不知道你有没有理解我说话的意思，因为我不知道你到底有没有理解，所以我就越一个劲儿地想说，想让你理解。就这样，你让我变成了一个唠叨的妈妈。你说昨天晚上你莫名地心烦，你不说你心烦的原因，我就又会去猜测。后来我想，你是不是因为周一要考试啦，感觉压力特别大呀？"说到这里我看见姑娘哭了，眼泪流了下来！可她依然什么都没说。我想我可能是猜对了。她本不是聪明的孩子，是不是我把分数看得太重？把孩子逼得太急了？

我的情绪给她带来的压力太大了，期中考试的时候她没有考好，我就哇哇大哭一顿，和她说了好多，没两天她就生病了。她本是听话的孩子，可思维没有别人快，虽说是笨鸟可以先飞，勤能补拙，但那是需要过程的，需要时间的，真的是急不来的。又要考试了，她一定心里压力很大，所以才会莫名地烦躁。

这次考试，无论成绩好坏，我都不会再去苛责她。

怀疑是什么？怀疑就像一台粉碎机，它会把一切美好的东西粉碎。

它会粉碎孩子此时此刻的美好心境，它会粉碎亲子之间的美好感情，它会粉碎孩子对父母对社会的基本信任，它会粉碎孩子精心编织的美好梦想，它会粉碎孩子积极向上的成长动力，它会粉碎孩子一点点建立累积的自信。

有多少父母不知从什么时候开始，怀疑的种子就悄然种在自己心里。也许是孩子成绩下滑的时候吧，也许是孩子贪玩不写作业的时候吧，也许是孩子不再听大人的话的时候吧，也许是孩子没有做好一件事的时候吧，也许是孩子默不作声沉默不语的时候吧，也许是老师告诉自己孩子在学校违反纪律的时候吧，也许是孩子开始说谎话的时候吧，也许是孩子结交了不三不四的朋友的时候吧，也许是孩子开始逃课打游戏的时候吧，也许是孩子谈恋爱的时候吧，也许是孩子在外打架斗殴的时候吧……

总之，就是有那么一瞬间，我们开始怀疑自己的孩子。怀疑孩子天生就不是学习这块料，怀疑孩子天生就学不好数理化，怀疑孩子对学习已经不感兴趣，怀疑孩子在学习上不够努力，怀疑孩子到了青春期逆反期，怀疑孩子贪玩不想学习，怀疑孩子懒散不够勤奋，怀疑孩子马虎不够认真，怀疑孩子见硬就回害怕吃苦，怀疑孩子不务正业，怀疑孩子在谈恋爱，怀疑孩子好动不守规矩，怀疑孩子没有理想得过且过……

上文中的妈妈，"初中以后，感觉孩子不上进了，为此埋怨过孩子。期中考试成绩下来之后，我自己气得哇哇哭，感觉孩子不听话了，自己好伤心"。你看，"我感觉……"，我感觉孩子这样了，我感觉孩子那样了，我开始进入了怀疑孩子的教育模式。"我感觉孩子不上进了""我感觉孩子不听话了"，怀疑——这个离间亲子关系的"小人"轻而易举地走进了我们家长的心里。它不时地在我们心里提醒我们：你的孩子不上进了，你的孩子不听话了，你看她期中考试的成绩多不好……于是，原本和谐的亲子关系开始出现裂痕，我们家长开始埋怨，开始伤心，开始"气得哇哇哭"；孩子开始沉默，开始脸上带着笑地流眼泪。

　　不错，我们的孩子，不论是小学生还是初中生，他们的主要劳动就是在校学习，他们的时间也都基本分配给了学习，他们一天二十四小时，除去吃饭、睡觉、上下学的时间，几乎都给了学习。每天清晨和晚上的时间用在了写作业上，每周的周六周日双休时间用在了课外补习上。孩子有做不完的作业，答不完的试卷，背不完的答案。属于他们自己的时间、可以由自己支配的自由的时间越来越少。但即便是这样，我们家长似乎还不满意，希望自己的孩子要每一分钟都打起精神学习，要每一分钟都在读书写作业，似乎只要歇一歇就怀疑孩子不上进，只要流露出不满意的情绪就怀疑孩子不听话。我们忽略了一个最基本的规律：人连续地、高强度地输出体力和智力是会疲劳的。这时去从事学习这项智力兼体力劳动，效率是极其低下的，错误也会增多。累了就要休息，会休息才会工作，这是符合生命成长规律的，是科学的。身体累了，就要休息；大脑累了，也要休息。每个孩子或许都有自己的调节方式，我们要尊重孩子自己的选择。所以，不是不看书就不上进，不是不学习就不听话，我们要尊重孩子的学习节奏，劳逸结合；我们要允许孩子设计属于自己的学习流程，只要有效率、有效果就好。

　　孩子是有思想、有情感、有情绪的生命体。我们说孩子在成长，既指他们的身体在长高长大，也指他们会做的事情越来越多，还指他们累积的知识越来越丰富，更指他们的思想越来越丰富、情感越来越丰富。他们就像田野中夏季的庄稼，每一天都在拔节，每一天都在生长。这种成长的速度，有时我们感觉很难跟上。生活中大量的信息在他们大脑中碰撞着、纠缠着、冲突着。这些信息不仅仅来自我们父母，还来自同伴、同学、老师、陌生人、电视、期刊、手机、网络。这些信息良莠混杂，让处于生长高峰期的少男少女应接不暇，是非难辨。他们需要时间消化，需要独处弄清，需要交流解惑，需要经历体验。其中关涉自我人生意义、人生价值的命题，更是摆在他们面前必须思考和弄懂的第一要务。我们要给孩子一些自己的时间，让他们思考和消化比学习更重要的生命课题。我们要努力察觉到孩子们的思想困惑、情感矛盾、心理障碍，努力帮助孩子确立正确的人生价值观，努力引领孩子做最好的自己。

所以，不是不看书就不上进，不是不学习就不听话，我们要走进孩子的内心，真正做孩子的精神导师。

我们的起心动念很重要。我们的起心动念是怀疑孩子不能、不行，我们的大脑就引领我们向着孩子不能不行的方向观察、思考，就会努力关注、寻找、放大孩子不能不行的外在表现，进而证明自己的判断是正确的。我们的起心动念是信仰孩子能、行，我们的大脑就引领我们向着孩子能、行的方向观察、思考，就会努力关注、寻找、放大孩子能、行的外在表现，进而证明自己的判断是正确的。我们大脑的这种选择性关注完全取决于我们的起心动念，取决于我们是积极、阳光、正面地看问题，还是消极、阴暗、负面地看问题。好思维好生命，坏思维坏生命。我们之所以告诫家长无论如何要相信孩子，无论如何不要怀疑孩子，就是这个道理。好孩子是信出来的，坏孩子是疑出来的。

当我们把"你不行""你不能"的怀疑或直接或间接地传递给孩子的时候，当我们一次次把这种怀疑传递给孩子的时候，孩子就不肯再努力了，因为孩子还没傻到明知不能还要努力的程度，因为谁都不会去做根本实现不了事情。于是，孩子就有了一个理由：我不行，所以我不必努力。

我记得我在做班主任的时候，大概是初二上学期吧，班级里不少学习成绩很好的女学生，不知是谁的话进了她们的心里，一致认为女孩子学不好物理。因为心存怀疑，所以学习物理的劲儿一下子就松了下来。后来一调查，发现说这话的不是别人，竟然是一位女学生的妈妈。这位妈妈把自己上学时学不好物理的事讲给了孩子听，还传播了一个观念：女孩子是学不好物理的。就是这个观念，让班级里的女同学对学习物理感到了恐惧。

解铃还须系铃人，既然是观念错了，就还要从观念上改变。我跟同学们讲，女孩子学不好物理，这纯粹是谬论，我有铁证。同学们静听下文。我说，你们谁知道学校初二物理教研组有几位物理老师，其中有几位女物理老师？同学们七嘴八舌一算，女物理老师远远超过男物理老师的数量。结论：女孩子一样可以学好物理。观念转变过来了，女同学学习物理的劲儿又回来了。

人就是这样，思想决定行为，观念决定行为，怎么想的就决定了怎么做，想得越坚定，行为就越坚定。我们做父母的，没有一个不想让孩子好的，我们希望他更能、更行、更好、更快、更高、更优。但是从我们嘴里说出的话、从我们脸上表现出的眼神和表情、从我们高高抬起的手臂，孩子看到的、感受到的恰恰是自己不能、不行、不好、不快、不高、不优。我们的唠叨、埋怨、伤心、气得哇哇哭，已经毫不掩饰地把对孩子的怀疑告诉了孩子，把对孩子的失望告诉了孩子。相由心生，境由心造，我们表现出来的所有负面情绪和所有面相，所有的唠叨、抱怨、比较、打骂、讽刺、忽略，几乎都是因为我们在心里已经怀疑孩子不够好，不但当下不够好，甚至未来也不会好。正是因为我们心里总是感觉孩子不够好，我们才更加寻找和关注孩子不够好的表现，放大孩子不够好的表现，然后发泄我们的负面情绪，表达我们的担忧和不满、无奈和失望，这些担忧、不满、无奈、失望，正一点点蚕食着孩子的自信，粉碎着孩子的希望。

所以，我们大可不必因为一时的失败和一个缺点，就对孩子的能力和前途产生怀疑。把一时的失败放到孩子成长的全过程中，把一个缺点放到孩子生命的全部优点中，真的是微不足道，真的不必大惊小怪，真的不用心生怀疑。要相信时间的力量、成长的力量，相信我们的孩子当下和未来一定会好，一定会很好，一定会非常好，一定会越来越好！在好的观念引导和支配下，我们努力发现和寻找孩子的好，努力认可和赞赏孩子的好，孩子才有信心越来越好！

2012 年 7 月 1 日，北京大学中文系 1984 级本科生卢新宁，在北大中文系 2012 年毕业典礼致辞中，曾对学弟学妹们说过这样一段话："我唯一的害怕，是你们已经不相信了——不相信规则能战胜潜规则，不相信学场有别于官场，不相信学术不等于权术，不相信风骨远胜于媚骨。你们或许不相信了，因为追求级别的越来越多，追求真理的越来越少；讲待遇的越来越多，讲理想的越来越少；大官越来越多，大师越来越少。因此，在你们走向社会之际，我想说的只是，请看护好你曾经的激情和理想。在这个怀疑的时代，我们依然需要信仰。"在致辞的结尾，卢新宁说："最后，我想将一位学者的话送给亲爱的学弟学妹——无论中国怎样，请记得：你所站立的地方，就是你的中国；你怎么样，中国便怎么样；你是什么，中国便是什么；你有光明，中国便不再黑暗。"

　　在这里，我想仿照卢新宁的话对家长说：在这个价值观多元的社会，请看护好初为父母时，我们曾经的激情和理想。在这个怀疑的时代，我们对孩子依然要保持信任。无论现实怎样，请记住：你怎么样，你的孩子就怎么样。你坚定方向，你的孩子就心有方向；你学习成长，你的孩子就学有力量；你改变突破，你的孩子就自信阳光！

有信仰可以照见未来

《爱能赢》中，有一篇文章叫《给父母的信及回信》。大年初一，一个上高中的女儿给父母写了一封信。大年初二，母亲代表父母给女儿写了一封回信。下面就是母亲回信的内容。

亲爱的女儿：

很荣幸受爸爸的委托写这封父母的回信。昨天上午你写到最后部分时，妈妈忍不住把头凑过来想看一眼，你说等你写完再看，我便笑着走开……其实妈妈内心很期待！虽然我们关系很好，妈妈还是很"八卦"：女儿想对我们说些什么呢？

今天早上，我迫不及待地打开电脑，读信。边读边享受着女儿浓浓的爱，未到一半，眼眶湿润（爸爸说，他读的时候，眼眶也湿润了），以至读完全文，妈妈不得不站起来走走，去平复内心的波动……我们一直很幸福，因为有你！

想起了结婚前，与你爸爸一起说到将来的孩子，妈妈当时有个愿望："我一定不要我的孩子听话！"爸爸急了："你还想孩子以后不听话啊？"我笑了："不听话，并不意味着不懂道理，我希望我的孩子懂道理。"爸爸才释然。

想起了结婚后，爸爸为了有个健康的小宝贝，毅然戒烟。他那么坚定而努力地抵抗着烟的诱惑，以至于曾有好几天倒在床上，精神全无。

想起了我们认真为你起小名，以便在腹中的你可以天天听到我们的呼唤。"然然",是我们对你的全盘接受,无论你以何种形象降临到我们面前,也无论你将成长为怎样的人,我们觉得你就应该是这个样子——"然也,然也"!

想起了当医生从妈妈腹中把你取出的那一刻,妈妈忍不住泪水奔涌,哽咽抽泣,难以自制,麻醉师不得不提醒正在进行伤口缝合。

想起了你从小到现在的成长中,我们一致地坚持着不要求你"听话和乖",而是告诉你:"自己动脑筋,想明白,要懂道理,你是懂道理的孩子。爸爸妈妈、大人们都可能犯错,及时改正就好。"

想起了我们故意不起床,让上幼儿园的你,每天清晨自己起床,洗漱更衣,去花园门口等车。

想起了你小时候学习舞蹈和艺术体操,流着泪对墙"练功",自己高声数着数,一定要超过老师规定的时间才肯停止,我们感叹的同时,妈妈却要求你必须完成到达满分的动作次数,严格到令你最后放弃了继续学习艺术体操。

想起了你六岁时候被我们鼓励,自己乘车去上课,我们全家却悄悄开车跟在公交车后,生怕漏过你在路上一丝一毫的举动或出现任何可能的安全隐患。你第一次的优异表现,让爸爸的"懒"从此有了最好的借口,我们家很少像其他父母一样包接包送孩子。虽然我们时常觉得很"亏待"这么好的女儿,但每次都被内心中隐藏的"狠心"打败,我们仍然坚持着。

想起了你四年级时,因被顽皮的男同学剪了心爱的头发而伤心难过,我们征询你的意见,是否需要我们介入调解,你却要求自己处理,你的理由是:"头发剪了可以再长,同学友谊破裂了却不容易修复。"这句"名言"令我们自豪,我们全家也因此赢得了老师们、同学们和家长们的长久尊重。

想起了你上初中时妈妈在外奔忙无心顾家,你内心纠结却一直藏在心里,始终默默地努力上进;而妈妈一直内疚于让你没有安定感,没给你足够的照顾,导致你长时间失眠。

想起你刚进高中后被"削南瓜"的沮丧和自卑,以及接下来证明

家庭教育的九大误区
060

自己的努力，爸爸妈妈在心里为你喝彩，不因为成绩和名次，而为那股顽强的精神，因为你在渐渐真切体会着学习的快乐，以及不为成绩所役的自由。

……

你这么快地成长着，太多的不可思议，太多的惊喜，太多的酸甜苦辣，让我们应接不暇。爸爸妈妈真的犯了很多错，有好些来不及反省和改正，因为你成长的步子实在太快了。细品你成长的细节，都是喜悦；即便是为你的失眠而焦虑的日子，即便是陪你一同流泪的时光。

爸爸妈妈为你欣喜：你从小懂道理，无须我们操心；你从小对自己和他人评价客观，不自负不炫耀，不浮夸不虚荣，总是心怀感激；因为有抱负而自信，不为名利而努力，你希望洁净人类的灵魂，保护地球，胸怀的是天下……

没有什么比你的内心有爱更让我们觉得幸福！我们知道，你不仅爱自己，爱父母，爱家人，还爱社会，爱人类，爱地球——这让我们为你自豪。

有爱的女儿，爸爸妈妈爱你！而且，有你的爱，我们将永远青春！

爱你的爸爸妈妈

这是一对普通的父母，却又是不普通的爸爸妈妈。在教育女儿这件事上，他们有着自己的教育观念。

他们给孩子起了"然然"的小名，"'然然'，是我们对你的全盘接受，无论你以何种形象降临到我们面前，也无论你将成长为怎样的人，我们觉得你就应该是这个样子——'然也，然也'！"全盘接受，你就应该是这个样子，这是他们与众不同的教育观。他们在心里完全接纳自己的孩子，既不挑剔孩子的缺点和毛病，也不主观地自以为是地给孩子设计当下和未来，他们只想让孩子成为他自己本来的样子——他想成为的样子。

他们不要求孩子"听话和乖"，但必须要懂道理，要做一个懂道理的孩子。因为他们知道：孩子听话和乖，并不是在做自己，是在压抑自己的想法和需求，来迎合和满足父母的意愿和需求，是不经过思考的盲从，是在做父母操纵下的木偶人。一个孩子如果凡事都"听话和乖"，都没有自己的思考，都不明白自己听的话有没有道理，那就不是真成长。因为这样的道理还没有在孩子心里扎根，还不是孩子自己的价值观，一旦离开父母的视线和掌控，一旦独立面对学习、生活和工作，孩子很难自觉地遵守和执行。

他们努力培养和锻炼孩子的"自立"。故意不起床，让孩子每天清晨自己起床，洗漱更衣，去花园门口等车上幼儿园。六岁时鼓励孩子自己乘车去上课。四年级时，女儿的头发被顽皮的男同学剪了，他们征询孩子的意见，是否需要家长介入调解。孩子却要求自己处理，还给出了自己的道理："头发剪了可以再长，同学友谊破裂了却不容易修复。"

从这对爸爸妈妈的教育实践中，我读到了一个词：信任。看得见的是孩子在自信成长，看不见的是父母对孩子的信任，自信源于他信。父母应该信任孩子，信任产生力量，相信孩子的父母可以照见孩子的未来，被父母信任的孩子可以照见自己的未来。父母和老师送给孩子最好的教育礼物，就是孩子日益增长的自信！

因为相信孩子，相信孩子可以做一个最好的自己，所以对孩子全盘接受，无条件接纳。既接纳孩子的所有优点，也接纳孩子的所有缺点。因为相信孩子，相信孩子是一个懂道理的人，所以不要求孩子事事都听大人的话，而是听"道理"的话。大人也会犯错，大人的话也不是句句都有道理。因为相信孩子，相信孩子可以做好自己的事，所以适度放手，让孩子自己起床洗漱更衣，让孩子自己乘车上学，让孩子自己解决同学之间的矛盾。父母少了一些对孩子的控制，孩子少了一些对父母的依赖，孩子便多了一些自主，多了一些经历，多了一些能力，多了一些成长。

我们欣喜地看到了一个自信成长的女儿，"不自负不炫耀，不浮夸不虚荣，总是心怀感激""有抱负而自信，不为名利而努力""爱自己，爱父母，爱家人，还爱社会，爱人类，爱地球"——心怀感激，心有信仰，心中有爱，这不正是我们每个父母心中的教育期待吗？

相信孩子，就要允许孩子第一次做不好。每个孩子在成长中都要经历很多个第一次，这些第一次在我们父母看来已经司空见惯、得心应手，但对每个孩子来说都是陌生的、全新的，内心既充满自我挑战的冲动又充满未知的恐惧。每当这时，如果孩子告诉我们他害怕，他不敢做，他不会做，那是他内心的真实感受。这种恐惧心理既来自对陌生的、全新的事情的尝试，也来自孩子以往尝试第一次做事时父母怀疑的态度。但在孩子内心一定还有一种跃跃欲试的冲动：想尝试。这时候，孩子也许会把眼光投向父母，孩子希望从父母的眼神、表情、话语和行为中，获得一种叫作相信的力量。当我们给了孩子这种力量，把相信的力量传递给了孩子，把期待传递了给孩子，我们的孩子就会鼓起勇气小心翼翼地挑战他人生中一个又一个第一次，那一定是非常美妙地尝试，一定是创造奇迹地尝试，一定是丰富生命增加自信地尝试。但如果我们把怀疑传递了给了孩子，甚至早就在孩子先前的尝试中把怀疑植入了孩子的内心，孩子就会放弃这次尝试，因为他不但怀疑自己尝试的能力，更对尝试失败之后父母的再次怀疑、指责、嘲讽心生忌惮。想一想，如果我们的孩子一次次放弃了尝试做事、挑战自己的机会，一次次放弃了因为挑战带来的或失望低落或兴奋激动的情绪体验，一次次放弃了增加自信或增加经验的机会，孩子的人生会少了多少经历和体验，会徒增多少叹息和遗憾啊。

其实，我们做父母的何尝没有经历过这样的尝试。第一次做不好、不会做，做几次还是做不好、不会做，这是再正常不过的事情了，但坚持去做，反复去做，我们就会做了，做好了。可是，不知为什么，当我们做了父母，当我们的孩子第一次做这些事的时候，我们便要求孩子第一次就要做好，做不好我们就怀疑、指责、嘲讽，就生气、发怒、吼叫。我们忘记了一个成长的基本规律：不是因为有能力才能做，而是做了才有能力；不是因为有了胆量才敢于尝试，而是尝试了才有胆量；不是因为有经验了才去经历，而是经历了才有经验。所以，要相信孩子，就要允许孩子第一次做不好，但做几次之后可以做得好一点儿，再重复做多次，就会做得越来越好。

相信孩子，就要允许孩子不是每件事都能做好。每个孩子都是独一无二的，每个孩子都有他生命的特质和偏好，所以，每个孩子既有他擅长的事情，也有他不擅长的事情；既有他喜欢做的事情，也有他不喜欢做的事情。这同样是生命成长的基本规律。我们的孩子不可能无所不能，什么事情都能做得很好，什么学科都能学得最棒，什么问题都可以研究得很透。有了这样一个基本认识，我们才能在孩子做一件事情反复做重复做也做得不精、不优的时候，保持平常心态，不怀疑，不指责，继续相信孩子，允许孩子在这件事情上做得一般，甚至较差。

更何况，我们的孩子在成长中的每一天，有那么多要学习的知识，有那么多要培养的能力，有那么多要做的事情，有那么多要思考的问题。而一天的时间又有限，用来重复学习的时间又有限。用来重复语文学习的时间就不能同时重复数学学习，用来重复英语学习的时间就不能同时重复物理学习，用来重复学习的时间就不能同时用来重复做事，用来静心独处的时间就不能同时用来重复做事。所以，我们必须教会孩子分配时间，教会孩子平衡各项学习内容，教会孩子在每一个阶段有所侧重地去重复学习一些内容，有所放缓地去重复另一些学习内容。有重有轻，有急有缓，有长有短，有有意识和无意识，有集中突破和分散推进。每个孩子都会在不断尝试和总结的基础上，形成自己的学习流程、学习节奏。只要这个流程和节奏孩子自己感到舒适，我们就不要干涉和打扰，更不要一发现孩子某件事情没做好、某个学科暂时成绩有点儿下滑，就患得患失，忧心忡忡，怀疑孩子不努力、不上进。也许不是孩子不努力，而是在当下的这个阶段，他把努力的方向和目标定位在他认为更需要努力解决的事情和学科上去了。

相信孩子，就要帮助孩子发现自己能做好的，并让孩子坚持做下去。每个孩子都有自己喜欢做的事情，喜欢学习的学科，我们家长要努力帮助孩子去发现，这样的发现意义重大。首先，孩子是不知道自己喜欢做什么、能做好什么的，他们出于天生的好奇心，对什么事情都感兴趣，对什么事情都想尝试一番。有的尝试浅尝辄止，有的尝试兴味盎然，有的尝试有始有终。只有那些经过时间的淘洗仍然有吸引力的事情，才可能是孩子内心深处真正喜欢做的。所以，我们要帮助孩子尽可能对某件感兴趣的事情做得有始有终，从而观察孩子是否真的喜欢这件事情，是否能做好这件事情。其次，不要过早地对孩子的兴趣进行确定，要尽可能丰富孩子的生命经历和切身体验。给孩子金钱不如给孩子经历，要让孩子在丰富多彩的经历和体验中，去更多地尝试，更多地成长，更多地改变，更多地突破。相信丰富的成长经历会一次次叩问孩子的本心：我要什么？我喜欢什么？我能做好什么？当孩子最终发现自己生命的优势区并在优势区中成长为优质的自己，孩子的生命才可能真的找到了发展的方向和目标。再也没有比寻找到自己生命方向和目标更令人喜出望外的事情了。最后，孩子的每一次积极经历都是他人生的财富。孩子在每个人生阶段，尤其是幼儿阶段、小学阶段、中学阶段、大学阶段的积极经历，是其一生中取之不尽的精神财富。这些积极经历犹如孩子精神财富的存款，他可以在今后任何想取款的时候取出来，滋养他的精神生命，为他的精神生命注入动力。这些曾经的成长、改变、突破、超越，会成为一种积极的心理暗示，点亮孩子生命的自信，照亮孩子美好的未来。

参训家长微分享

　　——我的孩子性格不是特别开朗，有什么事都是心里有数，但不一定表达出来。记得前天晚上做数学盒子作业，有一道题是看图列算式。和是6个桃子，上下并列两排，上排3个，求下排桃子数。孩子看了大概一分钟左右，也不作声也不答题。看着时间滴答滴答过去了，我有点儿着急，就问："干什么呢？为什么不答题，是不会吗？"孩子点了点头。我说："不会的话你不会问吗？你就在那一直看也不知道问，谁知道你不会？你没看见这有时间的吗？这么简单的题你怎么能不会做呢？平时在学校的测试也有类似的题，你也没答错啊？100分是抄的吧？"越说越激动，说得孩子直摇头直掉眼泪，挤出来一句："妈妈我不是抄的！"人在激动的时候情绪真的很难控制。"不是抄的，这么简单的题怎么不会做？那就是白天上课没认真听讲，玩来着。"孩子哭着说没有。"没有，你倒是做呀！"孩子边哭边说："3对不对呀？"吓得都不相信自己的答案了。

　　——当孩子成绩不好的时候，很容易怀疑孩子上课不用心，贪玩儿，注意力不集中，等等。从没想过这样的怀疑会导致孩子的自信心和自尊心受到伤害。现在想来，这样的怀疑会让孩子不知所措，会在心理上感受到家长的失望，感受到自己的无能，甚至导致自卑自弃。想想自己在工作中也曾经被客户怀疑过工作能力不足，被同事怀疑过工作方式不当，甚至被领导怀疑过工作态度不正确。被人怀疑后，心情是低落的，感觉自己很失败，很难过，导致在接下来的工作中唯唯诺诺，小心谨慎，甚至逃避放弃。好的时候需要很久的时间调整和多次的沟通才能恢复，不好的时候甚至失去工作的动力和信心。

——怀疑，不被人肯定，生活中每个人都遇到过。被人怀疑是很难过的，有种哑巴吃黄连有苦说不出的感觉。我们被人怀疑，肯定会因急于为自己辩解而采取很多种方式，甚至会有些语言和行动上的过激状态。而孩子呢？被大人怀疑，被自己最亲近最信任的人怀疑，无疑会在他们幼小的心灵蒙上一层厚厚的阴影。教育过程中的怀疑会萌生隔阂，会产生分歧，会在反方向的路上越走越远。而信任就像一个温暖的房子，包容孩子所有脆弱和不自信。充分的信任会产生事半功倍的效果。深深的从心底里信任孩子，一句"我信你"，就可以让孩子更自信，也更容易让孩子发现自身的潜力和内在的力量。这，才是我们留给他的宝贵财富。

——一直没觉得自己的一些做法是在以爱的借口怀疑孩子。怀疑孩子，一方面是对孩子没信心，另一方面是对自己没自信，总怕没教好孩子，让孩子走了弯路。儿子从小喜欢看书，放学回家经常是一本书接着一本书地看，从来都是在我三番五次地催促下，才极不情愿地开始写作业。升入初中后，为了让孩子能够高效地完成作业，我将孩子的书桌搬到了客厅里，让孩子在我的眼皮子底下写作业。看似陪伴孩子的做法中，隐藏着对孩子的不信任。其实我平时也特别关注孩子的教育问题，但当局者迷，并没有意识到自己的做法也伤害了孩子。我决定从今天开始，还给孩子一个独立的房间，并和孩子约法三章，让孩子在被信任的同时也能完成学习任务。

——伴随着孩子年龄增长，家长对孩子的掌控越来越不如从前。这种失落与恐慌导致家长对孩子的行为产生怀疑。孩子也背着家长有了更多的秘密。但是，孩子的举动是可以看出破绽的，猜疑只能造成伤害，不如有效地沟通和交流。能建立平等对话的氛围和关系，才是教育的最佳境界。家长也不能总是依靠父威母命施压，否则只能和孩子渐行渐远，孩子只会一再挣脱而不想敞开心扉，隔膜就此产生，教育的阻力就越来越大。

——在孩子的成长过程中，我想象不出有完全信任孩子的年轻家长。凡是眼睛看到孩子的成绩或者孩子惹祸的现场，无一不事先给孩子定了罪，从而或打或骂或斥责以结案，还美其名曰：把孩子的坏毛病扼杀在摇篮中。我是俗人亦办过俗事。有次看到芽芽和哥哥打架抢玩具时，毫不怀疑地认为是芽芽的错，并批评她。芽芽当时很委屈，号啕大哭。哥哥一看我要收拾惹祸者，马上说出是他摔坏了玩具。当时我的心情，就像坐过山车一样，看着委屈哭泣的孩子，我意识到我做错了，没有完全了解情况就斥责孩子，其实就是心里怀疑孩子，对孩子没信心不信任。大人们觉得没什么，可是孩子委屈，孩子的心灵受到了来自最依赖最亲近的父母的伤害。

——我有一个亲属，爸爸特别喜欢怀疑孩子。记得有一次，孩子把需要交给学校的一元钱不小心弄丢了，回家又跟父母要钱。爸爸不容分说就是一顿拳脚相加，一定要孩子承认是拿这个钱去买了吃的，并没有真的丢失。结果孩子在这样的威吓下，只能屈打成招，否则根本过不去这一夜。这个孩子现在有事经常瞒着爸爸，因为只要出现与爸爸想法不一致的情况，爸爸就会胡乱猜疑，反而惹出一大堆麻烦。所以孩子无论做什么，都得绞尽脑汁让这个事情符合爸爸的想法。我觉得孩子这样生活很累，做爸爸的也非常失败，因为这样永远都不可能跟孩子真正的心贴心，父子关系也不会好。

——也许我们常常是出于对孩子的爱护，才会怀疑孩子。可是这样的怀疑并没有帮孩子纠正错误，反而让孩子与我们的距离越来越远，关系越来越差，教育也自然收效甚微。所以我时时刻刻都在提醒自己，要让自己用一颗孩子的心去看待孩子的事情，从孩子的角度去考虑他面对的问题，相信孩子，帮助孩子，不怀疑他，不让他感到孤立和害怕。我想真正做孩子的朋友，才是最有效的教育方法。

——我怀疑过孩子很多次。记得小学的时候带孩子学习奥数，别的孩子都踊跃举手发言，回答问题，儿子却很少举手。我就开始怀疑孩子是不是不会？是不是没有认真听？回家后问儿子，儿子说我都懂啊，为什么懂就一定要发言呢？孩子在家写作文，又上网查资料了，我就怀疑儿子是不是不会写作文啊？平时写作文查资料，考试能让你查吗？就又去问儿子，儿子说我只是参考一下好的例文而已。终于有一次，儿子在我持怀疑态度问他问题时生气了，说："妈妈你怎么不相信我呢？"我说："妈妈没有不相信你啊，妈妈是爱你才会问你啊！"现在想想如果不是怀疑孩子，就不会问出类似的问题。我认识到了怀疑的危害，用怀疑的态度去和孩子谈话，无论你的出发点是什么，无论你说得有多么委婉，孩子都会委屈，都会认为爸爸妈妈不信任他，久而久之会让孩子失去自信，或者让孩子不再愿意和我们沟通。我庆幸我没有醒悟太晚，从现在做起，从这一句话做起：孩子，妈妈永远相信你！

——曾经因为怀疑、抱怨，跟孩子之间产生过很深的矛盾。记得有一次，我去课后辅导班维持纪律，老师表扬儿子作文写得好，带领其他孩子们鼓了三次掌。我当时就坐在教室的最后面，一点儿不敢相信老师读的那篇文章是儿子写出来的，心里一直嘀咕着……放学回到家之后，我边做饭边和孩子聊天，我问："大儿，那个作文你咋写得那么好呢？"孩子当时就理解了我的意思，脸上露出了委屈又愤怒的神情，反问我："妈妈，那你是怀疑我在网上抄的吗？"我默然……儿子见我没说话继续说道："这篇作文是我们在课堂上完成的，我有时间去网上查吗？"我更加愧疚。是啊，为什么不相信自己孩子的实力呢？孩子每天起早贪黑的学习，我们就不能看到他的进步吗？自责、悔恨、羞愧统统向我袭来，我诚恳地跟儿子道了歉，说："大儿，妈妈错了，以后再不会怀疑你的能力，你继续加油，努力做好自己！"从那以后，我改变了自己的态度，充分相信孩子，给他空间和相对的自由。现在，儿子每天一到家，就滔滔不绝地跟我讲班级里发生的各种事儿，好的、坏的，都跟我讲。我家每天的晚餐时光都是在儿子的唠叨中开始与结束，我也享受着信任带给我的幸福与快乐………

——我常常怀疑自己的孩子，生怕孩子有心事不肯说出来。有时候孩子和我顶嘴，我也总是怀疑孩子交了不好的朋友，学了一些坏习惯。我常常怀疑孩子写作业时用手机查答案，所以在孩子写作业时我就把手机没收。我甚至曾经翻看孩子的聊天记录……种种怀疑让我和孩子产生了隔阂，让孩子有了强烈的逆反心理。

　　——孩子刚升初中的时候，有一天放学非常开心地和我说："妈妈我一定要好好学习，我的目标是高中要上十一高。"我看了她一眼，说一句至今我都后悔的话："你以为只要说说就可以上十一高吗？有些事不是说说就可以的，你要……"一直到家里，孩子一句话没说，进屋就坐在沙发上默默地流眼泪。看着孩子的状态，我意识到我错了。孩子这么积极，我作为家长——孩子的第一任老师，我在做什么，我这是扼杀孩子的想法和目标。我郑重地向孩子道歉，和孩子聊天，了解孩子的内心想法。孩子说："我也不知道什么学校好，就听老师说十一高各方面都好，就给自己确定一个目标，非常高兴地和你分享。妈妈不鼓励我，还打击我，瞧不起我，好不容易建立起来的自信都被你扼杀了……"那天我和孩子聊了很多，晚上我深深地自责，检讨自己。孩子长大了，小小的心灵一旦有一点儿想法和波动，需要和她最亲近的人分享，作为家长的我们，要相信孩子，鼓励孩子，给孩子加油，为她增加自信，而不是一味地按照自己的想法，给孩子增加阻力。

第三篇

教育**快**不得

我们都知道欲速则不达的道理，所以教育不能急于求成。成长是一点点发生的，根须是一寸寸延展的。循序渐进是学习成长的基本规律，是我们必须遵循的教育常识。违背这个常识，我们就容易犯急躁病，就容易走进家庭教育误区。

积土可以成山，积水可以成渊，我们一定要看到积累的力量、坚持的力量。日积月累，久久为功，持之以恒，有始有终。这同样是学习成长的基本规律，是我们必须守住的教育常识。违背这个常识，我们就容易犯短视病，就容易前功尽弃。

看得见的是孩子慢，看不见的是孩子怨。当我们习惯性地安排孩子的时间、事情的时候，我们很少蹲下身来听听孩子的感受。我们自以为是地认为这样地安排是为孩子好，不必事事都跟孩子说明解释。长此以往，因为得不到父母应有的尊重，孩子就用慢来表达内心的抱怨。

想要孩子快，偏偏说他慢，唠叨、抱怨便成了不少家长的处理方法。唠叨就像投入湖水中的石子，一次次破坏了孩子平和的心境。心神不宁，便烦躁不安；烦躁不安，便无心向学。抱怨就像一种慢性传染病，扼杀了孩子快乐的因子。你怨我，我怨你，怨来怨去，家庭成为负能量的集散地，家长成为孩子成长的阻力。

成长是一点点发生的

先来读一篇参训家长的文章。

我的女儿，被我称为"磨范"，全称磨蹭的典范。可以说她在学习、生活等各方面节奏都很慢。比如吃饭慢、写作业慢等，别人花2小时做完的，她会花3小时以上的时间去完成，每一天作业基本要做到晚上十点以后。由于动作慢的原因，经常没有休息的时间，比别的孩子玩的时间就少。有时候由于她的慢，我也经常反复提醒、批评、甚至是训斥。她就跟我说："妈妈，为什么别的孩子都在玩，而我天天做作业，我好累呀！"听到她这么说，我的眼泪在眼睛里打转，真的，有时候想想感觉好累，她也累。那就随她去，让她自由发展吗？但又一想，她现在不懂得珍惜，如果我也放弃了，她今后的学习将是怎样的呢？

原因分析：孩子自身的原因。回想起这么多年，孩子怎么形成的这种不良习惯，应该说跟她的体质有很大关系。从她出生的那一刻起，身体就总闹毛病，别的孩子可以睡上一整夜的好觉，她却很难入睡。睡前、睡中，甚至是睡醒后的第一件事就是哭闹，由于年龄小，不能表达，不知是哪里不舒服，大人看着着急，深更半夜到医院就诊是经常的事。5岁之前几乎没有睡过一个完整的好觉，一个晚上得哭闹无数次，也曾多次求医问药，但效果不大。一直到5岁生日刚过的那天，她好像变了个人似的，不再那么哭闹了。可是接着的一次感冒却又让她患上了病毒性心肌炎，孩子总说身上没有力气，玩一会儿就喊累，到医院一查，是心肌受损。医生让马上住院，就这样大概休了一学期的时间在家养病，所有的剧烈运动都是禁止的，不能过于劳累，当时我的心情如针扎般格外难受，心里想着要把所学的一切课外班全部停掉，只要孩子身体健康就可以了。也就是这个心肌炎，让她自身的精力并不是很旺盛，很多事情想做得好，想做得快，但真是心有余而力不足啊！

父母的原因：作为家长，我也和其他父母一样，有着一颗积极向上的进取之心，一方面想让孩子取得成绩，不想让孩子落后，更不想让她拖集体的后腿；另外一方面，就是没有因材施教，总认为别人的孩子能做的事自己的孩子也能行，没有考虑到孩子的身体跟不上过快的节奏。当看到孩子做事不得力时，就总想插手去帮助，甚至去替代孩子本能的劳动和思想。于是导致孩子不能成为生活中的主体，只是被动地处在"从属"位置，家长事事都"急"在了前头，孩子当然也就不用在后面"急"了。

教育整改措施：面对这样的教子现状，我也在不断地反思自己的教育方法，是不是哪个地方出现了偏颇。通过"动力教育合格父母培训"，我看到了自己的教育盲点——急于求成。这个"急"字让我很冲动，这是我首先要改正过来的。教育是一个长期而又艰巨的过程，需要不断摸索，需要适时鼓励、夸奖与鞭策，需要付出极大的耐心。于是，我要求自己在教育的过程中从小事做起，当她做作业的时候，我不再大声提醒，不再呵斥、唠叨，而是默默地和她一起静下来。我的安静安抚了孩子和自己那颗急躁的心。每当遇到与孩子的想法不同的情况，我还会先让自己静下心来深思一会儿，反思自己的行为。从转变我的肢体语言开始，给她一个拥抱，给她一个微笑，再转变我的话语，"你一定能行"总是挂在我的嘴边。不急躁，保持安静，给我和孩子一个更广阔的思考空间！

教育效果：现在我的女儿比以前好多了，放学一回到家就开始认真、独立地完成作业，我戏称她由"磨范典型"变成了"旋风少女"。而且她现在每次回到家的时候，都先"汇报"一下这一天来取得了哪些成绩，得到了哪位老师的肯定，"汇报"完之后就开开心心地去做作业了。这时的我也和她一样开心，这个过程是最值得回忆的。在学习的过程中，孩子也会遇到或多或少的难题，在她准备放弃或者向我求助的时候，我尽量不批评、不抱怨，在任何时候都信任她，给她时间，她便总能充满信心地去面对！

我们都知道欲速则不达的道理，所以教育不能急于求成。成长是一点点发生的，根须是一寸寸延展的。循序渐进是学习成长的基本规律，是我们必须遵循的教育常识。违背这个常识，我们就容易犯急躁病，就容易走进家庭教育误区。

相信不少家长都经历过孩子做事慢，尤其是刚刚上小学一年级的孩子，起床慢、吃饭慢、作业慢，搞得不少家长焦头烂额，心烦意乱。下面的两种情形，估计不少家长都经历过。

一个小学生妈妈写道：

早上 5：50，妈妈就叫孙大宝起床，因为要做 6：50 的班车去上学，而且起来要吃早饭。一个小时的时间对于孩子来说太短了，再加上他磨蹭，所以一个小时的时间太紧张了。但是 6：10 分了，孙大宝还不起来，妈妈是连拍再打，可算是把他弄起来了。孙大宝坐在桌子前看着爷爷做的饭，就用筷子拨弄也不吃。马上快要六点半了，妈妈真的生气了，把他拽起来狠狠地在他屁股上打了几巴掌，孙大宝吓得连哭再躲。妈妈又大声地说："你吃是不吃，如果不吃就穿衣服走。"孙大宝这时已经吓坏了，说："妈妈我吃。"动作很快，含着眼泪三下五除二吃完了饭。自己穿上了衣服，6:42 和妈妈下了楼去赶班车。

一位初中生妈妈写道：

记得有一次看孩子做作业，儿子写字很慢，而且一个字还要分几次完成。比如写"床"字，他先写"广"，然后会停一会儿，再写里面的"木"，而且最后那几笔，看起来就像随意画上去的，别说字迹工整，基本的横平竖直都做不到。眼看又快到半夜 11 点了，我在一旁急得直跺脚，不停地催促："都知道要写什么字，就抓紧写呗，也不是让你写作文呢，寻思啥呢？写得好看也行，跟堆虫子似的，横七竖八的！你能不能对自己负点儿责任，也尊重一下我。这样的作业不配让我为你付出这么多！你能不能用点儿心啊！"儿子听了以后，长叹一口气，耷拉着脑袋，头不抬眼不睁地继续写着，丝毫没有任何改变。他的不回应让我火气更大，伸手就是一巴掌，歇斯底里地吼道："跟你说话你听见没有？你这是什么态度？我这一天天起早贪黑地伺候你，还伺候出冤家了！你这是故意跟我对着干呢？以后你爱咋咋地，我管不了你了！"说罢，狠狠地将手中的书本砸向儿子，愤然离去。

慢，磨蹭，"磨范"，这似乎成为越来越多的孩子的通病。为什么不能快一点儿呢？在我们家长看来，要起床就快点儿起床，要吃饭就快点儿吃饭，要写作业就快点儿写作业，磨蹭什么呢？你磨蹭，我们着急，我们还有自己的工作要做，还有自己的事情要干，怎么没有一点儿时间观念呢？每天，我们既要出门工作挣钱，又要回家收拾家务，还要陪伴监护你，我们的生命是两头点燃的蜡烛，燃烧得多快啊。你累，我们更累。每一天都像被命运抽打的陀螺，一刻不停地旋转，想停都停不下来，你想休息，我更想休息。

是的，我非常理解家长的苦衷。孩子起来晚了赶不上班车着急，孩子上学晚了迟到着急，孩子吃不上饭担心挨饿着急，孩子上课不认真听讲着急，孩子在学校和同学闹矛盾了着急，孩子身体有病着急，孩子作业慢慢腾腾着急，孩子考试成绩下滑了着急，看见人家的孩子比自己的孩子优秀着急，孩子有心事不和家长说着急，孩子越来越不听话着急……自从有了孩子，当了爸爸妈妈，生活的节奏一下子就快起来，心绪就急起来，想停都停不下来，再也回不到想不回家就不回家、想看电影就看电影、想几点睡觉就几点睡觉的单身时代了。

可是，急有什么用呢？孩子还小啊，孩子的成长需要时间和过程啊。我们不能希求孩子可以跨越一段时间、跨越一个阶段跳级成长，那是违背生命成长规律的想法。我们都熟悉拔苗助长的故事，相信每位家长都觉得拔苗助长的这位农民好可笑。禾苗生长是一点点发生的，根须生长是一寸寸延展的，怎么可以希望它一夜之间就长高呢？我种过地，对禾苗的生长有切身的感受。当我们把种子种到地里后，你明天、后天、大后天去地里看看，种子还没有破土而出。这个时候你心急吗？

有经验的农民都不会着急，而且会感觉着急的你很可笑。当你没有了急切的期待，一心去做别的事情，过了些日子，也许是一周，也许是十天，你不经意间走过田地，竟然发现种子破土而出——你看见小苗了。那么弱小的小苗，看得你心生怜爱。心里想，什么时候能长大啊？什么时候能开花啊？什么时候能结果啊？你是不是又开始心急了？可是有什么用呢？小苗生长是它自己的事啊，它按照自己的成长节奏，不慌不忙稳稳当当地生长。一点点扎根，一寸寸延展，一节节长高，它依靠生命体的光合作用，依靠土地母亲提供的物质营养，享受春夏秋生命成长的三季风光。

可是，我们这位拔苗助长的农民太着急了，急得自己动起手来拔高禾苗，想改变禾苗自身的成长节奏和速度。结果怎样呢？真的能代替禾苗快速长高几寸吗？结果是拔过的小苗都枯死了。由此可见，欲速则不达。孩子的成长就像小苗的成长一样，快不得，要慢一点儿，要遵循生命成长规律，要给孩子自由成长的时间和空间。

禾苗成长是它自己的事，我们不能越俎代庖，不能代替它成长。孩子成长也是他自己的事，我们同样不能越俎代庖，不能代替他成长。我们不能代替他起床，我们不能代替他吃饭，我们不能代替他上学，我们不能代替他听课，我们不能代替他思考，我们不能代替他考试，我们不能代替他的经历，我们不能代替他的情绪，我们不能代替他的思想，我们不能代替他的决定……这一切都是孩子自己的事，是孩子在自己生命成长中必须经历的过程，这种经历本身就是孩子个体生命的存在意义。有不少家长因为着急，因为急于求成，情急之下真的就像那位拔苗助长的古代农民一样，代替了孩子的成长。他们代替孩子穿衣，代替孩子系鞋带，代替孩子背书包，代替孩子走路，代替孩子买玩具，代替孩子做家务，代替孩子思考，代替孩子阅读，代替孩子作业，代替孩子选择，代替孩子交往，代替孩子决定……他们一个人活了两次人生。他们以为代替得越多，孩子的成长就会越快，孩子的能力就会越强，孩子的学习就会越好，孩子的自信就会越高。他们用自己加倍的辛劳剥夺了孩子的成长过程，也剥夺了孩子享受成长过程的四季风光。孩子的成长不可避免的少了一些丰富的经历，少了一些真切的体验，少了一些冒险的乐趣，少了一些生命的色彩。极少数严重者，走进家庭教育误区不能自拔者，真的做了现代版的拔苗助长的农夫，"小苗枯死"的悲剧真的在今天一次次重演。

那么，是不是我们家长就应该无所作为呢？当然不是。禾苗在成长中，农民是可以大有作为的。为了秋天收获更丰硕的成果，农民不但要选择优质的种子耕种，还要付出辛勤的劳动：施肥，增加禾苗的生长营养；除草，铲除妨碍禾苗生长的杂草；灭虫，消灭伤害禾苗生长的害虫；驱害，驱除糟蹋果实的家猪野兽……同样，在孩子成长的过程中，作为孩子的法定监护人，我们更是可以大有作为：我们要哺育孩子长大，我们要满足孩子成长的最基本的物质需求，我们要保护孩子的生命安全，我们要供养孩子上学，我们要帮助孩子解决成长遇到的困难，我们要创造一切机会提高孩子的自理自立能力，我们要引领孩子形成正确的人生价值观……但无论如何，我们都不能代替孩子成长，代替孩子长大。所以，我们只需要做好我们应该做的事情，孩子只需要做好他应该做的事情，各司其职，各尽其责，各得其所。

回到孩子起床、吃饭、上学这三件事上来，孩子之所以慢，一定是有其内在原因的。睡眠、吃饭是生理需要，孩子成长需要充足的睡眠和均衡的物质营养。睡不好觉，孩子就会发困；不吃饭，孩子就会感觉饥饿。这本来是不需要我们家长反复唠叨督促的。看得见的是孩子早晨不爱起床、不爱吃饭的表象，看不见的可能才是真相。真相可能有几种情况：或者是孩子身体不好，没有精神起床，没有胃口吃饭；或者是孩子没有睡足、睡好觉，不愿起床吃饭；或者是孩子不想上学，故意拖延时间不起床吃饭；或者是孩子在闹情绪，不配合家长起床吃饭；或者是孩子贪恋温暖的被窝，不能控制自己的行为；或者是孩子没有时间概念，不能调节自己的行为……无论是哪种情况，如果我们开启着急吼叫的教育模式，我们就被孩子磨蹭的表象所迷惑，就很难看见孩子磨蹭背后的真相，更谈不上根据真相有的放矢地聚焦孩子的成长点，教育孩子，改变自己。

是的，着急吼叫的教育模式，好像是见效了，孩子不情愿地起了床，含着眼泪吃完了饭。可是我们的心里是不是很难受，孩子的心里是不是很难受。孩子带着难受的心情起床、吃饭，起床、吃饭便成了一件不快乐的事，这是不是很遗憾。

上学是孩子精神生命成长的需要，更是孩子将来走向社会融入社会的需要。孩子不爱上学，一定是觉得上学不快乐，没意思。看得见的是孩子上学慢慢腾腾，看不见的是孩子对上学感到痛苦。谁愿意到一个让自己痛苦的地方去待上一天？所以，我们要努力了解孩子不爱上学的原因，发现孩子不爱上学的真相，然后根据具体原因教育孩子，改变自己。

追求快乐远离痛苦，这是人的本性，孩子更是如此。我们要透过现象看真相，要透过孩子的慢，看到孩子的身体不佳、能力不足、情绪不好、做事不顺、思想不对……我们只有看到了真相，才能聚焦孩子的成长点，帮助、引导孩子成长、改变和突破。我们应始终遵循循渐进的常识，不急不躁，适应孩子的成长节奏，让孩子这个小蜗牛牵着我们去旅行，欣赏一个生命绽放出来的四季风光。

水滴为什么能把石穿

先来读一篇参训家长写的文章。

转眼小学生开学已经三个多月了，马上临近期末。本月的 25 日就要进行期末测试了。现在孩子的课程已经结束，每天老师都在班级带领孩子做各种各样的卷子。所以关于每天晚上做卷子和改白天错题的问题，着实让我头疼。

成长中出现的教育问题：

孩子每天放学回家的时候，我们都没下班，回家吃完了饭，就开始陪他写作业。要写新布置的卷子，还要改正白天有错误的卷子。有时候本来作业不算太多，可一写就能写到九点多。在写作业的过程中，还因为写得不好，写得歪歪扭扭，写得错误等原因，不停地争吵。弄得最后孩子就故意写得不好，故意写得歪歪扭扭来和你抗衡。最后的结果常常是我失去耐心，要么大吵大嚷地喊，孩子用稚嫩的不服气的眼神瞪着我，要么行为过激，让孩子委屈地泪流满面……

每次晚上和他写完作业，我们两个人都如释重负，感觉氛围一下子就缓和了很多。慢慢地，我感觉写作业给我们两个人带来的压力越来越大。因为写作业，我们两个人慢慢有了隔阂，我很不忍心，但是我是恨铁不成钢，我也很是苦恼……

分析出现问题的原因：

从上小学开始就每天"陪着"孩子写作业，他稍有一点儿不会就不想思考，立刻问妈妈，养成了孩子写作业的依赖性。

临近考试，原本繁重的作业变成了一张一张卷子，孩子主观意识里一看就感觉作业很多，就不想写作业。再加上我们家长自己给买的课外复习卷子，让孩子感觉压力很大，厌烦写作业又不敢表达自己的情绪。

孩子爸爸也能听见我们争执的声音，然后会说我怎么不能和孩子好好沟通，同时也会说儿子要听妈妈话，要认真写作业。我听着心里也不舒服，感觉自己也委屈。有一天爸爸陪孩子写作业的时候我在门外听，我和他爸爸的感受是一样的，真的感觉我们说话态度不好，带着情绪。当局者迷，旁观者清，我们做家长的做得还不够好。

孩子的姥姥和姥爷也能听见我们的争执的声音，也会说我们教育孩子的方式不对，也会出一些他们感觉很对的主意。

我们做父母的应该是没能给孩子解释清楚他每天写作业的重要性，没能够让孩子正确地理解写作业对学习的帮助，没能够正确地引导、激发孩子写作业的乐趣。

教育孩子的完整过程：

在这件事情上，我和孩子的爸爸、孩子的姥姥姥爷进行了探讨，最后一致认为：要让孩子养成自己独立写作业的习惯，不能再依赖大人。为此我们把他的卧室进行了大的调整，把他的书桌和床进行了合理的布置，把学习桌从客厅搬进了他的卧室。全部整理好了，他放学回来看见还挺高兴的。从三天前开始尝试让他自己写作业，我们都不陪同。

第一天他从心里开始排斥。我心平气和地和他讲道理，他貌似听懂了。但是我刚从他的屋子出来，他就喊："妈妈，你来……"这一晚上喊了无数遍。开始我还比较有耐心，也来了。后来我就不想再进去了，甚至有些生气。但是还是觉得要给孩子一个适应的过程，要慢慢来，所以就耐下性子，克制自己发脾气，一遍一遍地苦口婆心……第一天后半场以失败告终。

第二天我仍然让他自己独立完成，有不会的写完再喊妈妈。但孩子仍然不停地喊妈妈。只要不会就喊，直到我去帮他解决了为止。我还是不停地给他讲道理，鼓励他自己完成作业。

第三天，也就是昨天，我下班回来的时候，爸爸已经陪他在他的卧室写作业了。儿子听见我回来了就喊我，我刚进去，爸爸就把我赶出来了，两个人需要配合。昨天最终也是后半场爸爸进去陪他写完的作业，还是以失败告终。

不知道今天会是什么样子，但是我相信，每天有一点点的进步，最终会有成功的一天吧。

深刻反思：

儿子也开始慢慢地接受和习惯这个现实了，不像最开始那样地排斥，也慢慢地适应了。虽然很多时候还是会在屋子里面不停地喊，但是改掉一个坏毛病总是需要时间的。

这是一个很好的教育案例，也是家长参加"动力教育合格父母培训"后，自觉主动的一个教育行为改变，实在是难能可贵。正像这位妈妈说的那样，"改掉一个坏毛病总是需要时间的"，但既然已经鼓起勇气开始改变，这就是进步。

改掉一个坏毛病需要时间，形成一个好习惯和一种能力同样需要时间。案例中的妈妈，"从上小学开始就每天'陪着'孩子写作业，他稍有一点儿不会就不想思考，立刻问妈妈，养成了孩子写作业的依赖性"。陪伴孩子写作业本没错，但陪伴变成了替代孩子思考问题、解决问题，养成了孩子不会就问、不会自己不思考的依赖习惯，这不能不说就是问题了。案例中孩子的爸爸妈妈姥爷姥姥认识到了这个问题，一家人决定改变孩子写作业依赖的习惯，让孩子开始慢慢独立完成作业。这是一个有意识地教育改变，很有价值。

但是孩子不习惯，遇到不会的问题还是习惯性地喊妈妈，三天了，似乎效果不大，但还是有效果的，"儿子也开始慢慢地接受和习惯这个现实了，不像最开始那样地排斥，也慢慢地适应了"。

接下来就是做到两个字：坚持。

坚持很重要，没有坚持就没有成功。积土可以成山，积水可以成渊，我们一定要看到积累的力量、坚持的力量。日积月累，久久为功，持之以恒，有始有终，这同样是学习成长的基本规律，是我们必须遵循的教育常识。违背这个常识，我们就容易犯短视病，就容易前功尽弃。

要做到坚持，坚持的内容应该是正确的，是正确的坚持，而不是错误的坚持。让孩子独立完成作业，独立思考问题和解决问题，培养孩子自主学习能力，正不正确？毫无疑问，是正确的。只有形成自主学习能力，孩子的智力才会在不断解决问题的过程中得到发展，才会享受解决问题带给自己的学习快乐，才会爱上学习。孩子依靠自己的能力克服了一个个学习上的困难，才会增加自信，学到真知。孩子在成长中要读万卷书，行万里路，做万般事，要养成诸多良好的行为习惯，都需要坚持才能完成。

要做到坚持，就要切忌急于求成。案例中的妈妈之所以坚持让孩子自己独立完成作业，有她自己更现实的理由：一是孩子的作业写得太晚，要写到晚上九点多；二是在陪伴孩子写作业的过程中，会因为孩子写字歪歪扭扭或写错和孩子不停地争吵；三是"因为写作业，我们两个人慢慢有了隔阂，我很不忍心"。妈妈的理由是很现实的，因而在家长中更具代表性。我们对妈妈的理由稍加思考和分析，便会看见这理由背后的真相：急于求成。

急于求成什么呢？急于求孩子快点儿写完作业，急于求孩子字写得工工整整，急于求孩子作业不要出错，急于求孩子不会的作业自己去思考，急于求孩子学会自主学习……可是孩子恰恰写得很慢、写得歪歪扭扭、写得有错误、写得动辄喊妈妈。所以就有了妈妈的"大吵大嚷""行为过激"，有了妈妈感受到的"隔阂"。

哦，原来是妈妈急于求成的心理在作怪，是家长急于求成的心理在作怪。我们的孩子刚刚上小学一年级，刚刚学会拿笔写字，刚刚知道回家还要写作业，刚刚发现作业中有不会的问题。不论是写字速度，还是写字的工整性、正确性，单单是其中的一个方面要做好，就需要孩子重复坚持一段时间。现在我们的家长要求孩子在短时间内三个方面的事情都要同时做好，都要做得家长满意，这就是典型的急于求成。

教育快不得，要慢一点儿；教育急不得，要缓一点儿。看得见的是当下的慢，看不见的是明天的快；看得见的是当下的错，看不见的是明天的对。

相信家长们都熟悉北宋时期欧阳修写的一则寓言：卖油翁的故事。故事情节大体如下：

康肃公陈尧咨擅长射箭，在世界上没有第二个人能同他相比，康肃公也凭这种本领自夸。有一次，他在自己家射箭的场地里射箭，有个卖油的老头放下担子，站在场边斜着眼看他射箭，很久都没有离开。卖油翁看见康肃公射十箭能中八九箭，微微地点了点头。

康肃公问他："你也懂得射箭吗？我的箭法不够精深吗？"老翁说："其实，这也没有别的原因，只不过是手法熟练罢了。"康肃公听后气愤地说道："你怎么敢轻视我射箭的本领呢？"老翁说："凭我倒油的经验知道这个道理。"于是就拿出一个葫芦放在地上，用一枚铜钱盖在葫芦口上，慢慢地用油勺舀油注入葫芦，油从钱孔注入，但钱币却未被打湿。卖油翁于是说："我也没有别的本事，只不过是手法熟练罢了。"康肃公苦笑着打发他走了。

这个故事揭示了一个道理：熟能生巧。熟靠什么？靠反复实践，反复练习，有始有终，持之以恒。凡是一种能力、一种本领、一种习惯的形成，非"学而时习之"不能成功。急于求成，最后的结果常常是欲速则不达。

因为我们急于求成，要求太高，违背了循序渐进的学习成长规律，所以只看见了孩子达不到要求，看不见孩子的自卑。因为我们急于求成，所以没有给孩子足够的时间重复和练习，所以只看见了孩子的出错和慢节奏，看不见孩子的急躁。急于求成，完全从家长的要求出发，完全不考虑孩子的成长规律，完全不给孩子成长时间，一味地要求孩子要快、要对、要好，强孩子所难，逼孩子畏惧，最终将孩子推向学习的雇佣军而不是志愿军，最终让孩子对读书和学习产生排斥和厌倦。这样的案例实在不在少数。

要做到坚持，就要允许孩子在坚持的过程中做不好。一位家长曾经分享这样一个小故事：

记得孩子还很小的时候，他的同伴来我家做客。在家中玩了小半天的时间，临走的时候做的一件事情使我至今难忘。他的同伴穿了一双系鞋带的鞋，临出门的时候他自己把鞋带系好，之后说了一句："我可以自己系鞋带了，你会么？"当时我的心情一下子沉了下来，我知道孩子是一个自尊心非常强的孩子。一句看似平常的话，却大大打击了他的自尊心。同伴走后，孩子问我："妈妈，他都会系鞋带了而我却不会，这可怎么办啊？"此时此刻，我看出了孩子的焦虑，我告诉他："来，妈妈教你"。就这样，一遍、两遍、三遍……十几遍，甚至是几十遍过去了，孩子急得哇哇大哭……练了很久，只要有时间就会练习，一次又一次的练习，孩子终于可以自己把鞋带系好，虽然有的时候系得紧，有的时候系得松，但是他自己做到了，不会再让鞋带在鞋子上跑来跑去把自己绊倒。所以，通过刚刚说的这个生活琐事，我觉得对待孩子就是，无论遇到什么事情，不要放弃，要让孩子尝试着去做。不要不相信孩子，不要怕他做不好、做不到、做得慢……

说得多好，"不要怕他做不好、做不到、做得慢"。要坚持去做，做不好要坚持，做不到要坚持，做得慢要坚持。把做得慢当作做得快的起点，把做不好当作做得好的起点，把做不到当作做得到的起点，一步步向终点前进。我们要善于发现孩子在坚持的过程中的小进步、小变化、小成绩，就像学习系鞋带一样，要善于发现孩子"虽然有的时候系得紧，有的时候系得松，但是他自己做到了，不会再让鞋带在鞋子上跑来跑去把自己绊倒。"我们要善于赞美孩子经过一次次努力实现的小进步、小变化、小成绩，让孩子也看到自己努力付出得到的回报，从而更有信心去继续努力坚持。

要做到坚持，就要不断给孩子坚持的力量。孩子读书、做事，看得见的是他一个人的事情，看不见的是一个系统的事情。家是孩子读书、做事、成长的系统，家中有爸爸妈妈，有长辈，有亲属，每个人都与孩子读书、做事有着这样或那样的、紧密或疏松的联系。对孩子成长而言，这些联系之中，有积极的正向的联系，也有消极的负向的联系，有激发孩子成长动力的联系，也有给孩子带来成长阻力的联系。班集体是孩子第二个成长系统，这个系统中有几个老师，有几十个同学，老师和同学同样与孩子的读书、做事有着千丝万缕的联系。还有比家庭和班集体更大的系统，就是社区和学校，还有比社区和学校更大的系统，就是网络和社会。这些林林总总的联系和关系，都在影响着孩子。

我们在每期"动力教育合格父母培训"中，都会高唱一首歌曲《感恩有你》，歌词是这样写的。

当我跌倒的时候，你总会把我扶起；当我哭泣的时候，你总会哄我开心；当我调皮的时候，你总会教我道理；当我害怕的时候，你总会给我勇气。

当我出错的时候，你总会给我鼓励；当我烦恼的时候，你总会给我信心；当我孤单的时候，你总会把我惦记；当我迷茫的时候，你总会给我动力。

感恩有你，童年很甜蜜；感恩有你，世界很美丽；感恩有你，我明白了爱的意义；感恩有你，我有了动力和勇气；感恩有你，你是我的动能贵人。

在这首歌词里，我们读到了孩子在成长中必须经历的种种消极的情绪体验：跌倒、哭泣、调皮、害怕、出错、烦恼、孤单、迷茫……当然也有快乐、欢心、幸福、满足、愉悦等积极的情绪体验。经历消极的情绪体验，无疑也是必要的成长，只有经历了这样的成长，孩子的生命才能增加韧性。但显然我们不能长时间的让孩子沉浸在这样的情绪之中，我们要给孩子一种力量，让孩子从负面情绪中走出来，加满油，充满电，继续坚持做自己当下要做的事情。这种力量就来自我们家长的把我扶起、哄我开心、教我道理、给我勇气、给我鼓励、给我信心、把我惦记、给我动力。当我们把这种力量注入孩子的心灵中，注入孩子的思维中，孩子才会在错综复杂的联系、关系中，理出头绪，找出因果，辨别是非，拨云见日，校准方向，再次起航，并在反复的坚持中磨炼出坚忍不拔的意志。

水滴石穿，绳锯木断，持之以恒，这是做成事的基本规律，是常识。读书、学习更是孩子十几年甚至是终生都要做的一件事，快不得，急不得，急于求成只能让孩子望而却步，前功尽弃。所以，当我们在教育孩子的路上又犯了急躁病的时候，就静下心来想一想：水滴为什么能把石穿。

孩子慢是因为心中怨

先来读一篇参训家长的文章。

父母是孩子一生的老师，家庭教育是一切教育的基础，家长对孩子的影响是孩子成长中不可忽视的因素之一，这种影响是潜移默化、天长地久的。我的儿子步入初中生活也已两个月的时间了，原本在他我心中一直是个优秀的宝贝，当步入初中以后，越来越多的问题逐渐显露出来。比如做事拖拉、注意力不集中、和大人顶嘴、生活用品到处乱扔等等。我不知道是孩子的青春叛逆期到了，还是我之前的教育出现了问题，我有些不理解。

我儿子一直不敢和我顶嘴，可就在前两天，这种事发生了。老师留一篇英语小短文，让同学们回家背下来，默写后让家长签字。儿子把一张写好的英文作业摆在我面前："妈妈，这是老师留的作业，让家长签字。""你背下来了吗？"我问儿子。"背下来了，这就是我默写的。"我看着这张英语作业，上面写得乱七八糟，潦潦草草，还有三处红色笔迹是儿子修改的。我看完之后，把这张小条放在一边说："你现在背一遍，我听听。"于是，儿子断断续续、磕磕巴巴地背了起来。终于，这篇小短文背完了。我问他："背完了？"他点头。当时我就火了："你自己看看，这字写得乱七八糟的，像蜘蛛爬的，再看看你背的，没有一句完整的，这就算交作业了？你糊弄谁呢？你再看看你的学习用品，扔得哪哪都是，都这么大了，咋就越来越邋遢了呢？这个字我不能给你签。"说着我就把小条纸给撕了，团成一团，往他头上扔过去。

"为什么？"

"因为老师要求的两点都不合格，我需要你重新背，到流利为止，落到字面上，要写得工工整整，不能有勾抹、错字现象。"

"我才不写呢，你不签拉倒，我就不写。哼！"说着就走到自己房间，把房间门"咣"地一声关上了。

这种情况是之前从未发生过的。当时我也蒙了，不知道怎么办才好，一气之下，真想去揍他一顿，或者到他房间和他理论一二。刚要去打开儿子的房门，突然转念一想，好像哪里不对劲。儿子原来不是这样的，以前我说什么，不管他愿不愿意，最后都会按照我的要求做的，怎么现在知道顶撞并甩手走人了呢。我转身回到自己的卧室，做了一个深呼吸，渐渐缓和了自己的气息，开始慢慢梳理事情的过程。想起了北斗老师在培训会上的演讲片段，"不要总是抱怨、打骂孩子，要学会真爱，要多一些包容，给孩子信心……"我这是怎么了，前几天在北斗老师的培训大会上还激情澎湃的，怎么转眼间就忘了呢。我这动力班长也太不以身作则了，我狠狠地拍着自己的头。

大概有 10 多分钟的时间，待我俩气都消过之后，我轻轻地敲开了儿子的房门，坐在他的床边，看着他，语气很温和地对他说："今天妈妈态度不对，我向你道歉。对不起，妈妈语气有点儿重，也知道你新学期，需要学的东西太多了，竞争越来越激烈，你可能会有一些压力，妈妈也是恨铁不成钢。"这时我抱住儿子，亲了一口儿子的脑门。

"妈妈，我就觉得你近一段时间脾气太大了，有些事一点儿不给我解释的时间，一件事否定了我所有的努力，好像我做的每件事都不合你的心思，有时候真有些怕你。我有时候也是故意气你的，对不起，妈妈。"

"好的，我接受你的道歉，你呢？"

"我也接受。"

"咱们俩两平了，以后咱们谁有不对的地方，要相互指出来，不许吵闹，发脾气。"

　　"一言为定！"

　　"妈，我现在就重新写一份给你签字。"这时儿子"吧"地亲我脸上一口，有点儿不好意思地低头写字。

　　我当时觉得特幸福，学校开展的合格父母培训太有意义了，我真的是最大的受益者。

　　这篇文章原来的题目叫"签字风波"。因为儿子的英语作业背诵不流利，书写不工整，妈妈拒绝签字，还把作业撕成一团扔向儿子。儿子也很生气，甩下一句硬邦邦的话："我才不写呢，你不签拉倒，我就不写。哼！"然后闭门不出。相信这样的风波，不少家长都曾经遇到过，也会像文中的妈妈一样做出这样的归因：这是孩子青春期叛逆的表现。每个孩子都有青春期，青春期就一定要叛逆吗？为什么青春期的孩子会叛逆？叛的是什么？逆的是什么？看得见的表象是孩子的"叛逆"，是不再听父母的话，是偏偏要和父母作对，看不见的真相又是什么？

　　其实，我们看得见的是孩子慢，看不见的是孩子怨。当我们习惯性地安排孩子的时间、事情的时候，我们很少蹲下身来听听孩子的感受。我们自以为是地认为这样的安排是为孩子好，不必事事都跟孩子说明解释。长此以往，因为得不到父母应有的尊重，孩子就用慢来表达内心的抱怨。

　　我们很欣慰，文中的妈妈没有像一些妈妈那样，固执地认为孩子没能很好地完成英语作业是不认真、不努力，百分之百是孩子的错误。文中的妈妈经过"动力教育合格父母培训"，能倒过来从自己的身上找原因，认识到自己对孩子没能多一些包容，不能给孩子信心，这实在是难能可贵。更难能可贵的是，在这样认识的支配下，这位妈妈勇敢地主动地向孩子道歉，承认自己因为恨铁不成钢，所以态度不好，语气有点儿重，也理解孩子因为竞争越来越激烈，会有一些压力。最后用亲吻表达了自己的对儿子的爱。这位妈妈的一系列教育反思与行为，及时遏制了事态的进一步恶化，修补了已经出现裂痕的亲子关系，为后续的有效教育清除了心理障碍。我们要为这位母亲点赞。是这位母亲的教育素养，让孩子不再"叛逆"，甚至让孩子说出了压抑在心中许久的心里话："妈妈，我就觉得你近一段时间脾气太大了，有些事一点儿不给我解释的时间，一件事否定了我所有的努力，好像我做的每件事都不合你的心思，有时候真有些怕你。我有时候也是故意气你的，对不起，妈妈。"

孩子的话，让我们看到了青春期孩子"叛逆"的真相：原来，孩子的叛逆是因为父母的脾气很大，"有些事一点不给我解释的时间，一件事否定了我所有的努力，好像我做的每件事都不合你的心思"。

原来，我们的孩子心中有怨。心中有怨，做事就慢；心中有怨，拖拉懒散。我们只看见孩子慢，没有看见孩子心中怨，我们对孩子的慢进行唠叨、抱怨、打骂，孩子心中的怨就越积越多，越积越厚，最终成为孩子学习的重重阻力。

所以，要想孩子学习不慢，就要知道孩子为什么心中有怨，只有化解心怨，让心怨烟消云散，孩子才能从负面情绪中走出来，好好做自己的事，好好学习。

心怨来自父母"不给解释"。什么叫不给解释，就是不听孩子解释，孩子不用解释，解释就是掩饰。

孩子读了初中，进入青春期，生命成长进入一个快速期。在这个阶段，孩子成长越来越表现出这样几个特点：一是自主性越来越强，二是自尊感越来越强，三是性意识越来越强。自主性越来越强，表现为孩子凡事都有自己独立的思考、个性的思考，不再人云亦云，不再唯父母、老师之命是从。自尊感越来越强，表现为孩子更加注重自己的尊严，努力维护自己的形象，努力对抗伤害自己尊严的行为。性意识越来越强，表现为孩子对异性充满好奇，渴望接触，渴望了解，渴望异性喜欢自己。这些特点是进入青春期阶段的孩子的正常表现，是孩子的成长不断走向成熟的标志，原本非但无可厚非，而且值得期待和欣赏。孩子小时候体力弱小、能力弱小，我们做家长的要养育他、保护他，这是我们的责任。现在孩子长大了，要体力有体力了，要能力有能力了，更重要的是他们要有自己的思想和灵魂了，他们不再需要我们过度的保护，我们要学会适度地放手，这也是我们的责任。我们只有适度地放手，适度地远离，让孩子自己去做事、自己去思考、自己去经历和体验，他的生命色彩才会愈加丰富，他的多方面能力才会不断形成，他才会越来越自信地做他自己。别忘了，孩子总有一天要离开父母的视线独闯天下。我们只有尽可能早地让孩子在生活上、学习上、思想上学会独立，将来才可以放心地看着孩子远去。

但遗憾的是，不少父母习惯了孩子要听自己的话，习惯了孩子要按照自己的要求去做，习惯了孩子做事要合乎自己的心思。只要孩子的行为和需求不符合自己的心意，就认为孩子不听话，就给孩子贴上"叛逆"的标签，就生气愤怒，不允许孩子解释，不倾听孩子解释，完全不顾孩子青春期成长的心理需求，不顾孩子努力做自己的成长目标。于是，我们就看到了亲子战争动辄在家庭中上演。不是孩子要"叛逆"，而是父母要控制，没有控制就没有叛逆，没有专制就没有叛逆。我们的孩子天生爱他的父母，正像我们天生爱我们的孩子一样。但是爱不能绑架，不能以爱的名义拒绝孩子正当的成长需求，不能以爱的名义阻止孩子经历体验，不能以爱的名义剥夺孩子独立的个性思考，不能以爱的名义来践踏伤害孩子的自尊。这样的爱不是真爱，不是对爱，是错爱，是伤害。孩子心中有怨，孩子心受伤害，学习怎么可能会快，做事怎么可能会好。"我有时候也是故意气你的"，故意做得慢，故意做得差，正是许多心受伤害的孩子对父母的"报复"。

心怨来自父母动辄否定。"一件事否定了我所有的努力"，这是不少家长给孩子留下的教育形象。我们似乎确实有这样一个通病，当孩子一件事没做好的时候，我们就把自己的思维局限在这件没做好的事情上，局限在孩子这个缺点上。我们的思维路径是：这件事怎么会做不好呢，一件应该做好的事情却没有做好，原因只有一个：态度不认真。这样应付了事的学习态度是我们不能接受的。然后我们就开始搜寻记忆中孩子没有做好的其他事情，我们把这些事情联系到一起，一股脑说给孩子，批评孩子，我们想用这些事情告诉孩子：你做事一贯应付了事，你应该改正应付了事的做事态度。我们不但否定了孩子当下这件事，也一并否定了孩子先前做的几件事，在孩子看来，自己做的所有事情都不合乎父母的心思，都做不好，都做错了。自己为了做事付出的所有努力，父母都看不见，看见的都是错误，都是不好的结果。于是，怨从心生，气从心来。在孩子看来，既然怎么做都得不到父母的肯定，怎么做都是错，那干吗还要往好做，干吗还要往快做，只好应付了事，只好慢慢腾腾，甚至为了气气他们，故意做不好，故意往错做。

原来，是我们动辄否定孩子的做事，才让孩子心生怨气。我们的眼睛像是显微镜，总能看到别人看不到的孩子的缺点、毛病、错误；我们的眼睛又像是放大镜，总能把孩子的缺点、毛病、错误放大十几倍、几十倍。我们这样显微和放大，有一个完全可以自圆其说的良苦动机：希望孩子更好。于是，我们进入了一个教育怪圈：明明希望孩子好，却天天说孩子不好；明明希望孩子进步，却天天说孩子退步；明明希望孩子成绩高，却天天说孩子成绩低；明明希望孩子努力，却天天说孩子不努力。我们认为：优点不说跑不了，缺点不说不得了。我们天天唠叨孩子的缺点，天天批评孩子的缺点，我们把孩子的一个个缺点列举出来，我们局限在孩子的缺点中不能自拔，我们被孩子缺点的这片叶子遮住了双眼，根本看不见孩子生命的优点、潜能。孩子每天活在缺点中，活在父母的否定中，活在抑郁和自卑中。负面情绪和负能量包裹着孩子，孩子犹如背负着重重的包袱行走在风雪交加的路上，每向前挪动一步都是步履艰辛。

为什么要抓住缺点不计其余？为什么要盯住结果不看过程？为什么不倒过来看到孩子的努力和进步？为什么不倒过来看到孩子的优点和长处？希望孩子好，就要努力发现孩子的好；希望孩子进步，就要努力发现孩子的进步；希望孩子成绩高，就要努力发现孩子的成绩高；希望孩子努力，就要努力发现孩子的努力。叫作优点不说不得了，缺点少说慢慢少。孩子只有亲自聆听到了父母的肯定，只有亲自感受到了父母的相信，他才会肯定自己，相信自己。自信源于他信，孩子的自信是父母信出来的。否定生怨，肯定生信。

心怨来自父母盛气凌人。"有时候真有些怕你"，这可能是一些父母期望的教育效果。让孩子怕父母，父母在孩子面前要有威严，将亲子关系定位是君臣关系，这是一些父母信奉的教育观念。他们心里想的是：小孩子不怕个人怎么行呢？有不少家长便把孩子害怕自己当作教育成功的标尺。孩子小时候还好，可是，随着孩子成长到青春期，孩子便越来越不怕家长，家长越来越不能掌控孩子，亲子关系便开始不断恶化，"叛逆"的标签就这样被家长贴在了孩子身上。

我们的家长是怎样做到让孩子怕的呢？一事发生，家长永远是对的，孩子永远是错的；一事发生，不听孩子解释，不许孩子辩解；一事发生，揪住孩子的缺点不放；一事发生，声音一定要高八度，情绪一定要生气愤怒，表情一定要丑陋无比，再夹杂着抱怨、指责、诉苦、打骂、威胁、贬损……先声夺人，气势压人，悲情悯人，盛气凌人，咄咄逼人。最后，我们的孩子终于沉默了、心疼了、压抑了、害怕了……我们没有让孩子臣服于真理，而是让孩子畏惧了权威，活在了忏悔里。

一个对父母心存畏惧的孩子，是不会把心里话说给父母听的。因为在孩子心中，父母是最不安全的交流者，只有谨言慎行或者唯唯诺诺，才可能不会招来伤害，沉默便是最好的应对方式。他们只能把对父母的怨放到心里，带着这种怨去学习、去做事。怨便成为孩子学习做事的阻力，心中有阻力，做事就做不快，学习就学不好；即便能做好，能做快，一想到心中的怨，也不想做快，不想做好。虽然很多怨随着孩子慢慢长大，会一点点转化成对父母的理解，怨气会逐渐消失，但时过境迁，等到孩子真正消化了怨气、怨恨的时候，孩子早已经离开了校园，再也不能重新静下心来读书学习了。时间不可逆，成长不可逆，教育不可能从头再来。

所以，我们要经常反省自己：看得见的是孩子的慢，看不见的是孩子的怨。解铃还须系铃人，只有先解开孩子的心结，孩子才能放下包袱快乐幸福地成长，我们才能看到一个耳聪目明、口齿伶俐、把事做快、把事做好的孩子。

想要孩子快却偏说慢

先来读两位参训家长的文章。

第一位家长这样写道：

一项跨国比较研究表明，不论是中国、日本还是美国的孩子，最不能忍受的是母亲的唠叨。面对喋喋不休的妈妈，他们先是以沉默来表示自己的不满，倘若母亲仍未停止训斥，他们只能"揭竿而起"——顶嘴反抗了。

孩子如此，名人也不例外。著名作家马克·吐温有一次去教堂听牧师演讲。最初，牧师精彩的演说确实让他感动，因此他准备捐一笔钱。十分钟后，他开始对演讲不耐烦了，决定只捐一些零钱。又过了十分钟，牧师仍未讲完，他决定一文不捐。等牧师终于结束了冗长的演讲，开始募捐时，马克·吐温出于愤怒，不仅未捐钱，还从盘子里拿走了两块钱。

这种刺激过多、过强和作用时间过久而引起心理极不耐烦而反抗的现象，被称为"超限效应"。

超限效应常常会在家庭教育中出现。当孩子不听话，不照母亲要求做事时，心烦意乱的妈妈便会反反复复地对孩子的某种行为作同样的批评，使孩子从不安到不耐烦到反感讨厌。时间长了就会产生"我偏这样做"的反抗心理和行为。

从儿子刚上小学一年级开始，我每天就不停地"碎碎念"："快，赶紧起来穿衣服；快，赶快洗脸刷牙；快点儿，赶快吃饭；上学来不及了；赶快写作业，不许边写边玩；快、快、快……"每天早上我都是"玩着"同一个剧幕，从平和、生气到暴怒，几近崩溃。儿子呢，开始还算配合，可是后来慢慢地就变成了淡漠，你说你的，我做我的，丝毫不受我"碎碎念"的影响。结果就是儿子做事依然我行我素，依然拖拖拉拉，不紧不慢。往往都是我说了三四遍之后他才有反应。

自从参加北斗老师的合格父母培训，我便学会了换位思考。没人喜欢做事的时候，总有人在旁边不停地自以为是地说。经过反思，我也慢慢地变得"智慧"起来。每天晚上都会先和儿子商量：几点起床？需要妈妈为你准备水果，还是你自己动手？（因为儿子从小就特喜欢吃水果）。结果是他每天都要自己动手准备水果（有点儿小窃喜）。现在，我家早上变得比较安静了，因为少了我很多的"碎碎念"。

第二位家长分享了一个教育故事：

疲惫的一天即将结束了，给大宝和二宝洗澡之后，我抓紧一切时间来清理洗手间，两个孩子在卧室做睡前准备。等我迅速结束洗手间战斗回到卧室，眼前的场景让我欲哭无泪……原本满满一盒爽身粉打翻在地，床上、地板上、柜子上，总之卧室被爽身粉搞得一片狼藉。两个娃还玩得不亦乐乎，双手沾满了爽身粉你抹我一下，我抹你一下……我的心情啊，五味杂陈。俩娃小的一岁多且不说，大的也快七岁了，仅仅十多分钟就能把一个卧室弄成爆炸现场。她都没有体会妈妈一天有多辛苦吗？我真的特别想狠狠地把大女儿训斥一顿，想吼她一顿：为什么不看好妹妹，为什么还要跟着妹妹一起折腾！

如果是一个月前，我一定这么做了。但是这一次，我深呼吸了几次。这个情况，跟之前北斗老师为我们家长做的"合格父母培训"中的一个故事何其相似啊。故事中的孩子打翻了一瓶牛奶，但是他的母亲并没有训斥他，反而让洒掉的牛奶物尽其用，让孩子开心地玩了二十分钟，最后还教会了孩子怎么做才不会打翻牛奶。这一件小事让孩子受益终生，让他明白了犯错误不怕，只要改正了就有成功的机会。因为听了这则故事，所以我感悟良多。我平息了因她们打翻爽身粉而翻涌的情绪。

想问孩子为什么不心疼妈妈的劳累，问孩子为什么要这么调皮，首先要问问自己，平时是怎么引导孩子的。其实理智一点儿，换位思考一下，结论是显而易见的：平时对孩子的劳动培养就做得不够到位，连洗袜子这样的小事也要替她去做。孩子不劳动怎么能体会劳动者的辛苦呢？长此以往，对孩子也不是一件有益的事。要让孩子能有所改变，我必须先把这件小事处理好。

　　看着孩子们在爽身粉中扑腾的不亦乐乎，我思考了几分钟，拿着大女儿最喜欢的绘本走到她跟前，问她："宝贝，要读故事吗？"大女儿的注意力一下被故事书吸引了，高兴地回答："要，妈妈我要看书！"然后我顺理成章地告诉她，屋子里太乱了，不适合读书，要像图书馆那样整洁干净的环境看书才开心。大女儿听了我的话环视一周，不好意思地吐了下舌头。跟我说："妈妈我现在就打扫干净！"我暗自偷笑，孩子也不是那么不懂事嘛。紧接着大女儿就忙碌起来，又擦地又掸被子，连不到两岁的二宝也被带动起来了，跟着姐姐叠衣服，居然还知道把翻出来的纸尿裤放回抽屉里！大女儿忙完已是一头汗，她跟我说："原来妈妈每天收拾屋要那么累啊，我以后一定要保持整洁，还要帮妈妈多干活！"自此之后的几天，我都要"分派"给大女儿一些小任务：刷自己的餐具啦，整理自己的书桌啦，洗自己的小袜子啦……现在她还能主动帮我照看一会妹妹，连妹妹的小袜子小围兜都能帮忙洗了，我真是特别欣慰，我也庆幸自己在孩子打翻爽身粉的时候及时控制住了自己的情绪。通过这件小事，我进一步领悟到：家庭教育决定了一个孩子的成长方向，不同的家庭教育方式给予孩子方向的指引完全不一样。对于孩子，理解并不意味着迁就。要正确引导孩子处理问题的方式，既不能暴力拆除，也不能一味迁就纵容。老师为什么要一再强调每天要让孩子自己整理书包，让孩子自己记作业，这就是一种锻炼的过程。

　　想要孩子快，偏偏说他慢，唠叨、抱怨便成了不少家长的处理方法。唠叨就像投入湖水中的石子，一次次破坏了孩子平和的心境。心神不宁，便烦躁不安；烦躁不安，便无心向学。抱怨就像一种慢性传染病，扼杀了孩子快乐的因子。你怨我，我怨你，怨来怨去，家庭成为负能量的集散地，家长成为孩子成长的阻力。

相信不少刚上学的孩子家长，都和第一位家长一样，每天不停地"碎碎念"。"碎碎念"是什么？在我们家长看来是提醒。孩子做事慢，没有时间概念，要提醒他一下，快一点儿，再快一点儿。而且在我们看来，只要父母提醒一遍、两遍、三遍，孩子做事就会快一点儿。可结果呢？似乎不尽如人意。"开始还算配合，可是后来慢慢地就变成了淡漠，你说你的，我做我的，丝毫不受我'碎碎念'的影响。结果就是儿子做事依然我行我素，依然拖拖拉拉，不紧不慢。往往都是我说了三四遍之后他才有反应。"这大概是父母几次提醒后很多孩子的共同反应。

不仅孩子做事效率没有高起来，孩子还出现了负面情绪。"当孩子不听话，不照母亲要求做事时，心烦意乱的妈妈便会反反复复地对孩子的某种行为作同样的批评，使孩子从不安到不耐烦到反感讨厌。时间长了就会产生'我偏这样做'的反抗心理和行为。"你看，孩子虽小，对父母善意的提醒已经有负面情绪了，开始不安，开始不耐烦，开始反感讨厌，直到最后故意慢，故意拖拖拉拉。

提醒次数多了是什么？是唠叨。孩子不愿意听父母唠叨，没完没了地反复唠叨，让孩子心烦意乱，做起事来更没有耐心。于是，我们不禁产生这样一个疑惑：为什么父母的提醒孩子听不进去呢？是因为你没听进去，我们才一次次提醒，最后变成了唠叨。如果提醒几次，你能快点儿，我们也不想唠叨。我们唠叨我们自己也烦。

孩子为什么听不进去父母的提醒？这才是问题的根本所在。想想我们作为成年人，我们做事有没有慢的时候呢？什么时候我们做事慢呢？归纳起来是不是大概有以下几种情况：

一是我们做事能力不足的时候。举个例子：开车。我们刚刚学会开车，刚刚拿到驾照，开车的能力还不足，还缺乏经验。我们判断不清楚前后左右的车距，我们掌握不好左右转弯时转向盘旋转的角度，遇到紧急情况时我们会手忙脚乱，停车场停车时我们折腾了几次也停不到车位上。因为能力不足，所以我们心里没底，不自信，总是有点儿心慌，有点儿害怕，有点儿提心吊胆，有不安全感。只有速度慢下来，安全感才多一点儿，才能感觉到自己还可以驾驭车。原来，能力不足时做事慢一点儿，心理才会有更多的安全感。慢一点儿，不出事，慢慢积累自信，速度才能一点点提高。

孩子背着书包上学，是不是跟我们领了驾照开车有诸多相似的地方呢？对于孩子来说，是不是存在着穿衣服的能力不足、洗脸刷牙的能力不足、吃饭的能力不足、听课的能力不足、写作业的能力不足的情形呢？如果在我们刚学会开车的时候，副驾驶的位置总有一个人提醒你，甚至唠叨你：快一点儿！快一点儿！超车，变道，拐弯……你的心里是什么滋味？对，一定是反感。这样的提醒，是变相的要求，是提出了我们当下的能力达不到的要求。如果我们真的听从了这个人的提醒和唠叨，真的快一点儿，就可能因为能力不足，出现安全事故。到那时，等待我们的是什么？可能又是抱怨、责备。我们自己原本积累的一点点开车的自信，也可能因此又减少了几分。

所以，最好的办法不是反复提醒唠叨，而是期待和适度地赞美。期待就是给孩子足够的自我驾车、自我摸索、自我感受、自我体验的时间，相信时间的力量，积累的力量。相信每个孩子都不会满足当下的能力，都会通过更多体力、智力地付出，不断提升能力。适度地赞美就是对孩子不放弃的尝试和点滴进步，看在眼里，喜在心里，夸在嘴里，拥抱在怀里。

二是我们无心做事的时候。我们成年人有没有这种时候？我们有能力做快一件事，但是就是快不起来，就是有一种看不见的东西在影响我们做事的速度。这种看不见的东西是什么？是情绪，是需求，是内心的需求没有得到满足后引发的负面情绪。负面情绪是我们做事的阻力，它会严重影响我们做事的速度。

所以，看得见的是孩子做事慢，看不见的是我们不了解孩子当下的心理需求，进而不理解孩子当下出现的负面情绪。人有哪些心理需求，美国一位人本主义心理学家马斯洛给出了这样的研究结果：人至少有五种心理需求，按照从低到高的需求层次分别是：生理需求、安全需求、归属需求、尊重需求、自我实现的需求。当下我们的孩子产生某种心理需求，渴望这种心理需求的实现，而我们家长忽略了孩子的心理需求的时候，孩子就会出现负面情绪，就会无心做他应该做的事或是我们让他做的事，即便勉强地不情愿地做了，也是慢慢腾腾，拖拖拉拉。

我们有这样一种生命经验：在当下，在某个时刻，我们总是有这样或那样的某种心理需求。这种来自内心的心理需求，有时候会与来自外在的要求相一致，有时候不完全一致，有时候可能完全相反。作为成年人，我们会综合考虑内外需求，根据个人与集体、长远与当下、轻重与缓急、利与弊进行取舍，而且常常是因为岗位责任使然，我们会先把自己内心的需求放一放，完成来自外在的工作需求。我们也不会因此出现降低工作速度的负面情绪，这正是因为我们是成年人的缘故。

但成年人也是有情绪的，我们也会在一些内在的某种心理需求得不到满足的时候，无心做事，做得很慢。我们渴望被上司认可，却遭到批评的时候；我们渴望晋升晋职，却未能如愿的时候；我们渴望挣钱，却投资亏损的时候；我们渴望父母健康，父母却出现疾病的时候；我们渴望孩子努力学习，孩子却逃课在网吧打游戏的时候；我们渴望朋友真诚，朋友却出卖自己的时候；我们渴望安全，却出现自己能力不能掌控的局面的时候；我们渴望有序不乱，事情却纷至沓来的时候……我们的内心同样会产生烦躁抑郁的情绪，我们在当下的某个或多个时刻同样会无心做事，同样在做事的时候心不在焉、慢慢腾腾。如果在这个时候，我们的家人还不了解自己的心理需求，还不理解自己的负面情绪，还不理解自己无心做事、做事不快的状态的时候，我们会怎样？我们同样会不耐烦、反感、焦虑、抑郁、愤怒。"己所不欲，勿施于人"，我们的孩子，他们的个人责任感、家庭责任感和社会责任感还远没有培养起来，他们还不能深刻认识到读书学习之于自己生命幸福的重要意义，他们还只是从自己内在的本能的心理需求出发做事。如果我们家长提醒和唠叨的要求没有对上孩子当下最急切的心理需求的频道，孩子做事怎么会快起来呢？因为孩子在做我们要求的这件事的时候，心里正惦记着自己想做的另一件事，所以心不在焉；而且因为家长不让做自己想做的事，心里正烦恼着，又不能跟强势的父母抗争，只好有一搭无一搭地耗费时间。

想要孩子快，偏说孩子慢，孩子就会越来越慢。想要孩子快，就说孩子快，孩子才会越来越快。上述两位家长的做法很有借鉴意义。第一，家长可以坐下来和孩子商量，一起定几条规则。因为这样的规则是孩子同意了的，孩子是在遵守自己给自己定的规则，所以就没有被强迫感，没有是父母让我做的被动意识。这样就不会出现不耐烦、对抗的负面情绪，一时出现了，孩子自己也会很快消化掉。第二，多给孩子做事的机会，提高孩子做事的能力。"自此之后的几天，我都要'分派'给大女儿一些小任务：刷自己的餐具啦，整理自己的书桌啦，洗自己的小袜子啦"。孩子的一切能力都是做出来的，多做事，会做事，孩子的自信就在积累。这种自信也会慢慢转移到学习上、作业上，成为学习的强大动力。第三，要不断赞美赏识孩子，强化孩子的好行为，让孩子不断重复好行为，直到让好行为成为好习惯。

不是孩子做不快，而是孩子不想做；不是孩子做不快，而是孩子做不好；不是孩子做不快，而是父母不点赞。多了解和满足孩子当下最急切的心理需求，多静心等待孩子的能力提升，多赞美孩子的坚持和进步，我们的孩子做事一定会越来越快！

参训家长微分享

——说到唠叨这个词，我真是一点儿都不陌生。前几天我家孩子刚说过我唠叨，当时我还挺生气地说她，你以为我愿意唠叨吗？还不是为了你！事后反思了一下，的确，那段时间因为开学压力，自己一件事都要说个好几遍，我也很惊讶自己竟然变成了自己最不希望成为的家长类型。后来我调整了方法，比如跟孩子讲好，凡是她自己的事情都要自己去想着做，我只跟她讲一遍。如果觉得我的方式不好，由她来协调方法，比如限定时间法，鼓励法，等等。现在效率上来了，每件事也不用说那么多遍了。显然，唠叨不解决问题，而且是跟孩子沟通效果最不好的一种方式，容易让孩子逆反，烦躁，也不利于亲子关系的和谐。

——我以前特烦我妈唠叨，其实我妈不是个爱唠叨的人，只有在我不愿意做什么事的时候她才多嘱咐几句。我现在对孩子比我妈唠叨多了，尤其是早上起床，说很多遍：起床啦，穿衣服了，吃饭了，收拾书包……我都觉得自己烦，可是孩子不行动，我还是忍不住反复说几句。都说一句话重复三遍淡如水，我感觉话说的遍数多了，效力也减弱了。孩子对待唠叨往往是充耳不闻，这真让我火大。仔细想想，还是规则没制定好，或者执行时出了问题。

——我可以说是一个非常爱唠叨的妈妈。我儿子是个非常调皮、不太自律的孩子，我现在反省这可能跟我爱唠叨有关。因为孩子看电视或玩时，我总唠叨他学习，在他写作业时，我又嫌他写得慢，早晨又一遍一遍催促孩子起床，总之每天都唠叨这唠叨那的，孩子也很烦，效果也不好。参加"动力教育合格父母培训"后，我反思自己，试着改变自己，还真的有效。孩子愿意和我交流了，会主动做作业、做事情了，孩子开心了，我的心也不累了。

——唠叨是家长的通病，我就是爱唠叨的家长的一员。每天从早晨起来就开始唠叨，起床吃饭了，快点儿起来，再不起迟到了，把头发洗洗，擦擦鞋，水瓶子装了吗，书包都装好了吗。每天都是这些唠叨的话，其实我自己也烦，他爸爸都说："你每天唠叨你不累吗？"可是孩子却什么反应也没有，该干什么干什么，反倒起了副作用。等孩子走后，我就反思自己，我怎么能这样。自从参加"动力教育合格父母培训"之后，我感觉孩子不是唠叨了就能做好所有，是嘉许，是欣赏，是表扬。回去我把北斗老师的方法用上了，孩子说我变了，但偶尔也会唠叨，要比以往强多了。

——说起"唠叨"，好像已经成为家长尤其是母亲的"代名词"，或者是通病。其实它不过是母爱的另一种表现方式，但是这种"爱"现在已经让孩子们反感，甚至成为家庭矛盾的导火索。以前我也是个从早到晚"唠叨"没完的母亲，然而收效甚微，孩子满口"嗯、嗯"的迎合，行动上却没有任何改变。后来我也尝试改变方式，例如，孩子早上起床磨蹭，我不再"快点儿，快点儿"地催促，只是适时地告诉她时间，由她自己决定是否应该加快速度，就这样经过几次我故意设计的迟到，孩子真的改变了早上磨蹭的习惯。现在孩子在有些方面的自律性还是不好，我期待通过和北斗老师及各位家长的沟通找到更好的方法。

——我从小就特别不喜欢我妈唠叨，所以我一直对自己说，我有孩子后一定不对他唠叨。我的感觉是：你说一遍其实他已经听见了，孩子有的时候就是有点儿小叛逆，不会第一时间去行动。所以我觉得家长们要试着去和孩子讲清道理，他明白了事情的重要性，他就知道该怎么做了。我坚持一个事情最多说两遍，不要引起他的反感。有一天我提醒他，他不去做，我就不说了。他作业很晚没做完我也没再管他，结果他自己定了早上四点的闹钟，闹钟一响自己起来写作业。让他知道他没执行你正确的提醒后果什么样，他自己就去改正了。

——唠叨往往是孩子形容妈妈的常用词，唠叨安全，唠叨学习，可孩子往往都是充耳不闻，家长急，孩子烦，长此以往，必定影响亲子关系。孩子终究是要亲身感受磨蹭和马虎带来的后果才会有切身体会。以前孩子上小学时，在家各种磨，我也曾催促过，唠叨过，没效果。后来，我也不催了，就干脆站门口等，第一天迟到，老师给了一次机会；第二天又迟到了，被批评了；第三天孩子明显速度快了很多，但还是差点儿迟到，跑着进的学校；第四天孩子起得比平时早了许多，自己收拾好后，开始看着我，妈你能不能快点儿别磨了，我要迟到了。就这样孩子小学时期几乎再没迟到过。

——唠叨，就像是妈妈的代名词，我一边告诉自己要学着放手，一边又对孩子事无巨细。有时候老师交代的事情孩子做不好，家长也有很大责任，我就深有体会。这次办医保卡，其实孩子需要复印的格式都做好了，复印哪页也说了。我为了让他别耽误时间写作业，就去给复印了，结果还是复印错了，不但拖了班级的后腿，孩子也挨了批评，家长帮了倒忙，孩子也很委屈。通过这件事，我意识到孩子真是大了，很多事情他自己完全可以做好，不需家长代劳，出了纰漏自己负责，也能提升孩子的自立能力。

——其实，唠叨是一种变相施压。父母利用孩子的弱点和自己的权威，给孩子施加压力，以求达到孩子按自己的意愿行事的目的。青春期的孩子自我意识很强，总认为自己能够管理好自己的事情，父母的唠叨和干预破坏了他们的自我意识，必然激起他们的强烈逆反。现在回想我们的唠叨，最常见的原因有三个：一是不相信孩子，二是急于求成，三是不懂得倾听和不善于与孩子沟通。父母应端正教育态度，那就是尊重、友善、信任；父母要给孩子足够安全、自由的空间让她去说、去做、去经历。我们只需做一个陪伴者、引导者。还有很重要重要的一点，要懂得倾听孩子话语，倾听就是爱，倾听可以让你进入孩子的世界，跟着她的步调，见证她的成长。

——我其实是个不怎么喜欢唠叨的人，但那仅限于除了孩子以外的其他人。当我认为一件事很重要，而孩子看起来没有在听的时候，我就"控制不住我自己"地开启唠叨模式："你听到没有？""你知不知道？""你不能？"结果往往适得其反，孩子本来在听，这一下反而不听了，更有甚者，直接起身走人，我还兀自在这里生着闷气。唠叨，究其根本，就是对于孩子的不信任：不信任他们有自理的能力，不信任他们能完成各项任务，不信任他们明白事情的轻重缓急。总是想拔苗助长，越俎代庖，亲力亲为，害怕孩子会失败、受伤、重复自己过去曾犯过的错误。但是，我们回首自己走过的路，哪一次教训不是来自亲自摔的跟头，哪一回顿悟不是源于亲手犯下的错误？只有亲身痛了，伤了，才会彻底记了，改了。所以，请放开挡在孩子身边保护的手，让孩子有机会真正看清前路，勇敢前行，世界现在是我们的，但最终还是要交给他们的。

——在家庭教育中，不难看见这样的现象：父母对孩子不断地叮嘱、提醒和督促，孩子却好像全然没有听到。机械重复的陈词滥调，同样的话反反复复，几乎每天都一样，盘旋在孩子的耳边，家长认为是为孩子好，能够让孩子改掉一些坏毛病，却不知这样的唠叨也会让孩子急躁不安，心烦意乱，教育的作用非常有限。太多的实例告诉我们，家长的唠叨不仅不能对孩子产生好的作用，反而会让他们产生自我保护式的逆反心理。面对家长的喋喋不休，很多孩子会选择消极对抗、沉默不语或者干脆与父母针锋相对。小孩子对是非对错大多没有自己的看法，父母怎么说他们就怎么听，甚至怎么做。但是随着孩子不断长大，自我意识开始觉醒，生理和心理都逐渐成熟，他们开始对外部世界有自己的想法和主张，会意识到自己是独特的个体。这时，再面对父母每日的"唠叨"教育，孩子会觉得很烦躁，长此以往，轻则会产生"听觉免疫"，重则会觉得没有得到父母的尊重，从而产生对抗情绪。

——唠叨，以前是我不太喜欢的一个词，但是，在我结婚有了孩子以后，却成了一个爱唠叨的媳妇和妈妈。我很爱我的家人，希望他们都很好。我每发现他们的一个缺点时，就会对他们说上半天。唠叨，只是我对老公和孩子一种与别人不同的爱的表达方式。我的宝贝睡觉很爱蹬被子，每次蹬了被子，都会被半夜起来"巡查"的我发现，仔细地帮她盖上。帮她盖上被子的晚上，我总会觉得宝贝睡得更熟，更甜，更温暖。我经常会带宝贝出去玩，这时，只要发现宝贝做了不正确的事，我就赶紧抓住机会，趁机对她进行批评、教育，唠叨起没完没了。就这样，她站着，我坐着，她那小眼神似懂非懂地看着我，我自己都感觉自己很讨厌，甚至觉得这是为了孩子好吗？有时自己也很迷茫，不知所措！尤其每天早上一起床，我就会变成"机关枪"，对我的宝贝"扫射"：这样那样的事情通通说一遍，又把她身上的毛病也说出来，讲得我还很累。宝贝的脑袋直发蒙，我自己都不敢相信，我的话竟有这么多。唠叨，真烦人！我甚至怀疑我的性格出现了问题，对宝贝真是无可奈何。有时跟宝宝说不要嫌妈妈唠叨，宝贝却说："妈妈我不嫌你，因为你是我的妈妈，以后声音小点儿就行。"

第四篇

教育**高**不得

不是好不好，而是敢不敢，勇敢是做事的第一步。我们要求孩子一开始就做得好，这本身就违背了客观规律，违背了孩子生命成长规律。如果孩子大胆地做了几次，勇敢地尝试了几次，也达不到我们的要求，我们就因此批评孩子，讽刺孩子，那么，来自孩子生命深处最可贵的一个品质就可能因此消失——这个品质叫勇敢。

不是高不高，而是真不真，真实是做事的第一高度。孩子当下真实的能力，就是孩子最高的能力，无论这种能力看起来有多低，我们自己和孩子都要心安理得地接受。我们既要勇于面对孩子当下真实的能力，不逃避，不掩饰，不悲观，也要坚定相信孩子的能力会通过他动力的真激发、体力的真付出、方法的真科学，不断再创新高。

家长作为教育主体，不能站在成年人的知识高度、能力高度、成就高度、思想高度、智慧高度俯视孩子。我们站得越高，我们看见的孩子就会越低，就越容易自以为是，越容易伤害孩子。相反，我们应该平视孩子，甚至仰视孩子，我们把孩子看得越高，我们就越容易尊重孩子，感恩孩子。

不论出于什么动机和心理，也不论处于什么环境和情境，我们都不能羞辱和讽刺孩子。讽刺是最严重的语言暴力，是投向孩子心灵扼杀孩子美好天性的一把把匕首。当我们泄一时之愤、逞一时之快，向孩子的美好天性无情地进行扫射炮轰时，看得见的是孩子的嘴巴在沉默，看不见的是孩子的心在滴血。

不是好不好，而是敢不敢

先来读一篇参训家长的文章。

宝贝，这封信本该写在你小学毕业后、初中生活开始之前，情绪一直在心里酝酿，一时手懒，迟迟没有动笔。此时夜色正浓，而你早已进入了甜甜的梦乡。看着熟睡的你，我思绪万千，好多话涌上心头。

回想起从你咿呀学语、蹒跚学步到步入小学、中学，从送你上幼儿园到小学再到现在，我无数次地凝望与你无数次不舍分别的回眸，激起我心底最柔软的情感。我每天目送着你走进校园，寒来暑往，那个背着书包的小小的身影，被岁月渐渐拉长。是的，你长大了，几年的锻炼使你从一个胆小爱哭的小女孩，成长为开朗率真正直的大姑娘，妈妈很欣慰很骄傲。

回想起对你的严厉，我不知道将来会不会后悔，但至少现在不会。对于你来说未来的一切都是未知的，你只有现在去拼去搏、去丰富去充盈，才会成为将来你想要成为的自己。

你总说你的小学生活过得平淡无奇，中学要努力活成自己想要的模样。因为你觉得小学的你不够自信。

自信更多的是懵懵懂懂，可在我看来却不是这样。自从五年级做了班级的解说员，你开始完成了第一阶段完美的蜕变，你变得自信开朗，一个内向的小女孩硬把自己活成了外向的女汉子。小学六年级开始，你变得异常活跃，学习班长、小组长、科代表，每次考试都名列前茅，还得到了学校合唱团老师的信任，练习时为大家弹钢琴伴奏，你为你的小组同学讲解数学题，语文朗读竞赛你选择放弃，你说要毕业了，你要多留一次机会给同学。同学和家长对你的评价都很好，你的每一样表现都可圈可点，这是你的第二次蜕变，你变得更加自信、大度和成熟。是的，这时的妈妈开始怕你骄傲，总是对你说这些都不算什么、不要骄傲之类的话。我告诉你骄傲是我的事，努力是你的事。你委屈时也会对我说："妈妈为什么我得了第一你说我骄傲，没得第一你说我退步，为什么不说鼓励我的话。这不像一个妈妈对自己孩子说的话。"是啊，我怕你骄傲，我要给你泼点儿冷水，让你的心沉淀下来，抛开浮躁。一个人怎么可能没有缺点呢，在你身上还有很多的不足，还有很多良好的习惯没有养成，人生长着呢，不能为眼前取得的一点儿成绩而沾沾自喜，一定要正视自己。妈妈希望你始终像弦上的箭，随时可以发射；希望你像赛道上的运动员，随时准备超越；希望你像一个舞者，让你的人生随你律动。

有一天你放学回来，说老师给你们讲了一个关于母鸡不会飞却希望小鸡飞的故事。我再一次对你说教，你不是一只能飞上墙头的小鸡，你是雄鹰，现在幼小的你在积蓄能量，总有一天会飞上蓝天，那时的你将会拥有属于自己的广阔天地。妈妈对你的教育，有很多是妈妈在自己身上看到的不足，希望你能改正规避，少走弯路，而不是让你超越妈妈的意思。有些事情非要自己去体验、撞得满脸包才知道是错的，我觉得这不是聪明人所为，而是傻人之举。初中生活开始的第一天，语文和英语两位老师都选你做科代表，班主任老师选你做值周长，让你主持班会，你总是能在新的班级让老师第一时间记住你。你说你想竞选班长，不想当将军的士兵不是好士兵。你总是信心满满，每一次升学都蜕变成一个不一样的自己，你变得更加勇敢无畏。每一次的蜕变都令我刮目相看，那个胆小爱哭的小女孩再也不见了，妈妈不得不说你是好样的。但还是那句话：骄傲是我的事，努力是你的事。还有，你要感恩你遇到的每一位老师，是他们把你教育得闪闪发光，希望你以后不忘师恩，不负师恩，带着师情一路前行。

　　假期时我们一家三口去了南京大学、浙江大学、复旦大学等五所知名大学。我告诉你我们在寻找你的未来，世界那么大，我们现在开始慢慢找，寻找你要筑梦的城市，寻找你要扎根的土地。加油吧宝贝，初中生活是你第一个奋斗的三年，爸爸妈妈会一直陪伴着你，陪着你跨越沟壑，踏过荆棘，助你寻梦远方。你一直是妈妈的骄傲，我一直严厉地管教着你，好像已经成为习惯，以后妈妈会努力审视自己，修正自己，让你为我骄傲。人生是一个不断超越自己的过程，希望你逐梦路上勇敢前行，爸爸妈妈会是你最强大的后盾。加油！

　　读完这封信，我们是不是感受到了作者洋溢在心里的喜悦和幸福。是的，作为父母，我们最想看到的就是孩子的努力和成长、进步和优秀。天底下哪个父母不希望自己的孩子是最棒的、最好的。文中的小女孩，读小学六年级时，"每次考试都名列前茅，还得到学校合唱团老师的信任，练习时为大家弹钢琴伴奏，你为你的小组同学讲解数学题，语文朗读竞赛你选择放弃，你说要毕业了，你要多留一次机会给同学"。读初一时，"语文和英语两位老师都选你做科代表，班主任老师选你做值周长，让你主持班会，你总是能在新班级让老师第一时间记住你，你说你想竞选班长"。我们读到的是一个积极向上、阳光幸福的孩子，是一个敢于尝试、勇于竞争的勇敢的孩子，再也不是那个"胆小爱哭"的小女孩，"那个胆小爱哭的小女孩再也不见了"。

　　是的，成长是一个过程，一个看上去既漫长又快速的过程。当我们眺望人生的去路，看不到人生的终点，总感觉长路漫漫；当我们回望人生的来路，看不到人生的起点，又伤感岁月匆匆。长路漫漫，带给我们的幻觉是时间还有很多，道路还有很长；岁月匆匆，又让我们恍然明白，逝者如斯夫，一去不复返。其实，时间没有变，它永远是按照固定不变的节奏前行。但时间会欺骗我们，我们很容易感受不到时间的变化，感受不到时间的流逝。时间的特性与孩子成长的特性何其相似。在孩子成长的过程中，作为始终陪伴孩子成长的父母，竟然不知道那个"胆小爱哭"的小女孩，什么时候变成了"开朗率真"的大姑娘。这是我们自己也说不清楚的一件事。原来，成长的发生就像时间一样，每一秒钟都在进行，一刻也不曾停止。但成长却时常欺骗我们，给我们的感觉是：我们的孩子好像始终没有长大，他们仍然还只是个孩子，我们仍然是他们成长中须臾不能离开的父母。

充分认识时间的流逝与成长的渐变性，对于家庭教育，至少有四个方面的重要意义：一是作为父母，要时刻提醒自己，孩子每个时刻都在成长，身体在成长，心理在成长，知识在成长，能力在成长。二是作为父母，要时刻提醒自己，孩子的成长是渐变性的，是一点儿一点儿一寸一寸发生的，虽小却容不得忽视，虽弱却容不得小觑。三是作为父母，要能看得见孩子的成长，看得见孩子周遭的一切环境都在影响着孩子的成长方向、成长节奏。四是作为父母，要明白孩子越是小，我们对孩子的影响就会越大，我们对孩子的作用就会越大，尤其是这种影响和作用来自我们没有设计、没有防范且完全出自本心的行为。

在上文中，作者用不同的语句反复叙述孩子在成长中形成的一个优秀品格：勇敢。"几年的锻炼使你从一个胆小爱哭的小女孩，成长为开朗率真正直的大姑娘"，"你变得自信开朗，一个内向的小女孩硬把自己活成了外向的女汉子"，"你变得更加自信、大度和成熟"，"你总是信心满满，每一次升学都蜕变成一个不一样的自己，你变得更加勇敢无畏"，"你开始完成了第一阶段完美的蜕变"，"这是你的第二次蜕变"，"每一次的蜕变都令我刮目相看"……由柔弱到勇敢，由内向到外向，由不自信到自信，由爱哭到开朗，"蜕变"成一个懂事的孩子。

是的，蜕变需要勇敢，勇敢才能发生蜕变。勇敢是一种力量，敢想，敢做，敢说；敢想自己不曾想的，敢做自己不曾做的，敢说自己不曾说的。不是好不好，而是敢不敢，勇敢是做事的第一步。我们要求孩子一开始就做得好，这本身就违背了客观规律，违背了孩子生命成长规律。如果孩子大胆地做了几次，勇敢地尝试了几次，也达不到我们的要求，我们就因此批评孩子，讽刺孩子，那么，来自孩子生命深处最可贵的一个品质就可能因此消失——这个品质叫勇敢。

我一直认为，勇敢早已经根植在每个孩子生命的深处。初生牛犊不怕虎，就是对孩子勇敢无畏精神的最好诠释。这种无畏可能来自无知，但却是比有知更加宝贵的精神品质。一个孩子如果通过学习成为一个知识丰富却畏缩不前的人，成为一个留下了知识却丢掉了勇敢的人，我不知道这是教育的成功还是失败。

所以，我们要保护孩子的勇敢。我们保护孩子勇敢的基本法则就是：保护孩子的异想天开，善待孩子生命之初的弱小。

我教学几十年，深感勇敢对于孩子成长的重要意义。当我知道了这个意义的时候，我教每届初一的第一节语文课，课题就变成了：让两怕心理见鬼去吧。学生上课最怕什么？怕发言。为什么怕发言？怕发言的背后是怕什么？一怕人前丢脸，二怕人前说显。你看，初一学生，因为怕说错、怕老师批评、怕同学笑话，所以不敢发言。因为怕同学说自己出风头、说自己嘚瑟，所以不敢发言。两怕心理牢牢地控制着学生的嘴巴，控制着学生的思维。那种高高举手你喊我叫的学习场面，便没有办法出现在初中的课堂上了。

关于上课发言后同学发笑，我的一个学生的分析可谓一针见血："其实他们并不是嘲笑，只是觉得很有趣，但回答问题的同学可不这么想，他认为这是同学们对他恶意的嘲笑……在这样的课堂上，基础差的同学不仅要承受听不懂课的折磨，还要时刻提防自己因听不懂课而被老师发现回答问题，继而又被同学们笑话。其实，学生要有足够的情绪安全感，才能有勇气迎接学习的挑战。"

"情绪安全感"，这个短语很棒！学生发言如果没有足够的情绪安全感，就会心情紧张，举手胆怯，双腿颤抖，说话结巴，而越是紧张，思路就越打不开，思维就接不上，发言可能就会出错，或者语无伦次。没有好不好，只有敢不敢。只要敢想敢说敢做，即便当下做得不对、做得不好，但只要坚持去做，就一定会越来越好。相反，即便当下做得很对、做得很好，但不敢想、不敢说、不敢做，慢慢也会不好。

曾经教学生翻译《论语》中的"五十而知天命"。我看见一个课堂上不怎么举手的女同学举手了。她的手举得很低，低得比头还矮；她的手也没有完全舒展，手指弯曲；她的眼睛也不是直视着我，似看非看。如果不是我认真观察她的表情，很难注意到她要举手发言。我心里很高兴，就叫了她的名字。可我完全没有想到，她的理解竟然如此出人意料。她大体上说，人活到五十岁就知道自己哪天要死了。

同学们有的小声笑了，但不多，大概是还不确定这个同学讲的对不对。我却笑出声来，接着她的话打趣地说："宋老师今年五十一岁了，说真话，到今天我还不知道我哪天会死啊。"同学们似乎知道这个同学的理解错了，笑声多了起来。

我没有嘲笑这个同学的意思，同学们也深深地知道这一点，所以这个女同学也跟着笑了，课堂上充满了欢乐的气氛。是的，我没有批评她，没有指责她，微笑着让她坐下。我知道，理解得对不对不是最重要的，重要的是她敢于举手说出自己的见解，甚至明明知道可能是错误的见解。这份勇气才是难能可贵。

曾经聆听过一位小学六年级班主任分享的一个教育故事。班级开展孝亲活动，班主任让学生说说可以为父母做哪些事，其中一个学生不假思索脱口而出"擦屁股"。班主任强忍怒气，没有批评，没有愤怒，而是给同学们讲了自己亲身经历的故事。班主任告诉同学们，一个小孩 3 岁前，父母每天都要给他擦屁股。自己的母亲病重不能自理时，就是自己和兄弟姐妹给母亲擦身子，母亲的每一寸肌肤都留下了我们几个儿女孝顺的印迹。如果有一天你们的父母生活也不能自理，那就真的需要你给他们擦身子擦屁股。班主任讲到这里的时候，全班学生表情严肃静穆，那个说"擦屁股"的同学也惭愧地低下了头。

我不知道那个同学为什么会这样说。事后我和这位班主任沟通时，才知道这个学生平时说话就有些口无遮拦。我很佩服这位班主任的教育机智，她把一个"有问题"的发言转化为一个教育契机，因势利导，达到了很好的教育目的。她没有批评这个学生，这个学生乃至全班学生不会因为这次"有问题"的发言而产生发言恐惧症，教师如此包容、如此睿智、如此善意、如此引导、如此期待，实乃难能可贵！

可是，在我们的家庭教育中，有多少家长以孩子"听话"为荣。让孩子往东孩子不敢往西，让孩子蹲下孩子不敢站着，让孩子憋回去孩子立马就要停止哭泣，让孩子说实话孩子只好用撒谎迎合父母。有的家长甚至在人前炫耀：我一瞪眼，孩子就规规矩矩的；我一喊"123"，孩子就老老实实的。我们成了驯兽师，把孩子驯服成了没有自己主见、没有自己需求的工具，并以此作为教育成功的标志，这实在是与真教育背道而驰。面对孩子生命之初的弱小、能力的不足，我们动辄比较、抱怨、训斥、批评、打骂、怀疑、讽刺、代替，我们以为这样就能让孩子长记性，再努力，结果非但不是越来越好，而是越来越糟，甚至让孩子不再勇敢。

　　还是上文的作者说得好："人生是一个不断超越自己的过程，希望你逐梦路上勇敢前行，爸爸妈妈会是你最强大的后盾。"要做后盾，就要保护孩子的异想天开，善待孩子生命之初的弱小；就要告诉孩子，当下的不好是迈向好的阶梯，当下的不行是走向行的桥梁。只要不畏险阻，勇敢攀爬，就一定能登上人生的一个又一个顶峰。

不是高不高，而是真不真

先来读一篇参训家长的文章。

我的女儿含含从小就是个很乖很听话的孩子，基本没有闯过什么祸。所以一般来说，含含想干什么我都不会阻拦，唯独在看电视这件事上，我控制得比较严。一方面是担心她的视力出现问题，一方面是怕她形成习惯。

一位著名的台湾作家曾尖锐地说过："电视是批量生产傻瓜的机器。"他的话不是没有道理。据研究资料显示，人在看电视的时候脑电波和睡眠时候的脑电波非常接近，坐在电视机前，大脑无须去主动反应任何问题，身体也是一种完全松懈的状态，这对大脑和身体正处于发育期的儿童非常不利。一个孩子从小在电视跟前待着，容易形成离开电视就无所适从的状态，任何需要付出意志努力的事情，对他来说都有困难，都提不起兴趣。最可怕的是这种惰性会迁移到学习上，使他对学习这种需要主动意识和意志努力的活动望而却步。

于是从含含上小学开始，我便干脆拔掉了家里的电视插头线，以近乎蛮横的态度断绝了含含与电视本就不多的那点儿联系。虽然看出含含对我的做法有点儿小情绪，但我自认为，这对她是有百利而无一害的，无论对她的健康还是学习，都是一种十分正确的选择。直到后来我偶然看到了含含写的一小篇日记。

那是开学后两周左右，我给她整理书包的时候，不小心把她用来记作业的小本子弄掉在地上，于是我十分惊奇地发现了那几行歪歪扭扭的小字。她写的大概意思是这样的：今天上课的时候，老师一直在讲数学题，我听着听着就觉得老师变成了动画片里的漂亮阿姨，可是仔细一看，漂亮阿姨又变回了老师。啊，好想看电视啊！

当时，我看完这篇其中有一半的字是用拼音代替的日记，沉默了很久。第一次对含含的教育问题，感到了无所适从。对于一些表面上的错误问题，作为家长我们可以采用直接告知的方式来教导孩子，但是对于内心活动，却无法控制他们的思维。比如，他们在课堂上看似认真听课，其实脑子里却在想着别的一些奇奇怪怪的东西。

于是当天晚上，我主动将电视的插线安上了，又主动将遥控器递到了含含的手里，和颜悦色地对她说："从今天开始妈妈不再限制你看电视了，九点之前洗漱好上床睡觉就行。"说完我就离开了客厅，回到卧室看书。

含含当时的表情是意料之中的吃惊和不可置信，当然更多的是兴奋和惊喜，她甚至拿着遥控器在原地转了好几圈。那晚含含看得很开心，也很守时，刚到九点就把电视关了，刷完牙还把头探进我的卧室，确定我没有生气，才磨磨蹭蹭地走了进来，小脸纠结地问："妈妈，今晚可不可以晚睡一会儿？"我假装不解地问道："为什么呀？还想继续看电视吗？"她急忙摇着小脑袋说："不是，是作业还没写完。"我很干脆地拒绝了她的要求，并且告诉她，以后放学后的时间可以都归她自己安排，但是晚上九点钟睡觉的时间，不能改。

于是她垂头丧气地回到房间，偷偷将自己小闹钟上的起床时间调整到了提前一个小时。结果第二天早上，我惊奇地发现含含平时需要一个小时才能做完的作业，这天竟然半小时就全部完成了，而且正确率也提高了。这再一次证实了我的想法，在教育问题上，家长充满强权作风的方式，并不可取。比如说关了电视，就能关了孩子看电视的愿望吗？让她离开电视坐到课桌前，她就是去学习了吗？如果不是出于自愿自觉，不仅当天的学习谈不上用心，就连明天后天她也不想好好去学习。她看电视的愿望在压抑中更被强化，她的内心在想看却看不到或者不敢看之间充满矛盾和痛苦，这样不是在教育孩子，而是在损伤孩子的自尊和自信。

但是因为看电视而减少睡眠时间用来补作业当然也是不可取的，于是吃早餐的时候，我便告诉含含，以后不仅睡觉的时间不能改，起床的时间也不能改，因为无论是晚睡还是早起，都会造成睡眠不足，都会影响白天在学校的学习质量。含含听完立刻紧张地问："妈妈你又要没收电视了吗？"我微笑着摇头，说："妈妈只是想跟你商量，咱们能不能在看电视和写作业这两件事上做个计划，比如你在学校的'蓓蕾计划'课时上写作业时少磨蹭一点儿，然后就有足够的时间把书法班的作业完成，回到家练一个小时的英语听力，再一边看电视一边做数学题卡。"

我这个建议在许多人看来真是疯了，怎么可以教唆孩子一边写作业一边看电视，孩子最怕的就是学习不专心，他们应该从小养成良好的学习态度。我是这样想的：二十以内的加减法就好比九九乘法口诀，熟练以后的速度应该能达到无须思考张口就来，多半像个体力活，其实并不需要动多少脑力，不需要深入思考，孩子们只要调动一部分的注意力就能完成作业。而看电视本身又是件不需要付出任何努力就可以完成的事，所以这两件事都比较简单，应该可以同时进行。

含含一听我的建议，非常愿意，这样她就可以把听英语和做题卡这两个最要紧的事都完成，又不耽误看电视。由于得到了家长的首肯，孩子没有心理负担，她果然把这几件事协调得很好。动画片开始之前先听英语，然后边看电视边算数学题卡。事实上，在动画片播放的过程中，含含总是太投入忘了算题，但是只要到片头片尾曲或者插播广告时，她就会抓紧时间算一些。她算题的速度因此明显加快了。

同时她也更懂得利用在学校的时间，为了晚上回家看电视方便，她在学校除了课内作业，还尽量利用空余的自习课时间，把课外的书法作业都完成了。在以前，每一次的书法作业肯定都要等上课之前才能磨蹭完的。现在这件令我十分头疼的事，也轻松地解决了。上一部动画片在半个月前已经全部播放完了，于是我又提议让含含看中文字幕的纯英文版动画片电影，既可以多识字，又顺便听了英语，这样就可以将之前一个小时的英语听力减少到半个小时。

这一次含含依然很愿意，因为这样又可以多看半个小时的电视。转眼一个多月过去，含含的识字量原本就很大，所以我没有过多去注意，但现在我会经常听见她不经意地吐出一两句纯正美音。比如天气好的时候她会指着天空说"so blue!"我有时要跟她说话的时候，她会说："I am all ears."如此，看电视也就变成了另一种学习。

当然，我还会将与她喜欢看的动画片有关的文字读物买给她，并且让她去评论一下两者的不同，哪个更好些。于是她现在有时候已经在不知不觉间，把看电视的时间用来看书了。所以让孩子减少看电视也要循序渐进，请相信孩子是一株禾苗，润物细无声的教育对她最有好处。

孩子想看电视却看不到，于是在课堂上，脑海中会浮现出电视中动画片的情景，你相信吗？孩子为了能够看到动画片，愿意把起床的时间调整到提前一个小时，用早起的时间完成作业，你相信吗？孩子为了既不影响睡眠时间，也不耽误看动画片，就在学校"蓓蕾计划"的自习时间，加快作业速度，你相信吗？孩子为了一边看动画片一边完成数学题卡作业，就争分夺秒地在片头、片尾曲或者插播广告时完成，你相信吗？当妈妈让孩子评价电视动画片与相关的文字读物哪个更好些的时候，孩子已经在不知不觉间把看电视的时间用来看书了。

是的，这还只是一个刚刚上小学一年级的孩子，一个只有六七岁的孩子。孩子想看电视动画片，这样的需求难道不正常吗？孩子为了满足自己内心看电视动画片的强烈需求，愿意主动配合妈妈的学习安排，这样的行为难道不可爱吗？孩子比较了看电视动画片和与之相关的文字读物后，已经在不知不觉之间把看电视的时间用来看书了，这样的取舍难道不可赞吗？

我们一直在强调，孩子是万物之灵，是父母的天使。孩子身上有太多的好品质，值得我们成年人去学习、去敬畏。他们用自己的眼睛去看这个真实的世界，用自己的耳朵去听这个真实的世界，用自己的心去感受这个真实的世界，用自己的脑去思考这个真实的世界，用自己的嘴去表述这个真实的世界。在观察与描述这个真实的世界的过程中，他们始终遵循内心的声音，始终不违背内心的需求，始终将真实的内心不加修饰地呈现在我们面前。对于成年人而言最可宝贵的品质——真实，在孩子这里早已经是一种常态。

我们要看到孩子的真实需求。每个人都有当下或未来的心理需求，孩子也是一样。当孩子没有学会说话的时候，孩子总是用哭声来表达他的心理需求。他饿了，他哭；他渴了，他哭；他疼了，他哭；他得不到自己想要的东西，他哭；他看不见了妈妈，他哭；他感到害怕，他哭；大人们违背了他的意愿，他哭……哭，是孩子向父母发出的信号，是表达需求和个人意志的信号。这样的信号，对于初为人母的妈妈们来说，总是能接收得到，然后想方设法满足孩子的心理需求。因为在婴幼儿时期，一般来说，陪伴孩子是大人的日常工作，她们须臾都不会离开孩子，时刻都在陪伴孩子。而且这个时期孩子的心理需求，也大多停留在满足自己生理需求和安全需求的层次上，孩子发出的信号很容易被妈妈们接收到。更为重要的是，为了满足自己的生理需求和安全需求，孩子几乎不考虑自己之外的其他因素，饿了就哭，害怕就哭，表达需求的方式直截了当。孩子的心理需求得到满足，孩子就不哭了，脸上就会露出开心的笑容。

等到孩子长大了，学会了说话，他就开始用说话来表达他的心理诉求；等到孩子学会了写字，他就开始用写字来表达他的心理诉求。但这个时候，父母一般不再把陪伴孩子作为日常工作，会把孩子送到幼儿园，或者孩子已经上小学了，一般由老人负责接送。父母有了自己的工作，放到孩子身上的精力和心思也少了许多，仅有的精力和心思又常常放到关心孩子的学业上、成绩上、课外班上，放到满足孩子的日用生活消费上，对孩子学习之外的精神需求关注得就少了。孩子也不像小时候用哭来向我们发送需求的信号，更多的时候，他们因为有了这样或那样的考虑，不再向我们发送需求的信号，或者也曾试探着用自己的方式发送信号，但因为这样或那样的原因，我们没有接收到信号，或者选择性地屏蔽了信号，甚至可能直接将孩子发送的信号中断。文中的妈妈就是在整理孩子的书包时，才偶然接收到了孩子想看电视动画片的信号。于是，在孩子的成长岁月中，我们这些自以为每天都在陪伴孩子成长、自以为很了解孩子的父母，竟然成了孩子眼中熟悉的陌生人。孩子的心事我们不懂，甚至也不想懂。我们看不到孩子的真需求，我们单方面强调自己的需求，我们给予孩子的爱就对不上频道，我们的孩子就感受不到父爱和母爱。

我们随意安排孩子的时间。早晨的时间干什么，晚上的时间干什么，双休日的时间干什么，寒暑假的时间干什么……我们从不征求孩子的意见，固执地认为小孩子不会打理时间，就知道玩，只能靠我们来安排，甚至觉得把孩子的每分钟每秒钟都安排了学习任务，心里才踏实。我们哪里知道，其实我们的孩子可以根据学习任务、学习内容和学习感受，弹性地安排自己的时间。我们这样强制地安排，便剥夺了孩子提升自主学习能力的机会，也让孩子宝贵的时间在不情愿中的学习做事中白白逝去。

我们随意安排孩子的课程。我们给孩子安排各种课外班，什么补习班、强化班、尖子班、兴趣班、特长班……我们很少问问孩子喜欢什么、不喜欢什么，固执地认为小孩子多学一点儿没坏处，要不时间也浪费了，甚至认为小孩子学什么就会什么，学什么就懂什么。我们哪里知道，每个孩子都是独一无二的，适合人家孩子学习的课程，不一定适合我们的孩子。我们这样强制地安排，不但剥夺了孩子自我选择的权利，更有可能让孩子真正的天赋和偏好失去了再发展的机会，甚至由此导致孩子对父母选择的课程产生本能的排斥和厌恶。

我们随意打断孩子的说话。只要孩子说的不是关于作业的话、不是关于学习的话、不是关于考试的话、不是关于升学的话，我们就认为是废话，是没用的话，就认为是多此一举，就认为是正事没有闲事有余，就懒得搭理，懒得回应。我们哪里知道，孩子不经意间说的话，听起来似乎与学习无关的话，正是孩子向我们发出的表达内心需求的信号。也许是因为被老师误会而受到了批评，心里的委屈需要爸爸给他安抚；也许是因为一次发言出错被同学嘲笑，心里的害怕需要妈妈给他勇气；也许是因为一件小事好朋友说不再理他，心里的困惑需要爸爸给他点拨；也许是因为想买一件生日礼物送给同学，心里的担心需要妈妈给他支持；也许是因为爸爸妈妈因为什么事情吵了一架，心里的阴云需要爸爸给他驱散；也许是因为今天受到了老师的表扬，心里的喜悦渴望和妈妈一起分享……孩子和我们一样，每天每刻都有着这样或那样的情绪：喜悦、紧张、忧虑、害怕、迷茫、愤怒、悲伤……这些情绪和情绪后面的故事的述说，就是孩子向我们发出的信号，我们接收到了吗？我们给予孩子切实地满意地回应了吗？

我们随意否定孩子的努力。更多的时候我们是只看结果，不看过程的。只要孩子的成绩不是班级中的第一名、年级的第一名，我们就认为孩子还不够努力，还需要再努力。只要某个学科考试成绩没得满分，我们就认为孩子没认真学，马虎大意。只要这次考试的名次没有上一次高，我们就认为孩子退步了，偷懒了。在我们的潜意识里，只要努力了，成绩就一定会进步；只要努力了，就一定会答满分；只要努力了，就一定会考第一。我们犯了两个最基本的逻辑错误：一个是，我们在拿自己的一个孩子和班上几十个孩子比，用这种横向比较的结果来判断孩子是不是努力，这是没有说服力的；另一个是，我们在拿自己的孩子这次考试和上次考试比，用两次考试的成绩差来判断孩子是不是努力，也不是绝对有说服力。前者自不必说，每个孩子的学习基础不同、学习能力不同、学习兴趣不同、学习环境不同，考试结果自然会不同，这种横向比较显然缺少可比性。后者听上去似乎很有道理，但是我们仔细分析成绩进步的原因，就会知道这个判断也不是绝对正确。一个学生这次考试比前次考试成绩高，原因不外乎是在这段时间内，这个学生看得见的体力付出比较多。我们所说的努力，一般意义上就是付出了更多的体力。但除此之外，还有两个容易忽略的重要原因：学习动力和学习方法。如果一个孩子在这段时间内，不能很好地化解成长过程中内心积聚的各种负能量，自然就不会有更多的体力付出，就不会更努力。显然，我们把原因归咎为不努力是只看到了表象，没看到真相——缺少动力。同样的，如果在这段时间内，一个孩子不能掌握科学的适合自己的学习方法，即使付出了更多的体力，学习成绩也不一定会提高。如果我们仅以两次考试的成绩差作为依据判断孩子是不是努力，就可能不是正确判断，就可能看不见孩子的努力。原来，不是孩子不努力，而是孩子没动力、没方法。

　　不是高不高，而是真不真，真实是做事的第一高度。孩子当下真实的能力，就是孩子最高的能力，无论这种能力看起来有多低，我们自己和孩子都要心安理得地接受。我们既要勇于面对孩子当下真实的能力，不逃避，不掩饰，不悲观，也要坚定相信孩子的能力会通过他动力的真激发、体力的真付出、方法的真科学，不断再创新高。

不是要俯视，而是要仰视

先来读一篇来自网络的文章。

孩子，我有一些话想要对你说。

我走进你的房间，怀着愧疚的心情来到你的床前。此时你睡得正熟，一只小手被压在脸颊下面。你的额头微湿，卷曲的金发贴在上面。

我想起了很多事情，包括我常常对你发脾气。

早上你穿好衣服准备上学，胡乱用毛巾在脸上抹了两下，我责备你；你没有把鞋子擦干净，我责备你；看到你乱扔东西，我更是生气地对你大吼大叫。

早餐的时候也一样，我常骂你打翻东西、吃饭不细嚼慢咽、把胳膊放在桌子上、奶油涂得太厚等等。当你背着书包走出家门的时候，你转过身，挥着小手喊："爸爸，再见！"我仍旧皱着眉头厉声说道："把背挺直！"

到了傍晚，情况还是一样。看见你跪在地上玩玻璃球，脚上的长袜都磨破了。我不顾你的颜面，当着别的孩子的面对你吼道："长袜是很贵的，你要穿就得爱惜一点！"谁能想到，这话居然出自父亲之口。

还记得吗？就在刚才，我在书房看报，你怯生生地走过来，站在门口踌躇不前。我抬头从报端望过去，不耐烦地叫道："你要什么？"

你不说一句话，只是快步跑过来，双手搂住我的脖子亲吻。你小手臂的力量表达出一份情爱，那是上天种在你心田里的，任何漠视都不能使它凋萎。你吻过我就走了，叭嗒叭嗒地跑上楼。

孩子，就在那时候，报纸从我手中滑落，我突然觉得害怕。我怎么养成了这样一个坏习惯？挑剔、呵斥——这就是我对待一个小男孩的方式！孩子，不是我不爱你，只是我对你期望过高，不自觉地用自己成年人的标准去要求你了。

其实，你的本性里有许多真善美。这一点可以从你天真自然、不顾一切地跑过来亲吻道晚安的动作看出来。孩子，今晚其余的一切都不重要了，我在黑暗中跪到你床边，深觉愧疚！

这是一种无力的赎罪。我知道，你未必懂得我所说的这一切。但是，从明天起，我会认真地做一个合格的父亲！要和你成为好朋友，你痛苦的时候同你一起痛苦，快乐的时候同你一起欢笑。我会每天告诉自己：他只不过是一个男孩——一个小男孩！

我实在不该把你当成大人，孩子，看到的你疲倦地蜷缩在床上，完全还是婴孩的模样。我要求的实在是太多太多了。

我曾经在家长培训会上分享过这个故事，每分享一遍，对教育的理解都有不同程度的升华。

家长作为教育主体，不能站在成年人的知识高度、能力高度、成就高度、思想高度、智慧高度俯视孩子。我们站得越高，我们看见的孩子就会越低，就越容易自以为是，越容易伤害孩子。相反，我们应该平视孩子，甚至仰视孩子，我们把孩子看得越高，我们就越容易尊重孩子，感恩孩子。

教育高不得，家长和教师不能站在高位上俯视孩子当下的行为和能力。我们的站位越高，我们看见的孩子就越渺小，我们就越容易自以为是，越容易心生挑剔和责备。"孩子，不是我不爱你，只是我对你期望过高，不自觉地用自己成年人的标准去要求你了。"这是多少未成年人的父母当下正在重演的故事。

我们站在成年人的高度去看待小孩子的洗脸、穿鞋、收拾东西，我们就会发脾气；我们站在成年人的高度去看小孩子打翻东西、吃饭不细嚼慢咽、奶油涂得太厚，就会生气责备；我们站在成年人的高度看小孩子跪在地上玩玻璃球，脚上的长裤都磨破了，就会大吼大叫。我们成年人做事做人的价值观：干净也好，有序也好，节俭也好，此时此刻在小孩子心中还没有生根，还没有成为指导他们行为的规范。他们此时此刻可能正心不在焉，他们的心思可能正在别处，在快点儿上学上，在专注玩耍上。或者，他们此时此刻，干净洗脸、有序摆放还没形成习惯，还正在形成的过程中。如果我们用成年人几十年才形成的习惯或能力要求孩子，那么，无疑，孩子的表现是极其糟糕的，是令人生气愤怒的。挑剔、责备就成为我们日常教育孩子的一个习惯——坏习惯。

于是，小孩子在日常生活、学习中所有的不好的行为，都成为我们可以恣意挑剔、责备的理由。我们把生活、工作、人际交往中遇到的不顺、压力，都转化为对孩子的挑剔和责备，孩子成为我们发泄负面情绪的垃圾桶。更可怜的是，我们的孩子面对父母的挑剔、责备，没有丝毫反击的能力，他们只能默默地掉眼泪，只能跟家长一起责怪自己不会做事、做不好事，甚至心里还常常感到愧疚，心生负罪感。他们哪里知道：这不是他们的错，这是家长的错，是家长站在成年人的高度俯视他们的错。家长违背了成长的基本规律，就像那位拔苗助长的农民，刚刚把种子种在地里不久，就盼望小苗长得再高些再高些，最好一下子就长成秋天的高度，一下子就开花结果。没长高，就拔苗助长，干了违背规律的蠢事。这哪里是在拔苗，这是在害苗。挑剔、责备就是在伤害孩子，就是在一点点毁掉孩子的自信，践踏孩子的自尊，把孩子逼向缓慢生长，甚至不再生长的自卑。

我们前面分享了不少家长的文章，很多家长在参加"动力教育合格父母培训"之前，就跟这位父亲一样，走进了挑剔、责备的教育误区，以成年人做事的能力标准、速度标准要求孩子。不给孩子重复做事形成能力的时间，不给孩子日积月累生长的时间。要求孩子大人说了就要做到，大人讲了就会做到，大人提醒了就要注意到，做过了就要做对，做过了就要做好。我们忘记了一个重要的学习规律：先学再习。

知道不一定就能做到，知道与做到之间还有一段相当长的距离要走，这个距离只有经过反复的练习才能走完，才能做到、做好。我们却不给孩子充分的反复练习的时间，不给孩子将知道内化到行为的时间，我们忘记了自己今天做事的能力也是经过了一次次反复练习才达到的。我们想让孩子跨越练习的距离直接达到做到的终点，正像那位拔苗助长的农民，到头来只能自食其果。其实，成长是不能跨越的，循序渐进是万物生长的规律，植物如此，人亦如此。

我在 2017 年暑期考下了驾照，2018 年 4 月才开始开车。为了让别人知道我是个新手，我把写有"新手"两个字的 A4 纸粘贴到车的后挡风玻璃上。我以为这样，那些老司机就能礼让一下我。结果我错了，有的老司机非但不能礼让，反而表现得极其不耐烦，不断地在后面按喇叭，弄得我手忙脚乱、心烦意乱。本来刚上路就提心吊胆，不熟悉操作要领，无暇观察上下左右的交通标志，判断不准前后左右的车距，不敢快速行驶……这个时候，后面的老司机不停地按喇叭，那声音里传递过来的信息分明就是：挑剔和责备，烦躁和鄙视。后来，我干脆把"新手"两个字撤掉，我虽然是一名新手，但我不告诉你我是新手，你就不敢贸然鸣笛，量你也不敢撞车。这段开车经历，带给我的教育启示是：我们对孩子要心存理解和包容。我们不能只看到当下自己的高和孩子的低，我们还要看到明天的孩子也可以高。你的高正是孩子要学习的地方，正是你要教给孩子的地方。不以自己的高而居高临下，也不以孩子的低而高高在上，蹲下身子，平视孩子，不催促、不鸣笛、不着急、不烦躁，不让孩子手忙脚乱、心惊胆战，不让孩子有挫败感、羞耻感、负罪感，而是给孩子宽松安全的成长环境，让孩子放心去试错、去违章、去改正、去熟练、去驾驭，相信时间的力量和成长的力量，相信今天的低正是明天高的起点，孩子就一定会回报我们成长的惊喜。

事实上，我们之所以常常在孩子面前居高临下、高高在上，是因为我们在心里常常本能地拿自己当下能的与孩子不能的相比，拿自己会的与孩子不会的相比，拿自己熟练的与孩子稚嫩的相比，拿自己长处与孩子短处相比。虽然这种父母与子女、成年人与孩子的比较我们很少承认，因为无论是说起来还是听起来，这样的比较都让我们感到不太舒服，甚至有些难堪，但在教育孩子的过程中，我们却经常在潜意识中进行这种比较。鞋带还不会系？——言外之意是我会系。书包还不会背？——言外之意是我会背。饭碗还拿不好？——言外之意是我会拿。地还不会拖？——言外之意是我会拖。这道题还算不上？——言外之意是我会算。这么短的诗还背不下来？——言外之意是我会背。怎么练了一周字还写得这么乱？——言外之意是我写得很工整……你看，作为父母，我们天天盯住孩子的短处，天天用挑剔、呵斥的方式教育孩子，天天对孩子发脾气、使性子、甩脸子、大声喊。我们把孩子看得很小，年龄小、个子小、能力小，这也不会，那也不行，什么事都需要我们亲力亲为，搞得我们一天疲惫不堪。这种糟糕的情绪反过来又加重了我们对孩子的不满，加重了对孩子的挑剔、责备。我们的孩子就是在这样恶劣的家庭教育环境中长大的。我们期望孩子高，却天天在说孩子低；我们期望孩子好，却天天在说孩子差；我们期望孩子能，却天天在说孩子不能。孩子在这样的环境中会怎样成长？胆小怕事、畏首畏尾、提心吊胆、患得患失、沉默不语、自我否定、自愧自卑……这样的孩子当下高不起来，未来也很难高起来。这样的教育与我们最初的期待会越来越远。

其实，反过来，我们换一种视角，就会看到美丽的风景。"你不说一句话，只是快步跑过来，双手搂住我的脖子亲吻。你小手臂的力量表达出一份情爱，那是上天种在你心田里的，任何漠视都不能使它凋萎。""其实，你的本性里有许多真善美。这一点可以从你天真自然、不顾一切地跑过来亲吻道晚安的动作看出来。"这就是孩子的美好天性，根植在孩子心灵深处的美好天性。这种天性就是对父母的爱，一如我们父母对孩子的爱一样。但孩子的爱比我们的爱更纯洁、更包容。虽然我们总是在责备、呵斥孩子，但孩子依然爱我们，依然用亲吻表达对我们的爱。

关于这一点，参训家长有过更精彩的描述。

　　从宝贝出生的那一刻起，我以为自己很爱孩子，爱孩子胜过一切，我以为我可以为他做任何事情，牺牲掉任何一件事情，甚至生命……其实那只是我以为……

　　渐渐地，我发现，我其实没有自己想得那么伟大。有时候，我爱孩子远不及孩子爱我。

　　合格父母培训第二期如期举行，就在这天早晨，我又冲孩子发火了，不经意间就走进了八大误区。唠叨、大声、讽刺三把尖锐的刀同时刺向我自以为最爱的宝贝身上。回想与孩子相处的这些朝夕，关于凶、大声对孩子说话这些事，真是满满的血泪史。

　　几乎每天都忍不住跟孩子发火，"你怎么这么慢，快点儿写！""好好吃饭，不要把你的袖子弄脏了！""玩完玩具收拾好再走！"

　　早晨是这样的：起床、穿衣、洗漱、吃饭。几乎每天早晨时间都很紧张，这天早餐准备的鸡蛋、香肠、豆沙包和豆奶，可偏偏孩子洒了一桌子的豆奶，当时我的火一下子就冒了上来了，下意识地吼了她，孩子当时就吓哭了。在那一瞬间，什么都忘了，也忘了培训会上北斗老师讲的《洒在地上的牛奶》的故事中，妈妈是怎么做的了。她拉着我的衣服委屈难过地说："妈妈，我是想倒点儿给你喝，不小心就洒了……"所有的怒火，在那一刻全然熄灭。那一刻，我鼻子一酸眼泪已经在眼眶中打转了，抱着宝贝愧疚地说道："妈妈错怪你了，宝贝看妈妈一大早忙，怕妈妈饿着，对吧，妈妈跟你道歉，能原谅我吗？"孩子哽咽着说："能，你今天第一个来接我好吗？"

　　其实这也不是第一次错怪孩子了。那是一个晚上，孩子写完作业，在那吃着水果，等我忙完叫她睡觉，才发现袖子湿了一大块。莫名的气又不打一处来，声音一下子就调到了80分贝高："刚换下了的秋衣裤就湿成这样了，换下来自己洗。"孩子这时一声不吭，我问怎么回事，她才极委屈地说道："橘子被我们吃没了，我就想扒点儿放那，过一会儿给你吃。"

　　当时我紧紧地抱住孩子，无声的泪夹杂着道谢。她歪着脑袋趴在我的肩上，扑闪着眼睛对我说："没关系，你是我妈妈，以后问清楚了再凶我就行了。"一次又一次的错怪，却总换来孩子的理解及原谅。还好，她处于你怎么凶她，她都爱你的年纪。那万一不是这个年龄段呢，想想都很让我胆战心惊。

才发现，我以为我很爱孩子，其实孩子更爱我！很多时候，我们总是以自己的思维来揣测，孩子只是单纯地想表达爱的行为，得到的却是我们的不理解和责备。我们眼中的孩子是：淘气、不听话、不懂事……她的任何缺点我们都能在第一时间指出：做事拖拉、吃饭慢、爱吃零食……可在孩子的眼里、心里，我们是完美的：我妈妈最漂亮、我妈妈做的饭最好吃、我妈妈最爱我……当我们"威胁"着说不爱他了，她依旧会紧紧搂住你说：妈妈，我爱你。

每每孩子吵着要我陪她玩的时候，已经数不清有多少回因为各种原因而拒绝：等妈妈把碗洗完再说、等妈妈把衣服晒完再说、等妈妈忙完工作再说……有时久了、烦了，还会大声凶孩子，孩子只能默默地自己玩儿。

我们希望孩子变得更好，所以摔倒了自己爬起来，可孩子却从未要求我们变得完美。当我们累了、难过的时候，是那一双小手温暖着我们。我们希望她不要乱发小孩子脾气，可是我们却控制不住自己的冲动，当我们说着善意的谎言时，他们却会选择无条件地相信。

我们的心中有伴侣、工作、兴趣及各种追求，而此时的孩子们心里却几乎只有我们。不管是开心、难过、烦恼，还是小有成就，也会第一个想到和我们分享。孩子只是我们生活中的一部分，而我们却是孩子的全部。

我们对孩子的爱是有选择的，孩子对我们的爱是不假思索的本能。只要我们需要，孩子永远不会吝啬他们的爱，他们远比我们想象的更爱我们。

真的谢谢你，孩子，我会向你学习，像你爱我一样爱你！未来的日子里，请你多多关照！

是的，换一个视角，孩子展示给我们的是小小生命的美丽风景。如果我们不拿自己的优点比孩子的缺点，不拿自己的长处比孩子的短处；如果我们不盯住孩子的不能、不行、不好，而是反过来欣赏孩子的优点、长处、闪光点，我们会惊喜他们带给我们的生命奇迹。如果我们肯低下身子平视甚至仰视我们的孩子，我们会发现孩子身上原来有那么多来自天性、来自本能、来自想象、来自模仿、来自学习、来自努力的美好特质。我们努力欣赏都来不及，哪里还有时间去责备、呵斥。仰视生敬畏，当我们心怀敬畏之心重新审视、阅读我们的孩子时，我们才发现，原来渺小的可能是我们。

不是要伤害，而是要真爱

先来读一篇参训家长的文章。

前几日和同事聊到孩子。同事家里的孩子上小学三年级，我们聊了孩子的各种趣事外，自然而然说到各种烦恼，同事的一句话也引起了我心底的共鸣。她说："有孩子以后，我再也做不到心平气和，想想自己之前，真的是一个很温柔的人，现在特别像泼妇。"

是啊，那些每天陪伴孩子学习的妈妈们，或许都有这种感受吧。为什么我们对待外人的时候都是谦逊有礼，唯独在对待孩子的时候，我们却时常不能好好说话呢？自从参加了北斗老师的培训后，我也有侧重点地阅读了一些有关家庭教育的文章，越来越领悟到：语言是带情绪的，你所说的每一个字串联起来，有可能给人带去温暖，但也可能带来伤害。好好说话真的是改变孩子的关键。

有时会听见身边的妈妈对孩子说：

你看谁谁谁多懂事啊，你呢，有人家十分之一我就烧香了！

就你还想干嘛？算了吧，我看你就是三分钟热度。

这么简单的事情，你都做不好，你还有什么用，简直比猪还蠢……

每每听到这样的话，我心里就会觉得堵得慌，很替孩子担心。小孩是不会区分真话和玩笑的。他们会相信父母说的有关自己的话，并将其变为自己的观念。良言一句三冬暖，恶语伤人六月寒！不会好好说话的父母，一遇到孩子做出过激行为，就会失控地对孩子大喊大叫，语无伦次，管不住自己的嘴，说出一些"绝情"的话来。可能是无计可施，也可能是遗传了自己父母那一辈的教育习惯。不管怎样，要改变和孩子的关系，就得改变自己的说话方式，不然只会把孩子和自己的关系越弄越僵。

曾在一本书中读到"坏父母"的十一种表现，其中有多种都是不好好说话造成的，例如：

如果你的孩子不能坚持自我，那是因为他们小时候，你总是在公共场合批评教育他们；如果你的孩子很容易生气，那是因为你给他们的赞扬不够，他们只有行为不当的时候才能得到注意；如果你的孩子不懂得尊重别人的感受，那是因为你总是命令他们，不在意他们的感受；如果你的孩子总是神神秘秘的，什么都不告诉你，那是因为你总爱打击他们；如果你的孩子总是行为粗鲁没有礼貌，那其实是从父母或者一个屋檐下的人那里学来的……

好好和孩子说，才是打开亲子关系的正确方式。关于怎么和孩子说话，我之前在网上看到过为人处事的二十种说话技巧，推荐给父母们：急事，慢慢说；大事，清楚说；小事，幽默说；没把握的事，谨慎说；没发生的事，不要胡说；做不到的事，别乱说；伤害人的事，不能说；讨厌的事，对事不对人说；开心的事，看场合说；伤心的事，不要见人就说；别人的事，小心说；自己的事，听听自己的心怎么说；现在的事，做了再说；未来的事，未来再说。

家，不仅是爱与温暖的传递通道，往往也是恨与伤害的传递通道。如果父母有缺席，爱有缺席，陪伴有缺席，耐心也有缺席，粗暴无情的语言，就会把关系进一步恶化。孩子的成长时光不可逆，我们都希望与孩子建立亲密无间的亲子关系，那就先从好好说话、认真陪伴做起吧。

这篇文章我很喜欢，它能带给我们太多的家庭教育启示。

"有孩子以后，我再也做不到心平气和，想想自己之前，真的是一个很温柔的人，现在特别像泼妇。"什么叫"泼妇"？就是蛮横不讲道理的女人。跟孩子说话蛮横，跟孩子说话不讲道理，完全是一副高高在上、唯我独尊、不可侵犯的形象。我说的就是真理，我说的就是对的，我说的你就要执行、无条件地执行。

"为什么我们对待外人的时候都是谦逊有礼，唯独在对待孩子的时候，我们却时常不能好好说话呢？"这个问题问得太好了，这个问题的背后，折射出不少家长特殊的心理。

你是我的孩子，我说的话都是对你好。你现在还小，不懂事，你知道什么？你照做就是了，爸爸妈妈还能坑你不成？

你是我的孩子，是我们生的养的。我们爱你，所以我们希望你没有最好只有更好。既然我们看见了你的缺点，就不能像旁人那样看见不管。不管不问那是负责的家长吗？说你两句就不爱听，我是为了谁？还不是为了你？

我为什么骂你？你以为我想骂你吗？我骂你我也会生气，我也会做病。你要想不挨骂，你往好做啊？你什么事情都做好了，我怎么会骂你？我没事闲的吗？

一天天就知道玩，一提到学习你就对付，你对付谁呢？你给谁学习呢？你以为我还能指上你？你长大了能管好自己不牵扯我们就烧高香了！

……

我们试图通过父母日常跟孩子的对话，看见对话背后父母的教育心理。

在父母的眼里，孩子还小，知道的还少，我们是过来人，我们知道的比你多得多。所以，说起话来就有了高高在上的味道。

在父母的眼里，改变孩子的缺点是我们的责任，教育孩子从某种意义上说就是改变孩子缺点的代名词。所以，说起话来就有了理直气壮的味道。

在父母的眼里，孩子当下做什么事情都可以做得更好，如果没有做好，一定是没有用心去做。所以，说起话来就有了抱怨指责的味道。

在父母的眼里，学习比玩更重要。孩子玩得好就应该学得好，玩和学习不都是用眼睛、用耳朵、用嘴巴、用双手、用大脑吗？所以，说起话来就有了讽刺挖苦的味道。

……

我们说，给孩子金山银山，不如给孩子正确的人生价值观。同样，家庭教育的基础与核心，也是给家长正确的家庭教育观。观念错了，方向就错了。方向错了，越是努力越是背道而驰，越是事与愿违。所以说，方向比努力还重要。

我们不妨学会反问思考、追问思考。孩子真的不懂事吗？孩子真的比我们知道的少吗？我们知道的都是正确的吗？我们让孩子做的都是对的吗？如果不是，我们还会有高高在上的心理优势吗？

教育的全部意义真的是发现孩子的缺点、改变孩子的缺点吗？用几年十几年的时间改变孩子的缺点，真的有意义吗？是所有的缺点都需要改变吗？我们改变了几十年，现在就一点缺点都没有了吗？如果不是这样，我们还会有理直气壮的心理优势吗？

我们让孩子做什么，孩子当下就一定会做好什么吗？我们自己当年是这样吗？孩子要做好一件事不需要反复练习吗？我们给了孩子足够的练习时间了吗？如果不是这样，该抱怨指责的还是孩子吗？

玩真的比学习还重要吗？学习从某种意义上说不也是玩吗？孩子为什么爱玩不爱学习呢？玩为什么对孩子充满了这样的魔力？如果我们自己还没有搞清楚这其中的真相，该讽刺挖苦的还是孩子吗？

现在回到"泼妇"之说，或许我们可以这样解释：我们之所以常常对外人谦逊有礼，对孩子不好好说话，是因为我们知道成年人之间应该如何交往，但对教育孩子这件事却知之甚少，我们对孩子的成长规律、对教育规律知之甚少。我们脑子里缺乏正确的教育观，我们不知道怎么教育是对的，怎么教育是错的，我们说不出正确的道理，我们连正确的教育方向都搞不清楚，我们还处在迷茫少知的状态，但我们又不能在孩子面前暴露这种少知和迷茫。所以，我们只能说不讲道理的话，只能利用家长有效期的权威说蛮横的话，只能一会说这样的话，一会说那样的话，只能做"泼妇"，最后让孩子也无所适从。只有这样，我们才暂时维护了家长的权威，给自己留足了尊严和面子。

可怜我们的孩子，面对蛮横不讲道理的家长，只能默默接受，不敢愤怒；只能默默忍受委屈，不敢争辩；只能压抑自己，不敢爆发。

"你看谁谁谁多懂事啊，你呢，有人家的十分之一我就烧香了！"

"就你还想干嘛？算了吧，我看你就是三分钟热度。"

"这么简单的事情，你都做不好，你还有什么用，简直比猪还蠢……"

这就是我们一些家长经常跟孩子说的话。这不是讲道理的话，因为我们不知道道理是什么。这也不是教孩子做事增加能力的话，因为我们也不会，怎么去教孩子？这也不是给孩子增加动力的话，因为我们只看见了孩子的不好、不能、不行，我们被孩子的缺点遮住了双眼，已经是一叶障目不见泰山。这完全是抱怨愤怒之下投射出的讽刺挖苦的话，是投向孩子心灵的语言暴力。

遗憾的是，这样的语言暴力，经常在家庭教育中见到。

曾在一本书中了解到一个美术作品：《拒绝语言暴力》。这是由我国知名艺术家解勇创作的一幅作品。解勇通过将金属制作的汉字部首以插接的方式组成凶器这一方式进行艺术创作，通过部首符号完成语言文字与凶器间的意象转换，体现了作者独特的创作构思。后来我上网搜集，获得了更多的相关信息。

在介绍这组作品时，解勇说，这组作品选择一些家长经常用来否定孩子的语言，比如：用"猪脑子"拼装成一把手枪；用"废物"拼装成一把弩，用"丢人"拼装成一把利斧，用"怎么不去死"拼装成一把匕首……展览现场邀请家长和孩子共同参与，体验拼接从文字到凶器的过程，同时播放经过采访与整理的服刑人员的视频。这组作品被不同媒体多次报道，在互联网传播中产生了多达 10 万的阅读链接，有的链接下面的评论与留言有 600 多条。

语言暴力是一把枪，比肢体暴力更恐怖，可能在孩子身上留下永久的烙印，也可能是一生无法修补的伤痛。人们被他的这份名为《拒绝语言暴力》的作品，彻底震惊了！这明明是"凶器"啊，为什么没有被定义为违法犯罪，而且还能明目张胆地在沈阳某处的商场大展其威？在这场展览上，只见解勇拿出一个金属手提箱，里面就三个金属大字"猪脑子"，可是不到十秒钟，他就把这三个字变成了一把手枪。再过几秒钟，"丢人"二字变成了一把利斧！

原来，这是用最直观、最艺术的方式让到场的观众体验到暴力语言对孩子心理带来的伤害！而发明这个"凶器"的灵感，竟来源于沈阳市看守所里几位少年犯的故事。解勇说："他们有五六位非常优秀的做儿童心理辅导的心理师，在辅导过程中发现了一些问题，也就是促成少年犯犯罪跟父母对他们的惯用语言之间存在着某种关联……"

16岁的小曹，从小被继父称为"废物"。离家后在外省一个赌场里被一个中年男人几次三番骂为"废物"，这唤起了小曹儿时的痛苦记忆，于是他用枪打死了那个中年男子。

15岁的小王，小时候学习成绩一般，母亲老是数落他，说他"一天就知道吃"。上中学时和人争执，对方因他体型肥胖骂他"就知道吃"。暴怒之下，他打瞎了别人的眼睛。在沈阳某饭店里做厨师时，老板说他是"愤怒的小胖，就知道吃"，令他感觉十分受辱，用一把匕首结束了老板的生命。

小张的父母离异，妈妈一身戾气，总是对他说"你怎么不去死"，这句话像是魔咒缠绕着他，埋下了愤怒的种子。中学辍学给人洗头，不小心将顾客烫伤，老板的那句"你怎么不去死"，彻底激起他心中的恨意，最终酿成了杀害老板的悲剧。

语言是有能量的，积极的温暖的语言能让孩子变得自信、乐观，而攻击性、伤害性的语言可能毁掉孩子的一生。为了让更多的人知晓语言暴力的杀伤力，解勇找到了一种最有效的方式来警醒众人。

解勇说："我花了半年多的时间，将这些话变成凶器，目的就是要告诉家长、老师们立即停止语言暴力。"为了造出这些能够用于组装完成的偏旁部首，解勇在工厂里耗费了四个月的时间，再细小的燕尾槽，都不允许有任何纰漏。作品展出的时候，解勇选择了一个大商场，并联合沈阳市心理研究所共同策划了"创意装置艺术展"。暴力语言汉字被拆分后组合成凶器，这个游戏由家长和孩子共同完成，十几秒后他们就能看到"废物"变成弓弩，"丢人"变成利斧……大家感触颇深，原来语言暴力这么恐怖，一些家长也开始反思起自己的日常行为，没想到说这些话对孩子伤害这么大。

"家，不仅是爱与温暖的传递通道，往往也是恨与伤害的传递通道。"当我们都打着爱孩子的名义，都高举着"为你好"的旗帜，去讽刺挖苦孩子的时候，我们不知道我们已经对孩子的心灵造成了怎样严重的伤害。请家长们一定要记住：不论出于什么动机和心理，也不论处于什么环境和情境，我们都不能羞辱和讽刺孩子。讽刺是最严重的语言暴力，是投向孩子心灵、扼杀孩子美好天性的一把武器。当我们泄一时之愤、逞一时之快，向孩子的美好天性无情地进行投射时，看得见的是孩子的沉默，看不见的是孩子的心灵在滴血。

与语言暴力同时发生的，还有表情暴力。相由心生，境由心造，当我们内心对孩子充满抱怨、愤怒、失望的时候，我们的脸就会难看，话就会难听。难看的脸、难看的表情就像语言暴力一样，同样是投射孩子心灵的凶器，会对孩子产生心灵伤害，会让孩子失去安全感，增加自卑感和羞辱感。这些只有面对罪犯、面对我们的敌人时才应该有的情绪表情，不应该或者很少应该出现在家庭教育中，尤其是出现在未成年人的家庭教育中。

不是要伤害，而是要真爱。讽刺挖苦直接砍去的是孩子的善良和天真、自尊和自信，直接把孩子逼向扭曲和虚伪、自卑和自弃。真爱是看得见孩子的不能，却不抱怨他，是教孩子学习，给孩子足够的时间去练习，鼓励孩子变不能为能；真爱是看得见孩子的缺点，更看得见孩子的优点，不断发现优点，让优点成长，直到优点成长为孩子的自信；真爱是看得见孩子的特质，看得见孩子与众不同的地方，独一无二的地方，不求孩子事事都能做好，但求孩子有能做得很好的事；真爱是看得见孩子内在的心理需求，看得见孩子学习、成绩之外的正常的心理需求，看得懂孩子外在的情绪情感，然后真心帮助孩子实现正常的心理需求；真爱就是站在孩子的角度，去认识孩子，发现孩子，教育孩子，引领孩子。

参训家长微分享

——每位父母都是爱孩子的，这毋庸置疑。但在生活中，我们有时美其名曰爱孩子，可已经在不知不觉中伤害到了孩子。就像班级每次测验考试，全班至少一半以上是满分，每次老师在群里公布成绩的时候我都特别紧张，只要名单里没有我孩子名，晚上回家再看下卷子，火气油然而生。"这么简单的题都能错，想啥来着，告诉你多少遍，考完试要反复检查卷子，真是笨得可以了，全班那么多100分的，你说你就为啥打不上100分，丢不丢人。"跟机关枪扫射一样的一顿羞辱孩子。学校组织中小学生守则背诵表演，老师虽然说自愿报名，但同学们都很踊跃地报名。我的孩子说："爱谁报谁报，我背不下来我不报。"我在旁边听了有些生气，说："别人都能背下来，为啥就你背不下来，平时背课文就是，有的同学在课堂就背下来了，你回来半天背不下来不说，还得指定谁陪你一起背，你说你一天还能干点啥，干啥啥不行！"殊不知在不知不觉中，这一次次对孩子的羞辱对孩子造成的伤害，对孩子的影响更大。对孩子进行羞辱讽刺的直接结果，就是扩大孩子和父母之间的误会与代沟，孩子很有可能自暴自弃，父母也会对孩子心灰意冷。这样一来，一个家庭百年树人的教育大计可能就此夭折搁浅。而这一切的起因也仅仅是"羞辱""讽刺"四个字而已。台湾女作家三毛天资聪颖，在读书时成绩优秀，一次她猜中老师用于考试题目的出处，结果考了满分。老师产生了怀疑，把她叫到办公室做题，结果她没有拿到满分，后在老师的追问下，坦白了取巧的原因，老师很生气地罚她站在室外。这件事一直是她挥之不去的阴影。后传言为她自杀的诱因之一。孩子心智尚未成熟，有时想事情难免偏激，当遭到他人的羞辱时无法排解，怨气越积越多就变成了仇恨，最后如火山爆发般释放出来，造成了惨痛的后果。不要让讽刺或羞辱扼杀孩子幼小天真的心灵。

——"你又把水弄洒了，就不会好好拿杯子吗？你怎么这么笨！""这么简单的题都做错！你是不是猪脑子？""你怎么这么不懂事？看看人家小明，多让他妈妈省心！"这些话听起来是不是似曾相识？在我们小的时候，爸爸妈妈是不是经常有意无意地说起这些话，让我们小小的心灵受到伤害？现在已为人父母的我们，是不是也会时常忍不住这样对孩子脱口而出？

我们也许会因为工作生活压力大，不经意地将一些负面情绪发泄到孩子身上，或是太过于望子成龙、望女成凤，对孩子处处挑剔，稍有闪失便絮叨不停，又或是恨铁不成钢，在批评孩子时会忍不住"恶言相向"。

也许我们只是说说就算了，很多话在我们说出口的那一刹那便后悔不已。在我们心里，自己的孩子永远都是最完美的小孩。只是，很多时候，言不由衷。可是，对孩子而言，父母那些带有侮辱、讽刺、挖苦的言语，极大地伤害了他们的自尊心、自信心。久而久之，他们的性格可能会按照我们暗示的言行发展，自卑、软弱、胆小、自暴自弃就会伴随而来，同时也会导致亲子之间的争吵、冷漠和敌对。

——讽刺和羞辱，中伤的是人的性格和意志力，这种极具伤害性的做法，平时面对我们的同事、朋友还有周围的人是不敢去这样做的，生怕它破坏了人与人之间的亲密关系。然而这种极具伤害性的语言却不自觉地出现在教育孩子的过程中。也许是太生气了，就口不择言，越是亲近的人就越不在意。事实上，亲人之间更需要尊重与信任、宽容和理解。孩子尤其如此，小小的人儿是有思想的，被你言语无忌地一通奚落，他可能不会或者没有力量反驳，但是在他心里却深深种下了仇恨的种子。别用这种愚蠢的做法拉远了亲情，离间了爱。你是爱孩子的，这点毋庸置疑，那就用最理智的方式与孩子相处。

——在孩子没听我们的话，或者做错事的时候，我们时常会讽刺他。即便不直接讽刺，也会旁敲侧击，用语言打击他。在我们心里，他只是个孩子，讽刺几句，羞辱一番过后就没事了，还能让他长点记性。其实我们错了，孩子的世界和我们是一样的，也许我们的讽刺和羞辱会让孩子奋发图强，可这种概率是微乎其微的，给孩子带来更多的是心灵上的伤害。他会觉得在我们面前没有了尊严，因为当我们受到他人的讽刺和羞辱的时候，我们同样会觉得人格和尊严受到了莫大的侮辱。我们是太把他们当成孩子了，而在他们看来自己已然是一个大人了，他们应该有自己的自尊和生活、学习方式，我们可以和他们沟通，用他们能理解并接受的方式配合。

——"咋这么笨呢，这么简单的题都不会做，回一年级重新读吧！""这字让你写的，人家闭眼睛写，都比你写得好看，能不能快点，让你干点啥咋这么费劲呢，磨磨蹭蹭的，一会上学迟到了。"

觉得孩子好像总是在同一件事上做得不好，没记性。作为家长总有恨铁不成钢的想法。有的时候只是顺嘴说说而已，有时候可能因为工作压力或心情不好，正好孩子做的事情又不随心，这时就火山爆发了。对孩子语言攻击，觉得孩子哪里做得都不好，孩子觉得很自卑，觉得自己无用，对自己失去信心。

其实我在成长过程中，尤其是做学生的日子里，也有过被人讽刺或羞辱无能的时候，那时，我不敢面对任何人，有一段时间甚至把自己封闭起来，很长一段时间不与人交流，更害怕做每件事，总怕自己不能很好地完成。

——以前我会在孩子没达到我要求而又不思努力、自顾自地做自己的事情的时候讽刺孩子。本想通过刺激孩子，增加他的进取心，摒弃错误的做法，但孩子很反感、很受伤、很伤自尊，还会产生自卑感。我也曾经被别人讽刺羞辱过，当时心情跌入谷底，愤怒，想打对我这样的人，暗自发誓一定要做出让人刮目相看的事，改变别人对我的误解。在我孩子小的时候，我的一次语言误伤让我很后悔。我当时有些过激的批评言语，用在那么小的孩子身上确实不合适，在孩子身上明显有了"化学反应"。我观察到了，爱人也批评了我，我向孩子道歉了，但孩子也受到了伤害，之后有段时间孩子依然记得。也许现在忘记了，我只能靠时间来让他忘记，自己一定要注意！

——我很庆幸在对待孩子的问题上，我从未讽刺或羞辱过孩子。我没有犯过这两个错误，是因为我深深知道讽刺和羞辱的话语对孩子的伤害有多大！我想起了我小时候，因为我先天残疾，没少受到周围人们的讽刺与羞辱，是妈妈的劝慰与鼓励我才没有自卑，我的心态很阳光，但是小时候那段时光的痛苦经历却一直没有忘记。我那时候就曾偷偷地发誓，以后我有孩子的时候一定不会讥讽他，无论他在别人的眼里是否优秀，但在我心里他一定是最优秀的，毫无缺陷的！现在我早已成为了一个母亲，在教育儿子的过程中，我也唠叨过，怀疑过，也与别的孩子做过比较，但却从未说过诸如你怎么这么笨啊、你怎么什么都不行啊、你这样还能有什么出息等等的话。每当儿子成绩不理想的时候，我也比较急，但说得最多的是："儿子，你看看你的错误在哪里，咱们争取下次不犯此类错误好吗？"为人父母，不是把孩子养大就可以，要让他阳光自信。他可以成绩不优秀，但不能没有自信心，不能让孩子心里有负面情绪，我们应该多多鼓励孩子而不是讽刺他们！

——讽刺羞辱，通常我们大人可能会对敌人才采用这样的形式。而对于我们的孩子，这种方式是应该杜绝的。讽刺羞辱孩子，也许让我们感觉可以泄一时的心头之气，可后果却是相当严重，因为那不是体罚，而是"心罚"，是一种"语言暴力"，是一种精神虐待。

对孩子而言，父母是他们最亲最近的人，当父母用那些带有侮辱、讽刺、挖苦的言语去斥责他们的时候，无疑会极大地伤害他们的自尊心、自信心，进而会导致亲子之间的争吵、冷漠和敌对。而这种敌对甚至会在孩子内心存在一辈子，甚至给孩子留下阴影。我们都看过很多侦探破案片，往往最后的真凶甚至变态的杀人者，多数都是受到过家庭的变故或者其他人给予的长期刺激，所以这种容易造成孩子心理扭曲的行为尽量还是永远不要出现。我们做家长的一定要知道，为发泄自己的怒气随意说出的那些带刺的话，真的会伤害孩子的心灵，摧毁他们堂堂正正做人的勇气，严重的很可能断送他们的前程。我们一定要谨言慎行。

第五篇

教育**控**不得

很长时期以来，我们一直认为听话的孩子就是"乖孩子"，不听话的孩子就是"坏孩子"。不错，更多的时候，听话的"乖孩子"教育起来看似更省心、更省力，不听话的"坏孩子"教育起来看似更操心、更费力，但这只是表象。如果把是否"听话"作为教育孩子成功与否的标志，我们可能一开始就走进了家庭教育的误区。

人说来说去，活着的全部意义就是经历。你经历得越多，你生命的宽度就越宽，生命就更加丰富；你经历的道路越崎岖，你生命的深度就越深，生命就更加深刻；你经历的峰值体验越高，你生命的高度就越高，生命就更有价值。原来，教育不能代替经历，亲身经历、亲身体验才是真教育。

没有抽象的人，只有具体的、个体的人，每个个体的生命都是独一无二的，其生命轨迹都是无法复制和无法重复的，这正是个体生命存在的意义。从这个意义上说，每个人都是自己的主宰者。所以，每当我们去支配和控制孩子的时候，请问问自己：这是孩子的目标，还是父母的理想。

溺爱是对孩子甜蜜的伤害，它直接砍去了孩子的能力和方向，把孩子逼向狂妄和迷茫。过度满足孩子的物质需求，过度替代孩子做事吃苦，看得见的是我们对孩子的爱，看不见的是我们对孩子的伤害。一旦离开了父母长辈的保护，孩子很容易陷入自卑的泥淖。

是听话还是听道理

先来读一篇参训家长的文章。

育儿是一辈子的事业，任重而道远。孩子从小最常听到的一句教育用语就是"从小要听大人的话"，父母最不满意孩子的时候就是孩子不听话的时候。可是，由于独生子女的缘故，在家庭生活中过于溺爱，以致使孩子成了家庭中的"小霸王""小依赖""小磨蹭""小马虎"。总之，听话似乎成为"好孩子"的最高要求和标准，正因为如此，孩子身上体现出来最明显的缺点就是缺乏独立性和创造性。

最受大人夸奖的"听话"孩子，常见的特点是外表胆小、怯弱、很少有不同的意见。但是，孩子不说出来不等于没有不同的看法，只不过这样的孩子更善于压抑自己，即使心里有问题也不提出来，不敢表达自己的想法与观点，在家里很少反抗父母，更不敢对长辈有言语上的争论与反抗。有的孩子表现为在幼儿园或者学校是个特别听话、特别守纪律的好孩子，听惯了周围人的表扬与夸奖，但是他们往往最受不了别人的批评，这就是心里脆弱型的孩子。

我的儿子就是一个非常听话的孩子，身边所有的亲戚、朋友，都夸奖他是一个十分听话的好孩子。从上了小学一年级，我发现儿子的独立性和创造性明显欠缺，当我意识到这一点的时候，就特别的懊恼，就去找出现这个问题的原因。是天天都在夸奖儿子"听话"，还是家人对儿子的溺爱所导致的问题，逐渐我发现还是我们做家长的天天都说"好孩子要听话"的缘故。作为父母，我们把他引导进了一个误区，时不时就拿"儿子，你真听话""要做一个我们都喜欢的、听话的好孩子"这样的语言来夸奖他。这导致了我儿子的独立性和创造性明显欠缺，胆小，怯懦。反过来我们做家长的还责怪孩子胆小，做什么事情都不积极，不闯事，不出头。

"听话"对于孩子来说是一种夸奖和赞美，但对于家长来说我们即将面临一个很严峻的问题，再这样下去，儿子就要成为"有问题的儿童"。当我意识到问题的严重性后，我积极寻找一些相关资料，帮助孩子走出这个"听话"的误区。通过学习、观察和实践，我发现与成人相比较，孩子的可塑性更强，他们就像一件件需要被雕刻的艺术品，家长和教师实际上就是艺术家，雕刻质量的好坏直接影响孩子的未来。与真正雕刻不同的是，我们塑造的是一个个有生命活力的人，他们天生具有主动性和创造性。

这位家长的文章，提出了一个很好的问题：教育孩子，到底要不要让孩子听话。

在很长一段时间里，我们一直认为听话的孩子就是"乖孩子"，不听话的孩子就是"坏孩子"。不错，更多的时候，听话的"乖孩子"教育起来看似更省心、更省力，不听话的"坏孩子"教育起来看似更操心、更费力，但这只是表象。如果把是否"听话"作为教育孩子成功与否的标志，我们可能一开始就走进了家庭教育的误区。

想一想，我们做父母的，为什么要让孩子听话呢？孩子听话对我们有什么好处呢？

原来，我们让孩子听话，是不想让孩子给我们找太多的麻烦。吃饭听话，让吃什么就吃什么，我们认为孩子就会健康成长，不会生病。孩子不会生病，我们就少了一份担心害怕，就省去了一份东奔西跑。走路听话，让走哪儿就走哪儿，让走多快就走多快，我们认为孩子就会安全。孩子安全了，我们就会少操心。起床听话，让几点起床就起床，让穿什么衣服就穿什么衣服，让刷牙就刷牙，我们就不会担心赶不上时间，就不会担心迟到被老师批评，就又省了一份心。学习听话，老师让怎么听讲就怎么听讲，回家该做什么作业就做什么作业，家长让读什么书就读什么书。孩子这样学习，我们做父母的就不用操心。我们心里希望养儿育女不要太累，不要太麻烦，如果像养一只宠物狗那样就更好。宠物狗之所以讨人喜欢，就是因为它很听话，很"乖"，它完全听从主人的摆布，甚至想方设法臆测主人的喜好，做出讨主人喜欢的动作。我们是成年人，有自己的工作，有自己的交往，有自己的兴趣爱好，有自己的时间要安排。如果孩子不听话、不懂事，我们就要把自己的时间和精力拿出来一部分甚至大部分给孩子，我们就会感到手忙脚乱，我们就会觉得养孩子太累，太辛苦。所以，告诉孩子要听话，要做一个听话的孩子。

这样的想法对不对？显然不是错的。毕竟没有一个人天生喜欢麻烦，毕竟一个人每天的精力是有限的，把时间用到孩子身上，就不能同时用到自己身上。当太多的事情缠着自己，当自己的精力用来应付这些事情已经捉襟见肘，我们就会感到很累、很疲惫，就会感到很烦、很闹心。尤其是一想到养孩子要几年、十几年，我们要几年、十几年这样疲惫地生活，我们十几年最美好的时光要这样疲于奔命地过活，心里便充满压抑和失望。

我在做班主任时，就深深知道这一点。一个孩子如果不让或少让父母担心，如果不给或少给父母添麻烦，对家长来就是一件奢侈的事情。我曾给学生提出一个倡议：把"四心"献给父母。在生活中学会自理，让父母省心不操心；在行为中学会自律，让父母放心不劳心；在学习中学会自主，让父母安心不焦心；在成长中学会自强，让父母舒心不灰心。我让学生以此为题作文，就是让学生听父母的话，不让父母的生命像两头点燃的蜡烛。

可是，我们的孩子哪里像"宠物狗"？他们是一群有思想、有情感、有好奇、有个性的精灵。父母给了他们健康的身体，他们要用这健康的身体活出一个个独一无二的自己。教育孩子，我们注定要遇到一个又一个"麻烦"，这正是我们要面临的教育挑战，正是我们要不断学习、改变的原因。

原来，我们让孩子听话，是要教育孩子做一个遵守社会规则的人。孩子刚刚来到人世，心灵世界一片空白，思想世界一片空白，行为世界一片空白。他依靠着生命的本能和自我需求，去想、去说、去做、去感受、去尝试……在小孩子的意识中，没有那么多成年世界才有的法律、道德、规则，没有那么多成年世界才有的善恶观、是非观、美丑观。小孩子的空杯心态，正是我们可以教育的最佳契机。正如毛泽东同志所说，一张白纸，没有负担，好写最新最美的文字，好画最新最美的图画。在孩子小的时候，你可以把任何思想、任何人生观根植在孩子心里，孩子都会全盘接受。婴儿虽然不会说话，不会走路，但他有一双清澈明亮的眼睛。他的眼睛像摄像头，把自己每时每刻所见到的情境，一股脑地不加选择地摄下来，然后放到自己的潜意识中。他有一双灵敏聪颖的耳朵，他的耳朵像录音机，把自己每时每刻听到的声音，一股脑地不加选择地录下来，然后也放到自己的潜意识中。他的潜意识中的信息越摄越多、越录越多，他就这样一声不响地不知不觉地摄录了一年、二年、三年，甚至四年。这些摄录自原生态家庭的成长信息，以潜意识形态深深地潜藏在孩子的生命中。潜意识有什么特点？一位心理学家说，潜意识有两个特点：一是潜意识24小时不休息，24小时在努力工作。就是说，孩子潜意识中储存的信息，不会随着时间逐渐被孩子遗忘，而是与孩子生命构成了一个不可分割、不可剥离的整体，会跟随孩子一辈子。二是潜意识关注未完结的事情，梦境便是这种特点的外在表现。心有所思，夜有所梦，心中所思的也许不是昨天发生的事情，不是今年发生的事情，可能是几年前甚至是小时候发生的事情。只要这件事情还没完结，还没有结果，或者结果不是自己想要的，就会以梦境的方式再现出来。

我们也明白这一点，孩子小时候是教育的最佳契机，所以我们不会浪费这段时间，我们要把我们认为最正确的观念和行为植入给孩子，让孩子遵守公认的社会规则。像做人要诚信了，别人给的东西再好也不要轻易接受了，自己的事情要自己做了，吃饭时不要大声喧哗了，见到爸爸妈妈的朋友要打招呼了，做一件事情要坚持到底了……如果孩子做得不好，我们自然就要批评孩子，就要告诉孩子要听爸爸妈妈的话，要听老师的话。这显然也不是错的。所以，我们让孩子听的话，更多的是孩子将来走向社会后符合社会规则的话，是孩子当下和将来把事情做好需要具备的能力和品质的话，是孩子善于保护自己生命和财产不受伤害和侵犯的话。我们实际上是为孩子的当下和未来的幸福在教孩子听话。正是基于这个事实，我们才说：父母是孩子最早的老师。显然，让孩子听这样的话，不是错的，是对的。

可是，我们的孩子出生时，精神世界里哪有这样或那样的社会规则，崇尚自由是孩子们的天性。我们如何让这些放荡不羁的孩子一面要接受社会规则，一面又不失去崇尚自由的个性，这正是对我们这些为人父母者教育素养的考验。

原来，我们让孩子听话，是要在孩子面前表现出做父母的尊严。孩子还小，毕竟能力不足、经验不足、心智不成熟。所以，很多原本需要孩子自己决定的事情，便由我们父母来代替孩子做出决定了，尤其是孩子上小学之前、上初中之前。吃什么饭、穿什么衣服、几点睡觉、要看什么电视、买什么学习用品，这自然不用说了。就是孩子要买什么玩具、要跟谁交朋友，父母也要说了算；就是要上什么课外班、特长班、培训班，父母也要说了算；就是该不该花钱、做什么家务、在家里发表意见，父母也要说了算；就是孩子选择什么学校、什么老师，父母也要说得算。说了算，不一定说得对；说得对，不一定说了算。我们当然是希望说得对还说了算，但事情往往不是这么简单。

如果说孩子在上小学之前，凡事父母都说了算，或许还有说得过去的理由：孩子太小了，我们做父母的不做主谁来给他做主。但是当孩子上了小学、上了初中，我们做父母的还是凡事都要说了算，还是习惯于支配和控制孩子的思想与行为，还是习惯于一言堂，我行我素，那我们就会走进教育误区。

早就听说日本有一部反映家庭教育题材的电影很好看，名字叫《垫底辣妹》。2018年暑假，我完整地看了这部电影，感触确实很深。影片讲述了就读于名古屋某女子高中高二女生——工藤沙耶加，用一年时间将偏差值提高 40，由一名学年垫底的"渣子"考入庆应大学的故事。影片中工藤沙耶加的父亲，是一个典型的在家里说了算的家长，他让儿子学棒球，认为儿子打棒球会很有前途，全力以赴把自己的希望寄托在儿子身上。他看不上女儿工藤沙耶加，认为女儿想考庆应大学简直是痴心妄想。但结局却具有强烈的讽刺味道：儿子放弃了打棒球，女儿考进了庆应大学。

所以，当我们的孩子渐渐长大，渐渐有了自己的想法，有了自己更加丰厚的知识，有了自己与众不同的人生经历，如果我们做父母的还习惯于支配和控制孩子，还习惯于在孩子面前说一不二，还习惯于当孩子"不听话"时就大吼大叫、抱怨打骂、怀疑讽刺……此时，我们考虑的可能已经不是孩子的话对不对的问题了，而是父母的面子问题了。我们要在孩子面前立威，哪怕自己说得不对也要说了算，哪怕孩子说得对也不能说了算。于是，孩子终于在我们的大喝下、怒斥下、冷漠下，"听话了"——闭上了嘴，低下了头，流下了眼泪。反应强烈的孩子，还会转身走到自己的房间，关上了房门，也同时关上了心门。反应再强烈的孩子，说不定会摔门而去，离家出走，甚至做出更令我们始料不及的"出格"的事情。

这样的"听话"，我们要吗？我们当然不能要。看得见的是孩子当下的缄默、服软，是我们做父母的胜利，维护了我们家长的尊严，看不见的是孩子的尊严一次次受到打击和伤害，孩子正常的心理需求一次次得不到满足，孩子渐渐失去了自我，变得茫然而自卑。

我们一定不希望我们的孩子将来长大了，总是压抑自己的想法，不敢向他人表露，总是关闭心门或只将心门打开一条缝，生怕谁的话语又刺激了自己受伤的心灵。那就要从小开始，学会聆听孩子的讲话，听听孩子的心里话。孩子不敢跟我们讲心里话，我们的教育就有了一个失败的开端。

其实，我们要孩子听话，这里要有一个前提：孩子听的话是对的，孩子听的话是有道理的。看上去是孩子在听父母的话，实际上孩子是在听有道理的话。只不过有道理的话在当下是由父母说出来的。这样

153

有道理的话，以后孩子还会从别人口中听到，从书中听到。孩子还会拿父母的话和别人的话作比较，和书中的话作比较，并努力从自己的经历和生活中去验证。所以，与其说要让孩子听父母的话，不如说要让孩子听有道理的话。

孩子能不能听有道理的话，这取决于几个方面：一是当下父母说的话是有道理的。我们做父母的，凡是要把道理说给孩子听的时候，请先问问自己：我说的话有道理吗？是什么道理？这个道理我自己赞同吗？这样反问自己，至少会对要讲的道理做一点思考，心里更确定一些，更坚定一些。不至于刚刚说完了这个道理，过一会又倒过来讲了另一个道理，左右都是自己有道理，孩子没道理。二是，我这个道理孩子接受吗？我们的道理是对的，但这个道理孩子未必就理解和认可。如果我们只强调自己的道理是对的，只是单方面地从自己的角度去想、去说，并因此就要求孩子要听话、要照做，那实际上还不是真正意义上的教育。因为如果孩子不是从心里认可父母的话，不是从心里赞同我们讲的道理，就听话了，照做了，显然这个正确的道理并没有被孩子接受，自然也就没有转化为孩子的认知和思想。在这个问题上，孩子仍处于困惑和茫然的状态，他还会自己继续寻找问题的答案。孩子当下的听话和照做，只是一种假象。离开了我们的视线，遇到同样的问题，孩子完全可能不这样做。所以，我们不但要让孩子听话，还要用最简单明了的语言把道理给孩子讲清楚，让孩子从心里真的明白了这个道理。三是，孩子是怎么想的，孩子认为的道理是什么。毕竟孩子是事情的当事人，孩子是事情的亲历者、感受者、利益相关者。我们一定要静下心来听听孩子的想法，确认孩子的想法。不要自以为是地想当然地把自己的想法强加于孩子身上。这是至为重要的一个环节。很多家长遇到问题，不容分说地指责孩子一通，自以为是地批评孩子一通，完全不给孩子说话、陈述、解释的机会，这是非常糟糕的教育。这样的教育会让我们的孩子在家长面前越来越沉默，直到一言不发。当孩子真的一言不发的时候，我们还在指责孩子："有话就说啊，还是没什么可说的！"我们不要害怕孩子说出自己的想法，哪怕孩子的想法听起来是荒谬至极，是不可思议，我们也要静下心来倾听，不要插话，不要打断。不但如此，我们还要以同理之心认同孩子说话时的感受和情绪，因为感受和情绪是不会骗人的，是真实的。我们还要从孩子的话中，努力听出同样有道理的句子，并对此加以认可。也许小孩子的话真的很有道理，小孩有时候可以做我们的老师。只有孩子说话了，我们的教育才能进行下去。四是，很多时候，大人说的话有道理，孩子说的话也有道理。听上去谁都没错，谁都是对的。这是因为说话的人说话的角度不同，说话的利益动机不同，说话者的观念不同。这就需要我们换位思考，多从孩子的角度想一想。如果谁都不能说服谁，谁都觉得自己的话是对的，那就不要再进行无谓地争论，先停下，到此为止，双方都可以保留意见，让时间和成长去评判。

所以，请记住：看得见的是我们让孩子听父母的话，看不见的是让我们的孩子听有道理的话。这样的话听得越多，听进去得越多，我们的孩子成长就越积极、向上、正面、阳光、幸福。家庭教育的全部真谛，就是家长通过学习、练习、修习，能说出越来越多的经得起时间检验的有道理的话。

是活成绩还是活经历

先来读一篇参训家长的文章。

我怀着忐忑的心情，目送儿子背着书包走进校园，开启他人生又一个新的征程——初中生活。我不知道未来的他是否能够适应新老师、新同学、新课程，也不知道将来他会面对怎样的困难与喜悦，我只知道我们别无选择，只能不断前进。

一周的初一生活过去了，我看到一个全新的儿子。他最近经常在我面前说的一句话是：我已经不是过去的我了，我长大了，妈妈，你放心吧！每每想起他对我说这句话时的神情，我的内心都有些小激动。我曾经的小暖炉，如今已经长成比我还高的小伙儿了。

他能自己坐公交车回家了。在读小学六年级的时候，特意让他独自坐公交车回家锻炼一周，我问他什么感受时，他说："那么多人挤在一起，一点儿安全感都没有。"这次开学，他主动提出自己坐公交车回家。我问他不怕吗？他说："怕什么？我已经长大了。"前两天都很顺利，第三天回家就有点晚，给我打电话说："妈，今天我和同学坐的公交车，途中被前面的车在倒车的时候给撞了，然后我俩下车走回家的。"我说："哦，锻炼一下也不错，但是路上一定要小心，过马路看好车。"他说："好的，没问题。"第四天，过了放学的点很长时间，儿子也没给我打电话，但我觉得儿子还是个很靠谱的孩子，所以也没在意。过了一个多小时，儿子打来电话："妈妈，我到家了。""今天怎么这么晚？"我问。他说：

"我不想坐那个不靠谱的公交车了，怕再撞车，所以一路自己一个人走回家的。"我说："儿子，XX路车也不可能天天撞车，该坐还得坐呀。"他说："我是害怕……怕坐车的钱又白花了。"转眼他就真的要长大了，自己能对关系到切身利害关系的事情果断拿主意了，我欣喜于他成长的同时，又害怕他成长得太快，怕我追不上他……

他能自己快速写作业了。自从自己坐公交车回家以来，到家的第一件事情就是写作业。而且写作业的速度比以前提高了很多。我每天下班回家的时候，他基本已经写了一多半了，我提出检查作业他也不怕了。我提到哪问到哪，他都能对答如流，虽说有时难免小马虎，但是自信心明显提高了。背诵课文也不用我看着了，一大篇的文章，洗个脚的功夫就全背下来了，根本不用我提示。有时候怕他写作业玩手机，所以做饭的空档我会偷偷看他，每次看他的时候，他都在认真地写作业，偶尔几次不经意抬头看见我，他无奈地说："我说好好写作业就会说到做到的，不会偷偷玩手机。我不是那样的人。"儿子真的说到做到了，自我约束更严格了。我欣慰于他自主管束同时，又害怕他偶有懈怠，怕我疏忽了他……

他能主动读书了。虽然儿子一直都在读书，但是断断续续，基本靠我提醒。最近有一天对我说："妈妈，我有个同学，百日阅读都好几轮了，咱们从今天开始第二轮吧。我负责读书，你负责监督拍照。"我当然举双手赞成。到现在已经坚持一周多了，只是我有时候忙，忘记给他拍照了。我欣慰于他的主动和积极，又怕我自己坚持不住，影响他的成长……

他能关心我了。周末在家洗碗的时候，他在自己屋里写作业，结果我不小心打碎了一个盘子。他"蹭"的一下从房间冲进厨房，看我在那发愣，他摸着我的手，拍拍我的后背说："看来今年咱们全家都能平平安安的啦。不过你的手没事吧？有没有把哪扎坏？"看着他焦急地关心我的样子，我的心暖暖的，那个襁褓中的小婴孩儿，如今已经变成一个暖心的小大人了。我欣赏他的单纯善良，又害怕他被人欺负，怕我没法分担他的心事……

　　不记得在哪看过这样的话了：生孩子，是为了参与一个生命的成长。参与意味着付出与欣赏，不求孩子完美，只要这个生命健康成长，让我有机会与他同行一段。我享受与他共同成长的快乐，希望他慢慢长大。儿子，爸爸妈妈爱你！

　　读着这篇文章，作为父母，心里一定是暖暖的。看见自己陪伴的孩子一天天长大，一天天成熟，一天天增加能力，一天天知道爱父母，感受着陪伴孩子成长带给自己的快乐和幸福，这大概是天底下所有父母心中的美好期待。

　　可是，我们还是有看到更多的父母在为孩子的成长苦恼。似乎成了一种规律，孩子上小学之前，每个孩子在父母眼里都是乖宝宝，都是小可爱。孩子的一举手一投足一句话，包括牙牙学语，包括蹒跚学步，都是那么招人喜欢，都透露着小小孩的聪明、乖巧、灵通，都让父母感受到满足、骄傲、快乐。可是，自从孩子上了小学之后，上了初中之后，烦恼就像春天大地上的野草，一股脑疯长出来，拔掉这颗，还有那颗，铲除这片，还有那片。我们的时间和精力好像一下子就不够用了，我们的性格脾气好像一下子就变坏了。到底是什么东西在背后作怪呢？原来是孩子的学习成绩。原来，孩子一上学，我们和孩子就开始一起活在了成绩中。

　　什么叫活在成绩中？就是生活的核心是学习成绩，成长的核心是学习成绩。孩子会不会取得好的学习成绩，成为孩子最重要的关注，也成为父母最重要的关注。与成绩相关的学习环节，自然也成为父母的最重要关注：上课有没有听得懂，练习有没有做得上，作业有没有没完成，考试有没有答错题，课外班有没有认真听，课外书有没有坚持读，交的朋友学习好不好……学习成绩成为左右我们和孩子情绪的重要标志。成绩好，孩子好，我们也好；成绩不好，孩子不好，我们也不好；成绩上升，孩子高兴，我们也高兴；成绩下滑，孩子苦恼，我们也苦恼。于是，为了取得好成绩，作为父母，我们真是无所不用其极。放下工作陪孩子一起上课的有之，听从老师的意见买来一本本练习册的有之，关闭电视陪孩子一起写作业的有之，四处打听给孩子报各种课外班的有之，控制孩子玩手机打游戏的有之，禁止孩子与成绩不好的同学来往的有之，中止孩子喜欢的业余活动的有之……我们似乎有一个从未深层思考进而也从未质疑过的观念：在学习上花的时间越多、做的题目越多，成绩自然就会越好。

于是，我们极尽可能，把孩子的时间都安排了学习任务。早晨几点起床学习，晚上学习到几点，双休日上几个课外班。如果还有时间，要背诵什么、读什么、练习什么也早已在有序地排队等候。我们对孩子的学习控制、时间控制已经达到了登峰造极的地步，我们不容许孩子拿出哪怕是一点儿的宝贵时间做学习之外、考试之外的事情。浪费时间就是最大的犯罪！

是的，学习对于学生来说，无疑是最重要的一份"产业"、一件事情。就像我们的工作，工作是我们成年人最重要的一份"产业"、一件事情。但显然，学习（这里是指孩子在学校的学科学习，尤其是考试科目的学习）和学习取得的成绩，不是孩子所有的事情，工作也不是成年人所有的事情。在学习之外，孩子还有日常生活、同学交往、兴趣爱好、家庭活动、外出旅游、社会实践。还有做自己喜欢的手工，读自己喜欢的课外书，看自己喜欢的电影，追自己喜欢的明星，聊自己喜欢的故事，冒自己喜欢的风险，购自己喜欢的物品，逛自己喜欢的店铺，吃自己喜欢的美食，养自己喜欢的宠物，赏自己喜欢的花草，玩自己喜欢的游戏，做自己喜欢的运动。还有发呆、静思、徒步、睡懒觉……我们的孩子不是学习的机器。我们的孩子是一个个鲜活的生命，好奇心是他们与生俱来的成长动力，他们喜欢尝试，喜欢冒险，喜欢做自己不曾做过的事情，喜欢体验自己不曾体验过的活动。他们对自己的每一个第一次都充满期待，他们希望自己的生命有更多的第一次，希望生命借此更加丰富，生活借此更加有意义。他们希望自己不要活在单调的成绩里，而是活在丰富的经历中，学习只是丰富经历中的一个重要经历而已。

我们——孩子的父母，何尝不也是如此。

童年生活、小学生活、初中生活，除了学习，还有更多其他有趣的生活，还有更多美丽的色彩。每一次体验都是经历，都是更广义的学习，都是孩子这个成长阶段应该有的美丽遇见。除了成绩，我们还要让孩子成为一个有志趣、有兴趣、有乐趣的人，成为一个懂生活、会生活、爱生活的人，成为一个会学习、爱学习、坚持学习的人。我们不能因为要成绩，就把孩子的生活局限在狭隘的学习时间和学习空间里，这样的生活即便再有趣，长此以往也会使孩子对学习失去兴趣，甚至开始厌恶学习，远离学习。

人说来说去，活着的全部意义就是经历。你经历得越多，你的生命宽度就越宽，生命就更加丰富；你经历的道路越崎岖，你生命的深度就越深，生命就更加深刻；你经历的峰值体验越高，你生命的高度就越高，生命就更有价值。原来，教育不能代替经历，亲身经历、亲身体验才是真教育。

这样想来，对于未成年来说，生活其实处处都是教育。上文中写到的孩子，"他能自己坐公交车回家了""他能自己快速写作业了""他能主动读书了""他能关心我了"，这些都是我们的孩子通过"学习"取得的"成绩"，都应该成为我们引以为傲的成长。这些成绩和成长，看似很平常，很微不足道，但这些成绩和成长的背后，都是我们的孩子坚持付出体力、坚持信仰自己的结果。我可以自己坐公交车回家了，说明我们的孩子已经克服了坐公交车的恐惧，这就是成长；我能自己快速写作业了，说明我们的孩子写作业更加专注了，这就是成长；我能主动读书了，说明我们的孩子对读书产生了兴趣，这就是成长；我能关心父母了，说明我们的孩子知道感恩了，这就是成长。成绩、成长不单单是指考试的分数，成绩、成长更多的是指向孩子具有了更加充沛的体力、增加了一项日常生活能力、养成了一种良好的学习习惯、发展了向善的美好情感、提升了高阶的思维能力、形成了正确的人生观与价值观……这些都是孩子在成长中取得的成绩和成长啊，这些成绩和成长，哪一个都不比考试取得的成绩逊色，哪一个都是孩子将来获得幸福生活必不可少的体力支撑、能力支撑与动力支撑。如果因为我们而让孩子在九年义务教育阶段，乃至在十二年基础教育阶段，局限在只有成绩的生活里，我们的孩子拿什么时间去浇铸另外几根关乎孩子未来幸福的生命支柱？少了这样一根或几根支柱，我们孩子的未来生活就可能会倾斜，我们期待的孩子未来的幸福，可能就会成为你我的一厢情愿。

活在经历中比活在成绩中更重要，活在成长中比活在成绩中更重要，经历比成绩重要，成长比成绩重要。虽然在校学习也是人生经历，而且是孩子当下最重要的经历，但孩子的生活经历、生命经历绝不能局限于此。我们要努力解放孩子的时间，解放孩子的空间，把属于孩子的时间还给孩子，把属于孩子的空间还给孩子，把属于孩子的选择还给孩子，把属于孩子的经历还给孩子，把属于孩子的体验还给孩子。

曾经多次听人讲过一个故事：登泰山。没登过泰山的人，总是梦想着自己有一天登上泰山，欣赏"会当凌绝顶，一览众山小"的奇观。可是，很多登过泰山的人会告诉你，泰山跟其他山没什么两样，就是高一点，别登了，怪累的，还挺危险。这个时候你还要登吗？你当然要登，即便你真的相信登上山顶也确实不过如此，但你还会攀登。为什么？因为你要经历，你要体验，你要亲自感受登山的过程。你要的就是亲自攀登一个台阶一个台阶的过程，要的就是亲自欣赏山重水复、峰回路转的过程，要的就是亲自感悟山高绝顶我为峰的过程。这个过程是父母代替不了的，是任何人也代替不了的，如果所有生命的过程都被他人代替，生命的存在还有什么意义？

写这篇文章的时候，正是2018年俄罗斯世界杯决赛的日子。法国队与克罗地亚队的冠军大赛在7月15日晚上11点进行，我是真的想坐在电视机前观看的，但担心家人睡不好觉，还是忍痛割爱了。第二天起床，我想知道冠军争夺战的最后结果，打开体育频道，正好赶上播放六个进球的视频，6比2，法国大胜。我爱人看了一眼屏幕，自言自语地说："你不就是想看这个吗？"言外之意是，不用贪黑熬夜不是也知道结果了吗。

是的，我只是知道了这个结果：6比2，法国大胜。但我总感觉像缺失了什么，缺失了什么呢？我缺失了参与世界杯决赛大战的精彩过程，我缺失了观看顶尖级足球运动员在决赛场地的精彩球技，我缺失了当足球一次次破门而入时的心跳激动，我缺失了一次加深认识不足20岁的法国年轻球员基利安·姆巴佩的绝佳机会，我缺失了一个本应该属于我自己的2个小时的酣畅淋漓的观战时间……

是的，我缺失了一次生命的经历和体验的过程。对于我来说，这个过程远比结果更重要。至于这个过程会带给我哪些关于生活、关于生命的深刻感悟，因为过程的缺失便也跟着一起缺失了，这可能是更重要的一次缺失，一次关乎成长的缺失。

我写这个故事，只是想告诉家长，一个孩子，除了学习，还有生活，还有经历，还有体验，还有感悟，还有成长。如果我们因为要成绩，就一厢情愿地支配孩子的时间，就对孩子学习之外的事情进行控制，我们的孩子会失去多少次丰富多彩的人生经历，会失去多少次刻骨铭心的情感体验，会失去多少次成长成熟的机会。给孩子金钱不如给孩子经历，给孩子成绩不如让孩子成长，经历本身就是财富，成长本身就有力量。如果我们只关注孩子的成绩，我们可能就会忽略孩子的成长，我们可能就会培养出智商很高、情商很低的孩子，专业能力很高、生活情趣很低的孩子，财富很多、幸福感很少的孩子。

"生孩子，是为了参与一个生命的成长。"是的，作为父母，在教育的有效期里，我们对孩子的成长只能参与，不能代替；只能影响，不能控制。在孩子成长的每一个阶段，整合自己所有的教育资源，让孩子尽可能地读万卷书，行万里路，做万件事。尽可能地丰富孩子的人生经历，让孩子不断走出狭隘的学校学习空间，不断走出自我的心灵舒适区，不断突破不愿做、不敢做的正确的事情的痛苦区，不断拓宽心胸格局，不断发展生命韧性，不断增强生命自信，不断承担生命责任。这才是为孩子一生幸福负责的家庭教育。

是孩子的目标还是父母的理想

《爱能赢》中有一篇署名曾奇峰的文章《感谢女儿》，全文如下。

亲爱的小人：

之所以叫你"小人"，有两个原因。一是我第一次看见你的时候，你的确很小啊，胳膊腿细得像我的手指；二是"小人"这个词稍带贬义，就算是对你有时候调皮而我又对你没什么办法的一种"报复"吧。

首先我想对你说抱歉，因为我们没有征得你的同意，就让你来到了这个世界上。也许你觉得好笑，你都没有出生，怎么可能征求你的意见呢？但爸爸这样说是认真的，人生有很多自己做不了主的事情，出生就是最开始的那一件，死亡是最后的那一件。当然，不仅仅是你，我们周围所有的人，都是这样莫名其妙地来到这个世界上，后来又不得已才离开的。

爸爸和妈妈也是这样来到这个世界上。我们在生活了二、三十年后，觉得这个世界还不错，就决定让你也来看看。所谓不错的意思，就是这个世界有很多有趣的地方，但它却并不完美，还有很多不那么好的，甚至丑恶的地方。甚至有一些人认为，人生不如意的事情占十分之八或者九，这真的是很大的比例了。当然，有更多的人认为，人生的大部分是很美好的。不论你以后怎么看待生活，爸爸都想跟你定一个"君子协定"：如果你觉得这个世界精彩又好玩，你不必谢谢我们；如果你觉得人生痛苦又无趣，你也不责怪我们，好吗？

　　有一些父母觉得，自己把孩子带到了这个世界上来，而且把孩子养大，所以孩子应该感恩。现在你知道了吧，把孩子带到这个世界上来，最多是件不好不坏的事情；而养育孩子，则是父母应尽的责任和义务。法律规定，不养育孩子的父母亲，是要负法律责任，并且会遭到众人的谴责的。从这个意义上来说，父母养育孩子，最低限度只是没犯法而已。我们不必对仅仅没犯法的人说：谢谢你啊。

　　你的出生，是我一生中最重要的事情。从此我升级为爸爸，这可是一个人一生中最大的"升迁"。8年来，你一直都在教我怎么做一个好的爸爸，你教得很好，我呢，也在不断地努力学习着。你出生之前，爸爸只是做着你奶奶的儿子，无止无休地接受着奶奶的爱，而没有学会怎么给予爱。爸爸想告诉你，学习爱和被爱，是人生最重要的功课。有了你之后，爸爸才学会了怎么给予爱。

　　你以前是那么的弱小，而你以你的弱小衬托了我的强大。在你感到害怕搂着我的时候，在你让我为你打开矿泉水瓶盖的时候，从你无比欣赏和崇拜的眼神里，我感受到了自己的价值和能力，我觉得这是这个世界上最真诚信任和赞美呢。爸爸从你那里得到的荣誉和鼓舞，远远地超过了从其他方面得到的。

　　爸爸是别人的心理医生，而你却是爸爸的心理医生。在爸爸的内心变得不那么宁静的时候，你的纯真灿烂的笑容可以很快让我从心灵的泥潭中走出来，变得跟你一样轻松和快乐。看心理医生是需要花钱的哦，所以我还欠你一大笔治疗费啊。

　　你的出生，还延伸了我的生物学存在，使记忆了我的信息的基因可以在这个星球上持续地存在下去。人来到这个世界上，迟早都会离去的，但因为你，爸爸即使离开了，却还有一些东西留着，这会让爸爸觉得很安心很自豪呢。

　　你还让我学会了爱自己，不以自己的牺牲来换取对你的控制的权利。有些不那么会做父母的人，把自己弄得惨兮兮的，他们会对孩子说，为了你，我舍不得吃、舍不得穿、拼命地工作……他们这样做，实际上是想操控孩子，使孩子丧失维护自己权利的伦理立场和道德勇气，对父母哪怕是无理的要求，都无条件地服从。我从来不认为父母都是对的，父母都是从孩子慢慢变成的，既然孩子可能犯错误，变成了父母后同样也会犯错误；怎么可能一变成父母就不会犯错误了呢。而且，没有人天生就是好父母，任何人都必须向自己的孩子学习，才能慢慢地变成好父母的。所以孩子应该是父母的老师啊。

我永远都不会跟你谈孝顺爸爸妈妈的事。因为我觉得，如果在你小时候我们对你很好的话，我们老了你自然会对我们好的；我不想把这样自然而然的事情，当成伦理道德的压力施加给你。就像我会自然而然享受美食，而不必总是给自己强调，不吃饭就会死去一样。自然的力量是很强大的，把孩子对父母的自然的爱，硬性规定成一个道德准则，是大家犯的一个最为愚蠢的错误。我甚至不会对你说将来要对你的公公婆婆好，因为我知道，一个心中有自然而然的爱的情感的人，也会自然而然地爱她的爱人的亲人。这样的爱，可以给你幸福，也可以使跟你有关的人幸福。

你一定要问，这个世界上为什么有那么多对父母不孝的人呢？爸爸告诉你，孩子的不孝，是继发性、反应性的。简单地说，一个孩子如果在小时候没有得到父母高品质的爱，那他或者她也就没有爱的能力，所以就对父母也没有爱了。孩子出生时几乎就是一张白纸，爱和恨的能力，都是后来学会的，而学习的主要对象，就是父母。

抚养你的确是一件很辛苦的事情，你的一切都会成为我们担忧的焦点：成长、健康、饮食、安全、交友、学习、游戏，还有以后的专业、工作、择偶、婚姻和生育。从你的祖父辈那里我们知道，这可是一个没有尽头的艰辛旅途呢。但你不必内疚，我想说的是，你带给我们的快乐，带给我们的活着的意义，远远超过了我们付出的辛苦。

人生美好的地方之一是，你经常需要做出选择，而且，你事先并不知道，你的选择是不是最好的。这样的有点儿"冒险"的感觉，会极大地增加活着的乐趣。亲爱的小人，作为爸爸，我会最大限度地让你享受选择的快乐。现在你已经8岁，只要不是在起码的、必须强制执行的规范内（比如法律和基本礼貌），你愿意的事情，我都只提建议、提供选择的可能性，最后都让你自己做出决定。而且我坚信，你会做出对你最有利的决定的。在你18岁以后，我建议的话就会更少说了。当然，如果你主动征求我的意见，那你要我说多少，我就说多少。人生在世，如果重大事情都是别人——哪怕是父母——说了算的，那活着还有什么乐趣？的确，每个人的选择都有错的可能，但是，自己的错误选择，不管怎样都比别人代替自己做出的正确选择要好。就像下棋一样，你旁边站着一个世界冠军，他不断地指挥你下棋，他的指挥绝大多数都比你高明，但是，你如果都听了他的，那你不过是他的傀儡罢了，你下棋还有什么意思？所以别理他，听自己的，是输是赢已经变得不重要，重要的是——这是我自己在下棋！

　　选择之后，就要承担选择的后果了。如果选择正确，享受成功的快乐，应该没有什么问题。但另一种可能是要承受失败的痛苦和压力。其实这也没什么，人生如果只有成功和喜悦，那也会很无趣的。人生的真正快乐，多半来自于一些具有较大反差的情感体验，任何单一的情感体验，都会使人生这场筵席变得低廉和乏味。请记住，爸爸会祝你成功快乐；但是，如果你的选择错了、失败了，爸爸永远都在那个可以让你休息和疗伤的地方等着你，你愿意修养多久就多久。等你重新振作起来的时候，再鼓励你上路。爸爸决不会在你遭受挫折后的任何时候趁火打劫说：当初你要是听爸爸的，就不会有今天这样的状况了。爸爸既然已经准备好分享你的成功和幸福，也就同时做好了分担你的失败和悲伤的打算。好朋友都会这样做的，何况我是爸爸呢？

　　人生最大的选择，也就两个：事业和婚姻。其他的选择，都是围绕着这两个核心展开的。亲爱的小人，到了你选择专业方向的时候，你已经都成年了。爸爸会基于对你本人和对各个专业的了解，对你提出建议，最后让你选择自己最喜欢的。一个人一辈子最幸福的事情，莫过于做一件自己爱做的事情，并且还可以通过这件事养活自己和获得荣誉了。我可不愿意你错过这样的幸福而代替你做出决定。爸爸现在就是因为从事着自己喜欢的职业而幸福着，因为爸爸现在的职业，就是爸爸自己完全根据自己的喜好选择的。告诉你啊，这个职业虽然很辛苦，但爸爸一直都很高兴地工作着呢。

婚姻是个人生活方面最重要的事情。到你谈婚论嫁的时候，已经比决定专业方向的时候更晚了，你也更加成熟了，所以爸爸应该更少说话了。跟专业选择相比，你的婚姻更加应该由你自己决定。从人生的大背景来说，爱情和婚姻，是人投注情感最多的地方，所以也是最有趣的地方。如果这件事都是被人幕后指挥决定的，那人生还有什么有趣的事情啊？很多人的父母，代替孩子决定婚嫁对象，实际上是剥夺了孩子人生的快乐。这样的父母很自私呢：相当于让自己享受了两辈子的选择的快乐，而让自己的孩子一辈子也没活过。一个人活着的价值，就在于自己可以做出选择啊。

在你人生的所有重大选择上，爸爸都是最热情的观众。爸爸要再次谢谢你，在爸爸的下半生，你会演出如此吸引我注意力的戏剧给我看，这会使我远离孤独和无聊，而且在我的今生今世就已经延伸了我的生命。所以爸爸觉得，养儿养女，不是为了防老，而是为了观看自己的一部分活得比自己更丰富、更精彩。

我特别喜欢这篇文章，也非常赞同作者的思想。在这个世界上，没有抽象的人，只有具体的、个体的人，每个个体生命都是独一无二的，其生命轨迹都是无法复制和无法重复的，这正是个体生命存在的意义。从这个意义上说，每个人都是自己的主宰者。所以，每当我们去支配和控制孩子的时候，请问问自己：这是孩子的目标，还是父母的理想。

"人生美好的地方之一是，你经常需要做出选择，而且，你事先并不知道，你的选择是不是最好的。这样的有点儿'冒险'的感觉，会极大地增加活着的乐趣。"是的，我们每天都在面临着选择，做出选择。我们如此，我们的孩子也如此。此刻我们该做什么，是一种选择；此刻，我们该怎么做，是一种选择；此刻，我们为什么做，是一种选择。前者，我们在选择做事的内容；中者，我们在选择做事的方法；后者，我们在选择做事的意义。对于孩子来说，有一种更重要更核心的选择，就是对自己未来职业、事业的选择，未来我要做什么，我要成为什么样的人。未来我的生命要在哪个职业、事业的岗位上实现价值，实现生命存在的意义。这是每一个即将成为或已经成为初中生、高中生的必选题。

这样重大的选择，我们应该把选择权交给孩子。但遗憾的是，我们还是看到不少父母在左右孩子的选择，甚至替孩子做出选择。

一个孩子成长的一般轨迹，大体是这样的：读小学—读初中—读高中（或职中）—读大学（或高职）—参加工作。如果我们以孩子找到一份理想的工作作为学习生活这个阶段的终点或者长期目标，我们是不是可以这样进行逻辑思考：

先确定长期目标：我喜欢做的工作。孩子在工作之前，就大体知道自己喜欢什么样的工作，包括工作所属的行业、工作需要的专业、工作地点与环境、工作时间与薪酬……孩子对自己未来的职业就有了一个相对清晰地设计，孩子的学习就有了目标和动力。当然，这个目标可以随时进行调整，但前提是这个目标是孩子自己的选择，不是父母的选择。父母可以给孩子提出建议，但孩子不一定非要采纳，父母也不要逼迫孩子采纳。这不但是因为选择未来做什么事是孩子自己的事，还因为孩子想要什么样的工作和生活也是他自己的事，更因为当下和未来旧的职业会不断消失，新的职业会不断出现。我们与孩子的年龄相差二三十年，二三十年间，进入信息化、智能化时代的社会发展日新月异。我们远没有孩子接触、感知与接触新事物早、快，所以我们的选择注定要比孩子落后二三十年。我有一次聆听小学五六年级的学生畅谈自己的长期目标，有的孩子说的是：当一名破译密码的专家，做一名游戏解说师。这样的职业，可能是我们这些成年人闻所未闻、想所未想的。

接下来确定大学目标。确定大学目标实际上有两个意思：一是读哪所大学，二是读哪个专业。大学和专业哪个更重要？似乎都很重要，但从与孩子的长期目标相关联的角度看，专业的关联度更大。当然，如果是相同或相似的专业，大学越有名越好，因为大学越有名，相关专业的实力相对也会更强。于是问题来了，大学或专业的选择权是谁？是孩子自己，还是孩子的父母？我们说，显然是孩子。选择就要负责，归根结底是孩子去读大学、读专业。如果父母替孩子选择了大学和专业，孩子不喜欢，不爱读，怎么办？我们除了抱怨孩子，还能为自己的选择负什么责任？我们总不能硬要孩子喜欢、硬要孩子去读吧。即便孩子带着不喜欢的情感把大学和专业读下来，又能怎样？能读好吗？能学到真本事吗？毕业证的含金量大吗？更何况孩子读大学，我们再也不能像小学和中学那样，可以对孩子的学习进行"实时掌控"，孩子完全自主地支配了自己的时间和空间。可是，没有人愿意把时间和空间用在做让自己痛苦的事情上，远离痛苦追求快乐，这是人的本性。我们只有让孩子自己做出选择，选择他自己喜欢的大学和专业，孩子的学习才能充满动力。

再接下来确定当下的目标。当下的目标是什么？看得见的是读哪所初中、哪所高中，看不见的是在读初高中的六年里，不断发现、发展自己的学科特长和潜能。因为只有自己的学科特长才能与大学的相关专业关联，只有大学的相关专业才能与未来的职业关联。就是说，孩子在把所有学科都学好的前提下，还要喜欢上一门或几门学科。学好一个学科和喜欢这个学科不是一回事。为考试而学习，即便不喜欢某个学科，也会学得很好，也会打高分。但是因为不喜欢，考完试之后，考上大学之后，这个学科也就寿终正寝了。如果喜欢这个学科，情形就完全不一样了，虽然考完试了，但还想继续深入学习，深入探究，于是大学的专业学习就为孩子提供了更高的学习平台，大学的学习动力就由外在的功利驱动变成内在的兴趣驱动。这无疑是我们的教育所期待的。因为只有兴趣，才是我们乐此不疲的长久动力。

更为现实的是，国家正在积极推进高考改革，改革的一项重要内容就是孩子在参加高考时，考试科目实行"3+3"选考制度，即语文、数学、外语 3 科作为必考科目参加高考，另外再从政治、历史、地理、物理、化学、生物六个学科中选择 3 科参加高考。这样的选择由谁来选？父母吗？显然不是，必须由孩子来选。只有孩子知道自己相对喜欢哪个学科，不喜欢哪个学科。选择权再次落到孩子手中。

所以，即便从学习本身来讲，我们做家长的也要打开控制孩子的枷锁，多问问孩子喜欢什么学科，喜欢什么样的课外班，喜欢读什么书，喜欢参加什么样的学习活动，喜欢到什么地方游览观看。这是关乎孩子学习兴趣指向的头等重要的大事，是关乎孩子高考选择考试科目的头等大事，是关乎孩子选择大学和专业的头等大事，是关乎孩子未来选择什么样的工作的头等大事，是关乎孩子未来立身立业立命之本的头等大事。我们绝不可以越俎代庖为孩子做出这样或那样的选择。

我常说，教育的最大阻力就是教育者的自以为是。其实，我们以为是对的，孩子可能也没错；我们以为是对的，到孩子那里就错了；我们以为是对的，孩子可能有更对的；我们以为是对的，可能一开始就错了。所以，选择之前，请父母们三思：这是我想要的，还是孩子想要的；这是我的理想，还是孩子的目标；这是我要经历的，还是孩子要体验的；这是我的感情，还是孩子的感情；这是我要负责的，还是孩子要负责的。谁选择谁负责，谁负责谁选择，请把选择和负责的权利一并还给孩子。不是孩子不愿负责，而是孩子从未选择；如果让孩子自己选择，孩子就会自我负责。

替代到底是爱还是伤害

先来读读三位参训家长写的文字。

家长 1：

当我们发生改变的时候，别人因为在意我们就一定会发生改变。尤其是这么无私的孩子，当我们有一点点改变的时候，她会加倍向我们反馈和回报。我以前很是抱怨女儿不爱打扫自己房间的卫生，从培训班回来之后的一次打扫卫生，让我改变了对孩子的看法。12 月 6 日，女儿的爸爸住院，我每天白天上班，下班跑医院，特别累，没有顾上打扫卫生，看着家里那么乱，心情有些不好。只见她全副武装，戴上了手套，穿上了围裙，开始把房间里的课本、杂志，一件一件整理得井井有条，我在厨房收拾灶台、油烟机。我俩在不同的地方各自忙着，时不时还说上几句话，一股暖流缓缓流入我的心田。我一直以为女儿做不好这些整理类的家务，今天突然发现不是的，她不是做不好，而是没有机会去做。虽然各自在独立的房间忙着，心里却是欣慰的。我一直错怪了女儿，误解了女儿。

让真爱回家，当你真爱孩子的时候，就会关注到孩子的心，关注到孩子的这个人，而不是去关注事，作业写了没，房间收拾了没，衣服整理了没；当你真正爱孩子的时候，孩子那些不喜欢做的事就都没了；当你真正爱孩子的时候，孩子回报给我们的远远超过我们所付出的。

家长 2：

自打孩子上初中，我发觉她青春期的叛逆越来越严重，开始和我犟嘴，经常提出不一样的见解，对我的话有所怀疑，还容不得你说她一点儿不好，再也不是妈妈说啥是啥的小乖乖了！这真是让我头疼得不得了。在参加了动力教育合格父母培训以后，我对号入座，认真分析了我和孩子之间的矛盾。我尝试着尊重她，效果相当明显。

我开始耐心地听她讲话，不再对她吆五喝六了。她也能和我心平气和地交谈，甚至说出了埋藏在心底的小秘密。我认真地听，有时我发现她真的长大了，一些见解还真有些人生哲理。于是我重新定位了我们的关系，由从前的居高临下，到平等对待，后来干脆把所有问题都交给她解决，我自甘弱小！嘿，这下子效果更是好上加好！

比如说，经常让她帮我收拾一些物品，其实是在鼓励她做家务。我会说："孩子，这些衣服和物品你帮妈妈整理一下，妈妈记性不好，放在哪里总是记不住！"她很乐意地帮我做了，到时候还能帮我找到，还会告诫我："东西不要乱放，在哪拿出来的，再放回到哪里去！"

甚至我会让她帮我搭配参加聚会的服装，我会说："孩子，给妈妈点建议，让妈妈显得更年轻活力些！"她也会很乐意地帮助我，而且眼光和品味还真不差！我也会高高兴兴地穿着她给的搭配出门，她会心满意足地笑，像是刚刚精心打扮好了她的洋娃娃！现在，她越来越像个小大人儿了，参与家庭事务，经常给我们出谋划策。我发现我的"愚蠢和弱小"可以让孩子迅速成长，这招真是效果显著。那好吧，我就继续"大智若愚"吧！

家长 3：

严冬的清晨 5:20，在北方城市的长春依然夜色未尽，而此时却不得不叫醒正在沉睡中的孩子，这是起床的时间，看着孩子睡眼惺忪的样子，有一丝心疼，毕竟她只有十三岁……

步入初一以后，学习就开始进入了紧张状态。在这近半学期的生活中，一扫往日的慵懒，早起晚睡的紧张学习生活中，孩子似乎一下子长大了，适应了自己的规律，也逐渐接纳了新的学习环境，可成绩却不尽人意……

为了让她能跟上学习进度，更好地掌握所学内容，我给她找了几个补习班，连周末的两天休息时间也被占用了。也许这是我的自私之处吧，只希望她能把成绩搞上去，往日家庭中的宁静祥和也在一次次作业辩论中闹得烽烟四起。

无意中在收拾房间时发现了两页残纸，上面是一些被水滴浸润过的字迹，是孩子宣泄内心深处的积怨所写下的文字："你们让我学，我就学。我听你们的话，可你们有没有想过我的感受？每次考试之前你们都让我放松心情，不要紧张，我也尽力去考了，成绩不好你们就长吁短叹，各种指责。我是人，我不是神，我已经尽力了，你们还要我怎样？如果有一天我离开了，你们就不会自责吗？……"也许这只是孩子心里委屈时无意中写的一段话，可每一个字都如一根根钢针刺痛着我的内心……

月考、期中……为了不给她太大的压力，每一次成绩不佳，我都不会过于激动地训斥她，都是把心里的焦急和怒火化为鼓励的言语安抚她，可难免会无意间的叹息几声。也就是这几声叹息，居然给孩子的内心带来如此大的压力。简短的两页残纸，我足足看了半个小时，其中蕴含着我和孩子之间一个无形的屏障，一种潜在的隔阂。也许是孩子从小宠溺坏了，心里容不下半点委屈，这也是我家庭教育中最大的缺失。从小就怕她受委屈，由于前些年我和爱人都在外地工作，孩子一直跟着爷爷奶奶生活。因此孩子在爷爷奶奶的百般宠爱之下，形成了这种内心不愿意受一丁点委屈的性格。这就是如北斗老师所说的爱与溺爱之差吧……

我知道，大多数家长在孩子上学后，很少让孩子做家务，甚至很少让孩子自己洗衣服和整理自己的房间。这其中的原因归纳起来还是我们的认识问题：小孩子把书读好，考个好成绩，比啥都强。要读好书，自然就要多花时间。小孩子做家务需要时间，还不如把这些时间用在学习上。总而言之，读书学习比做家务更重要！家务做与不做、会做与不会做都无关紧要，书一定要读好，成绩一定要好。这是什么？

这实际上也是一种控制，家长用替代孩子做家务、做学习之外的事情，控制孩子的学习时间，要求孩子的学习结果。我们是不是有这样一种心理：我们家务也不让你做，什么都不让你做，被褥都给你铺好，饭菜都端到你跟前，书包都给你收拾好，矿泉水都给你放好，你只管学习就行了。还有一层意思是，你看你什么都不用做，什么都是我们给你做好了，你学习就应该学好，考试就应该打高分。我们认为做家务可有可无，所以就不让孩子做家务；我们认为读书学习比什么都重要，所以就把孩子的所有时间都安排给了学习。至于孩子喜不喜欢做家务，我们从来没有想过。至于孩子喜不喜欢把所有时间都用到学习上，我们从来没有想过。我们总是或直接或间接地告诉孩子，好好学习，将来考上大学，有一个好工作，既给自己争光，也给父母添彩，这才是最重要的。学习之外的事都是次要的，甚至都是闲事。我们就这样，用我们的"美好"期待控制着孩子，导致我们的孩子除了学习，最基本的生活能力没有机会练习和形成，也因此失去了很多经历和体验的机会，失去了经历和体验带来的生活乐趣。

　　而且我们这样做，实际上也暗藏着一种危险：如果我们的孩子把所有的时间都用在学习上，如果我们家长只把成长简单地理解为成绩好，一旦孩子成绩不好，一旦孩子厌学甚至辍学，一旦孩子没有考上我们期待的高中和大学，就会给孩子给我们带来严重的挫败感。到那个时候，我们忽然发现，孩子书没读好，什么特长也没有，自理能力很差，甚至生活能力很差，内心充满了极度的自卑。我们心里是什么感觉？我们是害了孩子。在孩子最宝贵的小学、初中的九年成长时间里，我们没有让孩子通过做家务，形成基本的生活能力，从而增加一份自信；我们没有让孩子做自己喜欢的事情，发展自己的一项特长，从而增加一份自信；我们没有告诉孩子，生活到处是课堂和学校，学习是随时随地都在发生的事情。学校学习有毕业的那一天，生活中的学习永远不会毕业。我们的孩子在九年义务教育阶段的学习时光里，没有更多的成长经历可以提取经验，没有更多的成功体验可以提取力量，有的只是单调的学习经历和失败的成长体验，从而对广义的学习也产生本能的逃避和厌烦。到那个时候，我们还能再责备孩子这也不会那也不会吗？所以，即便是为了避免这种失败的教育结果发生，我们也要平衡好学习与生活的关系、学习与交往的关系、学习与游戏的关系、学习与特长的关系，让孩子有更多的生命经历，有更多的成功体验。这些经历和体验，将作为孩子的成长动力和精神财富积蓄在潜意识和回忆中，供孩子在今后漫长的生命旅途中随时支取。

第二位家长的做法，令我们感到欣喜。家长不经意间的主动示弱和示愚，充满了教育智慧。"孩子，这些衣服和物品你帮妈妈整理一下，妈妈记性不好，放在哪里总是记不住！"瞧，孩子听了这样的话，整理衣物就变成了帮妈妈的忙，就变成施爱给妈妈，孩子怎么不乐意做呢？做着做着，就学会了如何将衣服分类，如何根据衣服的季节、长短、薄厚、常用和不常用等，放到衣柜不同的间隔里，就学会了做事有条理。这不是很好的学习吗？而分类思维在学科学习中是相当重要的一种思维方式，孩子们在整理衣物中学到的分类方法，一旦用到学科学习之中，理解起来就会触类旁通，因为有了生活经验的佐证，孩子们才会更加爱上抽象的"知识"。你看，家长的一次主动示弱，竟然给孩子的学习提供了至少三个好处：给孩子提供了整理衣物的机会，增加了一种生活能力；给孩子提供了帮助妈妈的机会，让孩子感受到帮助人带给自己的快乐；给孩子提供了感知分类思维的机会，为孩子学习学科知识提供了生活经验支撑。从生活能力到积极情感到智力开发，一箭三雕，多好！

"孩子，给妈妈点建议，让妈妈显得更年轻活力些！"瞧，孩子听了这样的话，心里也颇为自得吧。在妈妈眼里，孩子是充满活力的，具有充满活力的审美观念。不错，我们的孩子总是新事物的追逐者、尝试者、评价者。他们常常是脑洞大开，异想天开，充满了新奇的联想和想象。让孩子给自己搭配衣服，让孩子对衣服搭配的款式、颜色给出建议，这何尝不是在培养孩子的审美能力？这样的能力对于美术学习、对于提升孩子的审美情趣，无疑是具有帮助作用的。更重要的是，妈妈这样信任孩子，这样平等地与孩子交流沟通，在原生态家庭中构建了一种平等、尊重、互助的互动模式。这样的互动模式一旦成为常态，将对孩子的成长产生深刻、持久的积极影响。

"现在，她越来越像个小大人儿了，参与家庭事务，经常给我们出谋划策！"你看，这位家长多智慧，连家庭事务也让孩子参与了，还让孩子出谋划策，这是不是学习？当然是学习，甚至是比学校的学科学习更重要的学习。这样的学习虽然没有考试，虽然不关乎考高中考大学，但却关乎孩子发现问题的能力、分析问题的能力、解决问题的能力。这些问题都是当下孩子的家庭遇到的实际问题，也可能是将来孩子自己的家庭遇到的实际问题。这些问题可能更关乎实践的问题、利益的问题、关系的问题、选择的问题、思维方法的问题、价值观的问题、知行合一的问题，这些问题没有现成的公式可解，更考验和激发孩子的智慧，更有利于孩子增长解决实际问题的才干。相反，通过学校学习获得的学科知识，更多的是停留在已经知道了、已经理解了、已经记住了、可以提取了的学习层次，充其量是实现了"知"。但知道了不等于做到了，由知道到做到，还有一段相当长的路要走。让孩子参与家庭事务，可能是实现由知到行的诸多路径中最短最便捷的一条路径。正是从这个意义上说，家庭生活是孩子学习成长最宝贵的教育资源之一。如果我们只关注孩子的学校学习、学科学习，只把孩子的时间和精力都安排在上课、作业、上课外班，就等于我们浪费了家庭教育资源，浪费了孩子在生活实践中、在解决具体的生活问题中提升能力、积累经验、发展才干的机会。这样的练习机会、实践机会，如果想要随时都有，而且不需要花一分钱，没有一点成本。也许，我们今天通过控制孩子的时间、通过增加学习成本让孩子努力学习的文化知识、努力考出来的文化知识，当孩子走出学校的大门、走进社会和工作岗位之后，随着时间的流逝，还能在记忆中保存的会越来越少。只有伴随知识学习与生活实践不断提升的思维能力、实践能力与积极情感，才是孩子们未来实现生命价值、创造幸福生活的基础。所以，我们不要重"知"轻"行"，要让孩子在更广阔的生活中学习、实践，要让家庭成为孩子学习的第二个学校。在保证学习时间和学习精力的前提下，尽可能解放孩子，让孩子更多地亲自去做、去实践、去出谋划策、去解决问题。而不是替代孩子做学习之外孩子应该做、可以做、尝试做、努力做的"闲事"。

说到"替代"，我想到了一个词——溺爱。溺爱是对孩子甜蜜的伤害，它直接砍去了孩子的能力和方向，把孩子逼向狂妄和迷茫。过度满足孩子的物质需求，过度替代孩子做事吃苦，看得见的是我们对孩子的爱，看不见的是我们对孩子的伤害。一旦离开了父母长辈的保护，孩子很容易陷入自卑的泥淖。

溺爱在很多家庭都一定程度存在。溺爱是什么？溺爱的表象是父母过度满足孩子的物质需求，孩子要什么就给什么，甚至不要也给、也买。不但是父母要给要买，爷爷奶奶、姥爷姥姥也给买，亲戚朋友也给买。"过度"具体可以从四个角度来理解，一是从时间的维度看，过早。过早满足孩子的物质需求。孩子当下成长本不需要这些东西，但父母出于种种心理，还是把它买来送给孩子。二是从数量的维度看，过多。过多满足孩子的物质需求。孩子当下成长确实需要这些东西，但有一两件就够用了，可父母还是出于种种心理，一件接着一件买给孩子。三是从标准的维度看，超标。超标准满足孩子的物质需求。孩子当下成长确实需要这些东西，但一般价格的就行了，可父母还是出于种种心理，哪个价格高就买哪个，哪个是名牌就买哪个。四是从条件的维度看，无条件。无条件满足孩子的所有物质需求。只要孩子提出来，立刻就买，当下就买，从不延迟，从不耽搁。过度满足孩子的物质需求，结果是什么呢？结果是在孩子看来，父母给我买什么都是理所应当的，我要什么父母就要给我买什么，我要什么标准的父母就要给我买什么标准的。我只需要张口就行，不需要付出任何劳动。一旦父母没有满足孩子的要求，孩子就哭就闹就作，直到父母满足需求为止。否则就可能会做出"过格"的事情，或要挟，或偷钱，或夜不归宿，或离家出走，总之是对父母进行"惩罚"。

过度满足孩子的物质需求，孩子并不会珍惜这些实现了的需求，更不会珍惜父母为此付出的劳动。他们看不见每件物品的背后，都是父母辛苦的体力付出、能力付出、智力付出。他们轻而易举地就实现了不劳而获，并且养成了不劳而获的习惯。长大了，成家了，还有可能是家里的啃老族。一个孩子，如果读了十几年的书，竟然还不明白是劳动创造了物质财富，还不懂得珍惜父母的劳动成果，还想通过不劳而获坐享其成过上好日子，徒有一身体力、知识、能力而不愿去付出、不乐意吃苦，那真是教育的大失败，是做父母的大失败。

溺爱是什么？溺爱是过度替代孩子做事吃苦。很多父母为了把更多的时间挤出来让孩子学习，明明是孩子自己应该做的事情，也主动代劳，明明是孩子自己应该亲身经历和体验的事情，也断然拒绝。我们做了孩子应该做的事情，我们体验了孩子应该体验的经历，我们付出了孩子应该付出的劳动，结果是增加了能力的是我们，毫无收获的是孩子；成长的是我们，没成长的是孩子。这与我们的教育初衷恰恰是背道而驰。

溺爱不是爱，溺爱是伤害。被溺爱的孩子，当下有的是盲目的自信，但自身却缺乏真实的能力，一旦离开父母的庇护，就会走向自卑；被溺爱的孩子，当下有的是无知的自负，但自身却缺乏目标和毅力，一旦离开父母的支持，就会失去方向，走进迷茫。所以，请父母记住：不要替代要放手，不要溺爱要真爱。

参训家长微分享

——现在的家庭组成大多数都是五六个大人围着一个孩子转，正是这样的家庭组成，才导致对孩子过度的宠爱，其实这份过度的宠爱就是溺爱。这种情况体爷爷奶奶、姥姥姥爷身上尤为常见。

老人或我们做父母的觉得孩子还小，总是代办着孩子自己完全可以完成的事。或觉得孩子做得慢、做得不好，我们当家长的没有耐心去陪着孩子完成而去代办。溺爱会妨碍孩子的正常发展，使孩子变得自私自利，最终成为没有担当，不懂得爱，也不会爱的人。隔代教育确实是非常普遍的现象，首先我们为人父母要为孩子负责任，多学习，多交流，学习先进的教育理念，然后和老人常沟通，再列举一些反面例子，转变老人教育孩子的理念，这样应该会好一些。

——前几天在一个论坛上看到一个小故事给大家分享一下。复旦大学一个上海籍的本科生，居然在从家回学校的途中迷路了，后来是由巡警把他送回了学校。据他父亲说，他从上小学开始就一直是由父母接送的，迷路那天是他生平第一次独自"出远门"。当今做父母的大都知道溺爱孩子有害，但却分不清什么是溺爱，更不了解自己家里有没有溺爱。"溺"，词典上解释为"淹没"的意思。人被水淹没了叫"溺毙"，如果父母的爱流横溢泛滥起来，那也会"淹没"孩子的，这就是溺爱，是一种失去理智，直接摧残孩子身心健康的爱。

在我们的现实生活中，往往我们会分不清什么是爱什么是溺爱。

首先我自己就应该反思一下，从小对儿子的饮食就非常注意，总是担心孩子吃不饱，担心孩子会不会营养不良，所以总是变着法的给他做好吃的，久而久之导致现在孩子挑食，现在想想这不就是我的溺爱所致吗？

——孩子是父母的宝贝，爱孩子是父母的本能，中国父母对孩子的溺爱程度当仁不让地名列前茅。溺爱，是人性一种畸形心理，是一副枷锁，是一个圈套，是一条绳索，它是一种危险的信号。

在我们中国的家庭中，每个家长都很宠爱自己的孩子，孩子真是生在蜜罐里，长在蜜罐里。爱孩子是父母的天性，然而对孩子爱过了头，陷入了溺爱，便是害了孩子，这是父母的失职。长辈们总是很担心孙子会受苦，不肯让孩子在地上走，生怕孩子摔跟头。孙子孙女都被宠坏了，他们衣来伸手，饭来张口。孩子完全不会做家务，孩子完全不做任何事。

让孩子从小养成自己动手的习惯，孩子跌倒了，不去扶，让他们自己站起来，面对困难自己动脑解决。这就培养了他们的判断力与分析能力及应变能力。即使父母不在身边，他们也会做得很好，一步一步地走向成功，成为社会的栋梁之材。

——我觉得自己就很溺爱孩子。比如吃饭时会把好吃的都让孩子吃，自己少吃或不吃，过分注意孩子的一举一动，对于孩子提出的条件轻易就满足了。在日常生活中，孩子能做的家务我替她做了，我就总想为孩子做到最好，怕自己不称职。我觉得这样溺爱带来的后果，是孩子不理解家长的苦心，认为父母做的一切都是应该的，处理各种事情的能力低下，等到走向社会的时候，没有了父母的溺爱会不知所措，受到更大的伤害。

——溺爱的表现大体上有以下几种情况：一是给孩子特殊待遇。家长总觉得孩子小，什么事都要特殊照顾孩子，好吃的好喝的都显摆到孩子面前享用。孩子的生日大张旗鼓，下饭店，吃生日蛋糕，亲友到场祝贺，红包礼物统统拿来。上个幼儿园接送都怕孩子风吹日晒，买专车接送孩子上下学，简直就是家里的"小皇上"。这样长大的孩子自私自利，没有同情心，漠视他人，不懂得分享，只懂得索取。二是无休止地满足。娇生惯养的孩子，总是有满足不了的物质需求，从想要到最后无所不要，物质已经成为孩子的享受，家长不分实际情况，无休止地满足孩子的各种需求，孩子有要必买，觉得家长就应该努力满足孩子，让孩子幸福。其实这样的孩子太物质，不懂得珍惜，也不懂得金钱来之不易，将来对物质的需求也是无底洞。三是寸步不离。家长担心孩子受伤、受欺负，总是形影不离守护孩子，就算是孩子上学后，也没有独立的空间，跟小朋友玩耍都要父母在身边看护，渐渐地孩子就失去了自己的圈子，变得缺乏自信。在家里对父母横行霸道，出了家门就躲在家长后面，胆小如鼠。四是过分袒护。家长管教孩子意见不统一，父亲批评孩子不懂礼貌，妈妈就不分对错袒护。这样让孩子没有对错观念，扭曲事实，甚至认为管教自己的家长就是不好的，而袒护自己的妈妈对他最好，有时候还会引起家庭不和谐。这样的孩子分不清对错，自我意识强，总觉得做什么都是对的。

——谈到溺爱，不禁让我想起了今天下午发生的事情。我们三口人要涮火锅，因为着急，我就想让孩子伸伸手，帮帮忙。我说："儿子，你帮妈洗洗菜吧！"儿子回答说："妈，我不会呀！咋洗呀？"我回答说："儿子，妈妈真担心以后若是妈妈不在身边，你无法生活下去。"这样的事想必大家都经历过。

这就是我们溺爱孩子的后果。造成这种结果的原因我觉得有这样几方面：

一是现在家庭的一二四结构，一个孩子，被六位家长捧在手心里疼爱。二是家长们过分地只把学习作为教育孩子的首要任务，而忽略了对孩子德体美劳的教育，忽略了培养孩子独立生活、处事、学习的能力。认为只要孩子能好好学习，什么事都不用做，父母都可以代办（这其中就包括我），尤其看她磨磨唧唧做不完也做不好时，干脆不如自己来做了。久而久之，孩子的自立自强能力就没能培养起来。

父母长辈爱孩子是天经地义的，但过分的爱、没有尺度的爱就变成了溺爱。今天气温下降了，我们就千叮咛万嘱咐要多穿点，还惹来孩子满心的不愿意，何不让她自己感受冷暖增减衣物呢？孩子背的书包重，我们就怕累着孩子要替她背，我们的这种爱让孩子变得任性，唯我独尊，不懂得感恩。记得听过一个天才少年跳级考入国家重点学府后，因为离开母亲的陪伴而无法自理，被迫停学，真的让人痛惜。这样的事例值得人深思，我们不能再把孩子培养成这样的人。所以不要让我们对孩子的爱变成溺爱，溺爱不是爱而是害。

——孩子都是父母眼中的宝，我就谈谈我对孩子的溺爱。我家从不让孩子自己洗衣服，都是我给洗，晾干了，放在她床上。最近我胳膊坏了，让她自己洗洗袜子。她说："凭啥我洗呀。"我说："我胳膊洗不了。"她又说："那我多买几双袜子，换着穿。"我一听她这么说，我这心呀说不出是什么滋味。这就是我平时太惯着她，太溺爱她了。按理来说，孩子都十三岁了，像袜子、小件衣服，自己洗是没问题的。可是因为我的溺爱，我的代劳，孩子连最起码的洗袜子都不会。

——说到溺爱，大家应该都不陌生，每个家庭或多或少都会对孩子有溺爱的时候，尤其是有老人的家庭。其实孩子们也很累，每天早上五点左右就起床，晚上五点以后才到家，看到他早上像没睡醒，晚上累得没精神的时候，我就不自觉地要"溺爱"他。给他准备好吃喝，帮他刷勺子、洗袜子或者弄洗脚水，自己也觉得这些小事应该让他自己做，但是一看孩子的作业还没写完，就忍不住帮他。我在溺爱孩子的时候，一般都是觉得心疼，看他"可怜"的时候，感觉他还小，学习还那么累，就想减轻他的"负担"。

溺爱，往往会让孩子慢慢觉得什么事情都让父母做是理所当然的，孩子会变得没有责任感，什么事情都依赖父母，没有独立解决问题的能力。本来一些可以做的小事，也不愿意动手去做了。从现在起就应该慢慢放手，培养孩子动手的能力，让孩子走出溺爱的沼泽，成为一个有责任感，宽容大度有大爱的人。

——说到溺爱孩子，也是在我这里常发生的事。家长对孩子过分溺爱，孩子做了错事，家长无动于衷，从不追究，甚至还纵容、袒护。孩子看不到自己错误造成的不良后果，认为做错事和没做错事一个样，也就感到无所谓了。

由于家长的娇惯和无原则的迁就，孩子经常以摔打物品或其他破坏性行为来达到自己的目的。如故意把爷爷的报纸撕碎、故意把妈妈的毛衣针折断、故意把玩具损坏等等。家长的多次妥协，使孩子为所欲为。因此，明知故犯成了孩子要挟大人惯用的手法。现在有了北斗老师的指导，家庭教育要做到爱中有教，教中有爱。孩子做了错事，家长不可听之任之，一定要认真处理，必须向孩子严厉指出：什么是应该做的，什么是不能去做的，并要根据孩子错误情节的严重性给予必要的惩罚。让孩子体验到做错事后所引起的不愉快，从而牢记教训。对孩子故意的破坏性错误，不能任其发展下去。要认识到孩子的不良习惯不是一天两天形成的，所以教育也需要一个较长过程，不能性急。帮助孩子逐步明白道理，学会自尊、自律，家长应给孩子树立良好的榜样。

——溺爱就是过分宠爱，由着孩子的性子，惯着孩子。当今做父母的大都知道溺爱孩子有害，但却分不清什么是溺爱，更不了解自己家里有没有溺爱。溺爱，是一种失去理智、直接摧残儿童身心健康的爱。家长无节制地满足孩子的需要，不仅导致孩子的依赖性，而且易使孩子以自我为中心，养成自私贪心的恶习。由于家长的溺爱，五六岁的孩子还要喂饭，还不会穿衣，十二三岁的孩子还不会做任何家务事，不懂得劳动的愉快和帮助父母减轻负担的责任，这样包办下去，必然失去一个勤劳、善良、富有同情心的能干的上进的孩子，这决不是耸人听闻。孩子是父母的希望，家长对孩子悉心培育、满怀期待是无可厚非的，但要把握好"度"。父母越呵护，孩子越逆反，不懂父母的心思，不理解父母为他所做的一切，目中无人，认为自己是家里的独苗，恃宠而骄，将来步入社会的时候将处处以自我为中心，四处碰壁，一蹶不振，做任何事都觉得很难，压力很大，等到木已成舟就后悔晚矣。就像上星期六我们在影院看电影时发生的一件事。一个六七岁的孩子，从电影一开始就没有停止过打扰别人，一会儿大声喧闹，一会儿又摇左右邻座的凳子，一会儿又拿爆米花乱丢，一会儿又拿吸管乱淋，电影已经过了大半，孩子却没有一点儿停止的意思。让人不能理解的是，旁边的父母却一直都没有制止过，真的很让人费解。邻座的人都投去了鄙视的眼光，可是这个孩子却还是没有停下来，一直用脚踢着前面的椅子。前座的人已经忍无可忍了，对那个孩子说："小朋友，请你不要乱淋乱丢东西，说话小点声不要碰凳子，你这样影响其他人看电影了，这是公共场合。"可就在这时，他的父母竟然一声没吭，这是多么奇葩的父母，你这所谓的溺爱真是表现得淋漓尽致啊。孩子一直肆无忌惮地踢着前面的椅子，拿着食物和饮料乱淋乱丢，这是何等的没有教养，何等的浪费粮食。可是这两个无知的父母竟然从头至尾都没有阻止过这个孩子，邻坐的看客们发出唏嘘的议论，直到前坐的忍无可忍，大声地呵斥了这个孩子和他的父母后，他们才讪讪地离开了。让我费解的是，为什么就不能制止一下孩子呢，直到被别人大声呵斥后，才让孩子很没自尊地离开，也不舍得批评孩子一句，难道这是对孩子的爱吗？

——什么是真正智慧的爱？真正的爱包含四个条件：无条件、有界限、适当的物质满足、充分的精神滋养。物质丰盈的今天，父母给到孩子充分的精神滋养却有限。要在过度溺爱与绝对严格中间，寻找一个平衡点。

溺爱是一种毁灭性的教育方式，是一种懒惰的、不负责任的爱。它会压制孩子的成长。明知道溺爱不好，但为什么那么多的父母就是控制不住自己的溺爱行为呢？溺爱仿佛有那么一点伟大的味道，从现象上看，溺爱的父母，是通过牺牲自己来满足孩子的需要。但实际上，溺爱源自父母的自恋，溺爱的父母无视孩子真实的成长需要，而是将孩子当成自己的另一个"我"，给予过度满足。可以说，无限制地给予孩子，其实是无限制地在给予自己。

心理学有一种说法，对孩子拼命的好、失去理性的好，其实是在内心对自己好的一种表现。不是因为如何爱孩子，而是在补偿对自己的爱。带着这样一种对自身爱的补偿，使父母在对待孩子时失去了一种理性，甚至是带着深深地焦虑。

溺爱有两种：包办型的溺爱和纵容型的溺爱。包办型溺爱的父母，把孩子的一切都安排好了，孩子不动手就可以得到一切，他们不鼓励甚至不喜欢孩子自己去解决问题。纵容型溺爱的父母，孩子要什么就给什么，不管多么大、多么不合理的要求，他们都会拿出全部力气去满足。这是那些过分庇护孩子的父母，辛辛苦苦亲手挖掘的陷阱。掉进陷阱里的孩子，由于被剥夺了犯错误和改正错误的权利，从而也失去了长大成人的机会。

第六篇

教育贬不得

孩子是大人的昨天，大人是孩子的今天。每个孩子都有缺点，就像每个父母都有缺点一样。教育不是盯住孩子的缺点不放，更不是因为发现了孩子的缺点，就对孩子进行批评、指责、贬损，甚至羞辱孩子的人格，践踏孩子的尊严。孩子的缺点具有多重存在的意义，爱孩子的缺点才是真爱。

每个人都是优缺点的对立统一的平衡体，既有缺点也有优点。教育的真谛是在教育的过程中，努力发现孩子的优点、特长、潜能，然后认可它，赞赏它，发展它，将它发展为孩子的优势，直至借此让孩子成为优质的自己。赞赏，是孩子精神生命成长的营养，我们要做给孩子精神营养的父母。

每个人都有两个生命：物质生命和精神生命，二者形影不离。物质生命是精神生命成长的前提，精神生命是物质生命存在的意义。教育应该努力满足两个生命成长的需求，使孩子既有强健有力的体魄，又有积极向上的追求。赞赏，是孩子精神生命成长的动力，我们要做给孩子动力的父母。

抱怨是关注孩子缺点产生的行为反应，是教育的一大误区。抱怨直接砍去了孩子的快乐，把孩子逼向痛苦。父母长期局限在孩子的缺点中，抱怨孩子，指责孩子，训斥孩子，孩子精神生命成长缺乏营养，心灵的田野就会凋零、枯萎、荒芜。同时，孩子也会像父母一样，学会抱怨，沾染上抱怨的"传染病"。

爱孩子的缺点才是真爱

先来读一封参训家长给孩子的信。

通过这几次"动力教育合格父母培训"课程的学习，我受益匪浅。每次听北斗老师对"家庭教育误区"的深度解析，都让我深刻体会到"真爱能赢，真信必胜"的奥秘，懂得了爱的误区给你带来的心灵伤害，深刻认识到了错爱的危害，我们确实在做本末倒置的事情。我要反省，通过以下几个方面进行深刻的反省，诚心向你道歉，都是我的错。不是你不进步，而是我们太落后。

第一，我不该总是拿你的短处去跟别的孩子的长处比，甚至把你看得一无是处。在你取得了一定成绩的时候，我很少对你进行夸奖，是爸爸不会用欣赏的眼光来看待你。做家长的我应该多给你一些鼓励，让你体会到成功的喜悦，而不是无动于衷。当然，如果你犯了错，我也应该给予一些相应的惩罚。

第二，姥姥和妈妈没底线地赞扬你。特别是姥姥，一件特别小的事情就表扬个不停，夸大其事到处宣传。家长夸奖孩子本来是为了鼓励孩子上进，其用意是积极的。但爸爸认为，夸奖过多会使你回避困难的挑战，专挑难度低的事情来做。因为所有孩子都是喜欢夸奖的，做简单的任务成功率就会很高，就很容易受到夸奖，同时也会使你丧失迎难而上的可贵品质。我会跟妈妈姥姥进行深度沟通与交流，对你多做切合实际的表扬，尽量就某件具体的事情来表扬你。比如说："你今天的作业写得很认真啊，今天帮妈妈扫地扫得很干净。"我们一定会把握好一个度，在规划好一个教育标准后，根据你的情况在这个标准上上下波动，但是不能超越这个度。

第三，唠叨个不停。爸爸为什么要对你唠叨个不停呢？因为我希望更多地了解你。但是现在我知道了，用唠叨的方式来了解孩子只会事与愿违。对于你而言，必然会产生反感和抵触情绪，这样你就会选择不听来保护自己。无论我说多少遍，你都会左耳进右耳出。现在我知道：许多时候，你的问题往往是小孩子天性的表现，而不完全是错误。比如说小孩子天生爱玩，做作业的时候不能全身心地投入等等。以后我会变"说"为"听"，必要的情况下对你提出原则性建议，多一点儿耐心，以获得你的信赖与认同。走进你的世界，与你一起做游戏，多跟你谈心。

第四，有一种爱叫作溺爱。现在你都已经上小学了，妈妈还在天天给你穿衣服，帮你洗脸洗手，甚至喂你吃饭，等等。如果你是这样长大的话，以后不仅难以自立，还会缺乏责任感，因为你的所有事情都是家长来完成的，你就会不知道自己的任务是什么，自己该做什么事情，你也可能会把自己该做的事情推给别人，而自己就失去了承担能力。爸爸希望你是个会做"选择"的人，而不是直接告诉你什么是对的，什么是错的，你要做什么，不要做什么。

第五，我总是喜欢跟你说的一句话："学习一定要集中注意力，不能一心二用。"可是很多时候你都不能静下心来去学习，我想这跟家人对你童年的教育有关吧。比如当你还在和别的小朋友玩得正开心的时候，或者自己在专注地做事情的时候，比如正在看图画书、玩玩具、看电视、玩智力拼图等等，这时家里已经开饭了，很多时候我就会说："宝贝啊，别玩了，快过来吃饭。"还有就是你在认真写作业的时候，我发现了某处有错误了，就会很迅速地打断你的思路说："这个题那么简单你怎么能做错呢，赶紧把它改过来啊。"等等，此种例子在我们的生活中比比皆是。现在爸爸知道这样做是很不对的。你在做作业的时候，即使做错了，我也不应该冒然指出错误，因为你这个时候正在认真思考问题，贸然打断你的思路之后，便会分散你的注意力。我们以后会多给你一些专注做事情的时间，培养你的注意力，帮助你养成一心一意做事的好习惯。

第六，人而无信，不知其可也。在你眼中，父母就是天就是地，父母的形象是任何人也无法比较的，可是我们大人经常对你撒谎，对你言而无信，答应你的事情很多时候都没有做到，让你感到无比的失望甚至绝望，这是一件非常危险的事情。我们对你撒谎，其实就是我们在教你撒谎；我们欺骗你，其实就是在教你欺骗别人。这样不仅丢掉了你对我们的信任，也会让你学会不讲信用的坏习惯。身教胜于言教，以后我们会以身作则，给我们一次机会，看我们的表现吧。

爸爸很多地方都做得不对，在这里向你道歉，做检讨，我对你应该多一些耐心，多抽些时间陪你，倾听你的心声，多换位思考，理智友善地处理我们之间的问题。爸爸会深刻反省，努力学习，爸爸会严格要求自己，努力做到以下十点：

1. 不威胁，如"我再也不想理你了，你给我滚开吧！"
2. 不哀求，如"我的小祖宗，我求求你，好不好？"
3. 不抱怨，如"你这不争气的孩子，真叫人伤心透了！"
4. 不许愿，如"假如你考了 100 分，我就……"
5. 不讽刺，如"你可真了不起，能干出这种事儿！"
6. 不恶语，如"你这个大笨蛋！"
7. 不责备，如"你总是做错事，真是太糟糕了！"
8. 不侮辱，如"你真是个没用的废物！"
9. 不压制，如"闭嘴，不许再说话！"
10. 不强迫，如"我说不行，就是不行！"

希望我们父女俩互相监督，互相帮助，好好经营我们的家，让这个家成为你爱的天堂！

这封信写得可谓情真意切，充满勇气。在我们一般的思想中，道歉是小孩子的事情，父母或者大人怎么可以向孩子道歉呢。这样的想法在很多父母的意识中是根深蒂固的。但是，我们欣喜地看到，很多参加"动力教育合格父母培训"的家长，经过跟随式培训，分享式培训，正确的家庭教育价值观已经渐渐在心底扎了根。他们开始进行深刻的教育反思，开始承认自己先前教育的错误，开始鼓足勇气拿起笔给孩子写信，向自己曾经一次次伤害的孩子真诚地道歉。这实在是难能可贵的事情。这说明我们的培训取得了实实在在的成效。

看得见的是父母给孩子道歉的表象，看不见的是父母知道了大人与孩子具有同等的人格，应该互相尊重，不可以以大压小。小孩子有缺点，大人们也有缺点；小孩子有缺点要改，大人们有缺点也要改；小孩子犯了错要道歉，大人们犯了错也要道歉。这才是真相，是参训家长成为合格父母的一个标志的真相。

在这封信中，我们看到这位父亲对先前的家庭教育行为做了深刻检讨：总是拿孩子的短处去跟别的孩子的长处比，甚至把孩子看得一无是处。姥姥和妈妈常常没底线地赞扬孩子，一件特别小的事情就表扬个不停，夸大其事到处宣传。总是跟孩子唠叨个不停。都已经上小学了，妈妈还在天天给孩子穿衣服，帮孩子洗脸洗手，甚至喂孩子吃饭。常常贸然打断孩子学习、做事的思路，让孩子养成做事不专心的坏习惯。经常对孩子撒谎，言而无信，答应孩子的事情很多时候都没有做到，让孩子感到无比的失望甚至绝望。我们在培训中有一个理念：都是我的错，我是一切的根源。这位爸爸有自我解剖的勇气，有自我改变的信念，敢于从自我的视角反思错误的教育行为，并将自己的错误陈述出来公之于众，这是真正改变的标志。孩子的错误都是过去的错误，都是父母的错误，只有改变自己才能积极影响孩子，这是教育的基本逻辑。遗憾的是，很多父母违背了这个逻辑，眼中只有孩子的缺点，没有自己的错误，在孩子面前永远以权威者、正确者、胜利者自居。

孩子是大人的昨天，大人是孩子的今天。每个孩子都有缺点，就像每个父母都有缺点一样。教育不是盯住孩子的缺点不放，更不是因为发现了孩子的缺点，就对孩子进行批评、指责、贬损，甚至羞辱孩子的人格，践踏孩子的尊严。孩子的缺点具有多重存在的意义，爱孩子的缺点才是真爱。

　　孩子幼儿时期不会说话不会走路，这是缺点吗？如果跟我们父母会说话会走路比起来，好像是缺点，但我们也是从这个缺点中走过来的啊，我们曾经也是不会说话不会走路的幼儿啊。原来，孩子当下不会说话不会走路不是缺点，是未来会说话会走路的起点。在孩子成长的道路上，这样的起点几乎多得数不过来，孩子第一次做的每一件事，都是未来做好这件事的起点。如果我们把孩子做事的起点看成了缺点，我们势必就会失去耐心，就开始了细究起来毫无道理的抱怨。这不是孩子的错，是我们父母的错。原来没有缺点，只有起点。

　　孩子学习成绩不好却喜欢唱歌，这是缺点吗？如果跟大多数学生走过的或者即将要走的求学之路比起来，好像是缺点。因为如果成绩不好，就考不上好高中，考不上好大学，找不着好工作。可是喜欢唱歌怎么说也不是缺点啊。不是缺点是什么？是特点，是这个孩子与众不同的特点，是这个孩子表现出来的独一无二的特点。孩子有唱歌的天赋，对旋律、节奏、音准、乐器等有天生的偏好，这正是这个孩子不同于其他孩子的独特之处。想一想，每个孩子都是独一无二的，都是与众不同的，教育如果能发现每个孩子的天赋、偏好，然后发展它，壮大它，这不正是这个孩子生命存在的价值和意义吗？原来，没有缺点，只有特点。

　　孩子说话咬字不清，这是缺点吗？如果跟绝大多数学生说起话来口齿伶俐相比较，这好像是一个缺点。但是经过医疗矫正也没有更好的效果时，我们不妨把咬字不清看成是孩子生命的存在点，而不是缺点。我们承认这个事实的存在，就像承认其他事实存在一样。但我们不把它看成是孩子的缺点，孩子也不需要在人前人后因为这个存在点感到害羞自卑，感到低人一等。父母和孩子都不纠结这个存在点，把它看成是这个孩子生命的一部分，是生命合理的存在。我们和孩子都不纠结它，不把能量消耗到这个不可能改变的存在点上，而是把能量用到发展自己优长之上。每个人的生命都有这样或那样我们看起来不是优点也不是缺点的存在点，只要这个存在点的存在没有给社会和他人带来危害，就让它存在好了。原来，没有缺点，只有存在点。

　　孩子不像其他孩子那样奥数学得好，这是缺点吗？如果非要和奥数学得好的孩子相比较，这好像是缺点。可是，奥数学得好的孩子也没有你的孩子作文好啊。所以，学不好奥数也不是缺点，它只是你的孩子与别人家的孩子的不同点。不同点不是缺点。没有两个孩子是完全相同的，即便是双胞胎也如此。就像这个世界上没有两片完全相同的叶子一样。当你在羡慕人家的孩子有这个优点那个优点的时候，人家孩子的父母正在欣赏你的孩子的长处。原来，没有缺点，只有不同点。正因为每个孩子之间有着这样或那样的不同点，每个孩子才是独一无二的。

　　孩子跳绳每分钟才跳二三十次，这是缺点吗？如果跟每分钟跳一百六七十次的学生相比较，这好像是缺点。但现在距离跳绳成绩测试还有一段时间啊，孩子还可以继续练习啊。如果坚持练习，找对方法，说不定我们的孩子也可以达到满分的测试标准。所以，当下看起来好像是缺点，其实不是缺点，是生长点，是花苞。花苞心态，缺点可爱。我们抱着花苞心态，不纠结孩子当下只能跳二三十次，而是天天练习，一点点生长。今天三十次，下周六十次，一个月后九十次……我们陪伴孩子一起练习，相信孩子每天都在生长，欣赏孩子每天都在生长。孩子在父母的相信与欣赏下，生长便有了力量，花苞就会慢慢绽放。假以时日，我们的孩子跳绳说不定就达到满分的标准。退一步说，即使达不到满分的标准，我们也不抱怨，在练习中孩子身体得到锻炼，毅力得到培养，成绩得到提高，信心得到提升，这不是最好的成长吗？原来，没有缺点，只有生长点；没有缺点，只有花苞。迟开的花因为蓄足了阳光和能量，开放起来会更加可爱！

　　孩子做事不慌不忙，不紧不慢，这是缺点吗？如果跟那些做起事来麻溜儿利索的同学相比较，这好像是缺点。但是，要是把这个做事的"缺点"放到另外一些事情上，或者我们"倒过来"思考一下，它非但不是缺点，恰恰是优点。不是缺点，而是优点，缺点的对面一定有优点，我们要做欣赏孩子缺点对面优点的人。想一想，有多少事情做起来要不慌不忙不紧不慢啊。做事慢，就会更加细心认真，很少出现纰漏。做事慢，心态就会宁静，享受做事的过程。俗话说不怕慢就怕站，只要坚持去做，慢慢去做，就一定能把事情做好。更何况，开始慢一点儿也很正常啊，慢慢地就会快一点儿，再快一点儿。原来，没有缺点，只有优点；缺点的对面是优点。孩子不喜欢上课，看上去是缺点，但孩子用不上课的行为给老师提个醒：你讲的课缺少趣味性，这是不是优点？孩子顶撞父母，看上去是缺点，但孩子用顶撞父母的行为提醒父母：我也有表达想法的权利，这是不是优点？孩子不写作业玩游戏，看上去是缺点，但孩子用玩游戏的行为告诉父母：我游戏打得很棒！这是不是优点？孩子在学校跟同学打仗，看上去是缺点，但孩子用打仗的行为警告同学：我要捍卫我的尊严！这是不是优点？……没有缺点，只有优点，当我们"倒过来"去想的时候，我们就会发现孩子更多的优点。

　　孩子因为一些缘故，逃离课堂离家出走，这是缺点吗？如果和那些遵规守纪在课堂上读书学习的同学相比较，这好像是缺点。但因此我们就对孩子横加指责、肆意打骂，甚至说出绝情的话，做出绝情的事，那我们就伤害了孩子的自尊，把孩子逼向自卑或自暴自弃。人的自尊在哪儿？人的自尊常常藏在缺点里，缺点里面藏着人的自尊。所以我们都有这样的生命体验：当我们没把握做好一件事的时候，我们宁可不做，因为我们害怕做不好会遭人耻笑，我们害怕别人说我们不能、不行、不好。当我们被他人抱怨、指责、批评、挖苦的时候，我们的第一感觉是胸口发闷，心里很疼，感觉自己一下子很渺小，很微不足道。这是为什么？这是因为我们的自尊受到了伤害。自尊是人的精神生命的底线，人的自尊不容任何人践踏，即便自己犯了错误，即便自己有了缺点，人也要捍卫自己做人的尊严。你可以批评我态度不端、能力不够、事没做好，但你绝不可以伤害我的尊严，侮辱我的人格。你不可以骂我是"笨蛋""没出息""丢人""啥也不是""猪脑袋"……原来，没有缺点，只有自尊。当我们准备抱怨、指责孩子时候，请一定告诫自己：孩子的缺点里面藏着自尊，我们可以指出孩子的缺点，但一定要保护孩子的自尊。

　　孩子初中毕业，没有考上高中，只考上了一所中等职业学校，这是缺点吗？如果和那些考上高中，尤其是考上重点高中的同学相比较，这好像是缺点。但我们"倒过来"思考一个问题：考上高中的学生，他们的未来就一定比考上中等职业学校的学生幸福吗？人生的终极追求是什么？我想再没有比"幸福"更合适的词语了。虽然人们对于"幸福"的理解各有不同，但幸福在当下和未来更多指向的是人的精神世界，是精神世界充实富足的追求；更多的是指向自己，是自己内心的宁静平和。一个孩子，如果能健康地成长、平安地成长，如果通过学习有了一技之长，如果在自己所擅长的领域有所追求、有所建树，既能过上小康的富足生活，又能在所从事的职业上感受精神的充实，这样的人生不就是幸福的人生吗？我们爱孩子，不是爱孩子的成绩，不是爱我们自己的面子，是爱孩子的生命，是期望孩子在当下和未来依靠自己的劳动创造自己幸福的生活。所以，即便考上中等职业学校，也不是缺点。原来，没有缺点，只有信任。无论孩子当下怎样，我们都要对孩子的未来充满希望，相信时间的力量，相信成长的力量。只有我们信任孩子，孩子才能甩掉过去的包袱，把每一个当下作为新的起点，积蓄能量，奋力攀登！

所以，缺点不是缺点。没有缺点，只有起点；没有缺点，只有特点；没有缺点，只有存在点；没有缺点，只有不同点；没有缺点，只有生长点；没有缺点，只有优点；没有缺点，只有自尊；没有缺点，只有信任。爱孩子的缺点才是真爱孩子。

做一个全面发展的孩子

先来读一篇参训家长的文章。

经常听人说：好孩子是夸出来的。所以，我们家长要善于发现孩子身上的闪光点。家长不要吝啬自己的赞美，多鼓励孩子，多关注孩子的优点，这样孩子才能树立自信心，才能快乐成长。

现在就让我夸夸我的儿子。

他很懂事，从不无理取闹。遇到问题，偶尔会情绪不佳，但是经过家长一开导，他会很快地理解，还会站到父母的角度去想问题。记得上周他想多买几支百乐笔用，我俩去文具店一问，最便宜的要11元一支，他想买两支。我建议他买一支，刚开始他还不同意，之后我俩聊了一下，他最后同意买一支先用着，还说买一支够买别的笔好几支了。

他是一个心地善良的孩子。每次在公交车上他都会主动让座，尽管自己站得腿麻，并且背着很重的书包，他却毫无怨言，心甘情愿。下车后我都会对他的行为竖起大拇指。我相信每个孩子都充满童真，充满爱心。当他有这样的表现的时候，希望父母要表扬他，夸奖他，因为，一个孩子的善良，就是他的优点所在。

儿子也是父母的小棉袄。在家里，他会主动打扫自己的房间。物品放得有条理，找起来十分方便。客厅桌子上的东西乱了，他总会收拾得整整齐齐。我和他爸爸都自愧不如。有好吃的，他也会和父母一起分享，从不自己独享。学会分享，是一个孩子良好品质的体现，我为我的儿子点赞。

他热爱劳动，每次都认真地记着学校值日的时间。每次轮到他值日的时候，他都会提前到校，仔细打扫班级的卫生。班级有搬运饭或书的活儿，他也会积极主动参与。他说每次帮同学们搬完饭后，自己吃饭特别香。他能为班级做贡献，并为此感到特别开心。

他很喜欢小动物，想养小动物。今年农博会，我们买了两只小鸡，他给它们取名叫小黄和小黑。每天都很用心地收拾鸡笼的卫生，给小鸡喂食。在闲暇的时候，把小鸡放出来，带它们散步。小鸡们都很开心地跟在他后边跑。

他爱好画画和下棋。他自学画画，尤其喜欢画枪支。他在网上下载很多枪支的图片，在空余时间，就会细心地研究画法。画完之后，会让我找不足，然后自己再继续修改。一段时间后，他的画画水平大大提高了。现在他的棋艺很好，我基本不是他的对手了。每天写完作业，我俩会切磋一下。

他的成绩在班里并不是最优秀的，我们也不要求他每次都考第一，但是分数一定要说得过去，中上游一定得保证。如果太落后就要查明原因。所以只要他考试结束后，我都会询问他：有没有细心？有没有检查？如果都有，那么一定会给予表扬。

其实孩子都有这样那样的毛病，比如爱玩游戏啊，做作业磨蹭啊，没有表现欲啊，这是人之常情。我们做家长的也会有缺点，我们要正确地引导孩子，劳逸结合。前一段时间他就特别爱玩游戏。我没有特意阻止，只是限制了玩游戏的时间和内容，一周两个小时。有的时候他玩游戏正上瘾，时间过了，我干着急，又明知道硬让他下来他一定不情愿，就容忍他一次，等他玩完这一局关电脑的时候对他说："真准时，虽然超了一点儿时间，但还是主动下来了，意志力超棒啊！"这样一表扬，下次他也不好意思再延长时间了。

和别的孩子一样，他也有许多的缺点。怎样在缺点里找优点呢？记得有一次吃饭的时候，我们都坐下了，他还在紧盯电视，我和他爸爸都隐忍不发。突然，似乎发现我们已经开饭，他迅速跑到卫生间去洗手，坐下来，但是眼睛还不离开电视。这时候，如果责备他，那么就别想好好吃这顿饭了。后来我说了一句："儿子，虽然看电视这么当紧，但是能主动去洗手，就值得表扬。这是对你自己身体的尊重，也是对爸爸妈妈做饭的尊重嘛。"本来正看得入迷的儿子，听到我的夸奖，这才回过味来，开始好好吃起饭来。

还有很多很多的小事情，但是小事情要当大事情来看，小优点要当大优点来说。当孩子的长处被发现和放大，孩子的自信心就被无限地激发出来。当孩子的优点被认可，孩子对父母才会更加信任，对学业才会更加努力，对生活才会更加热爱。每个孩子都有数不胜数的优点等待着我们去发现，我们要善于发现孩子的优点，及时鼓励。

每个人都是优缺点的对立统一的平衡体，既有缺点也有优点。教育的真谛是在教育的过程中，努力发现孩子的优点、特长、潜能，然后认可它，赞赏它，发展它，将它发展为孩子的优势，直至借此让孩子成为优质的自己。赞赏，是孩子精神生命成长的营养，我们要做给孩子精神营养的父母。

我们的教育，包括学校教育和家庭教育，似乎都习惯性指向学生存在的缺点，按照发现缺点——分析原因——给出策略——改正缺点的逻辑思路进行教育，把教育的目标定位为改变学生的缺点、解决学生的问题，把教育的着力点放到改变缺点、解决问题的方式方法上。这样的教育有点儿像医生给病人治病：发现病症——分析病因——给出方案——消除疾患。这样的教育概括起来就是化有为无的教育，就是通过教育的介入，把学生已经存在的问题变成没有。

其实，教育还有另外一种模式——无中生有的模式。就是及时播种优点的种子，发现优点的幼苗，培育它，巩固它，发展它，壮大它，让优点脱颖而出，让学生当下和未来都活在自己的优点中，让发展壮大了的优点一点点挤压缺点的生存空间。这个过程就是变无为有的过程。

化有为无的教育模式与无中生有的教育模式，其根本差异是教育者关注点不同。前者关注孩子的缺点、问题，后者关注孩子的优点、特长。教育实践启示我们：我们关注什么，什么就在发展。我们越是关注缺点，缺点就越成长发展；我们越关注优点，优点就越成长发展。我们按照化有为无的教育模式教育孩子，看上去是孩子的缺点在一点点改掉，但是在同一时间里，优点却没有得到成长和发展。改正了的缺点一旦遇到适宜的成长环境，又会卷土重来。

所以，教育不宜总是关注孩子的缺点，更多的时候应该关注孩子的优点；或者说关注优点的频次要多于关注缺点的频次，这样，孩子的优点才有时间得到健康地成长和发展。

事实上，我们很多家长有意无意忽略了孩子的优点——积极精神品质的成长，因为他们把更多的关注点放到孩子的学习成绩上，放到孩子的缺点上。张口谈成绩，闭口谈成绩，以为越是谈成绩，成绩越会提高。张口说缺点，闭口说缺点，以为越谈缺点，孩子的缺点就会越少，就只剩下了优点。事实却常常适得其反。

好成绩是怎么获得的？答案可能有多种，但无一例外的是，好成绩需要孩子具有好的学习品质。是先有好的学习品质，才有好的学习成绩，这个逻辑关系不难接受。此其一。其二，学生生命的存在不仅仅只有学习，还有日常生活，还有社会交往，还有兴趣爱好，学生不仅仅要培养好的学习品质，还要培养好的其他方面的品质。我们把这些包括好的学习品质在内的品质称之为积极品质或者叫核心素养。显然，关注并培养孩子积极品质或核心素养，才是我们家长和教师要关注的成长点，而不仅仅是学习成绩。

东北师范大学盖笑松教授经过研究，总结出"中国青少年积极品质模型"。这些积极品质应该满足四个标准：对自己的幸福有帮助，对自己的成功有促进，对他人、集体有贡献，这些品质能够培育。

"中国青少年积极品质模型"包含三个维度、十二种积极品质。

从人与他人的关系的维度看，中国青少年积极品质是：乐群宜人、领袖品质、诚实正直、关爱他人。

乐群宜人，即乐于了解他人，适合与别人打交道。领袖品质，即善于考虑大家的现在和未来，善于倾听成员的想法。诚实正直，尤其表现在自己对自己的诚实，接纳自己的缺点和错误，从而在他人面前不掩饰不撒谎。关爱他人，在充满竞争的环境中，关爱他人的品质愈发显得难能可贵。

从人与自己的关系维度看，中国青少年积极品质是：独立自主、自我控制、挑战困难、积极乐观、稳重谨慎。

独立自主，自主性是人的根本属性，家长要努力培养孩子在学习上自主，在生活上自主。自我控制，培养孩子能够为了自己更长远的幸福目标，主动控制当下来自各方面的有碍于幸福目标实现的各种诱惑。挑战困难，勇于挑战自己的舒适区，做自己原来不想做但却正确的事情，做自己原来不敢做但却正确的事情。积极乐观，不仅相信未来会很好，更相信无论未来怎样，无论命运怎样，我都能应对和接受。稳重谨慎，一事之前既要想到事情积极发展的一面，也要对可能产生的消极结果做出预测。

从人与世界的关系维度看，中国青少年积极品质是：兴趣与好奇心、灵活创新、热爱学习。

兴趣与好奇心，就是要引导孩子保持广泛的兴趣，不但要对学习有兴趣，还要对生活有兴趣，对自己的偏好保持兴趣。灵活创新，就是引导孩子在解决问题的过程中，学会换一种方式尝试，换一种角度思考。热爱学习，就是不单单是为学习的结果而学，更重要的是为学习的过程而学，为学习本身的乐趣而学。

2016 年，中国学生发展核心素养研究成果发布。中国学生发展核心素养以培养"全面发展的人"为核心，分为文化基础、自主发展、社会参与三个方面，综合表现为人文底蕴、科学精神、学会学习、健康生活、责任担当、实践创新等六大素养，具体细化为 18 个基本要点。

一、文化基础。文化是人存在的根和魂。文化基础，重在强调能习得人文、科学等各领域的知识和技能，掌握和运用人类优秀智慧成果，涵养内在精神，追求真善美的统一，发展成为有宽厚文化基础、有更高精神追求的人。

（一）人文底蕴。主要是学生在学习、理解、运用人文领域知识和技能等方面所形成的基本能力、情感态度和价值取向。具体包括人文积淀、人文情怀和审美情趣等基本要点。

1.人文积淀：具有古今中外人文领域基本知识和成果的积累；能理解和掌握人文思想中所蕴含的认识方法和实践方法等。

2.人文情怀：具有以人为本的意识，尊重、维护人的尊严和价值；能关切人的生存、发展和幸福等。

3.审美情趣：具有艺术知识、技能与方法的积累；能理解和尊重文化艺术的多样性，具有发现、感知、欣赏、评价美的意识和基本能力；具有健康的审美价值取向；具有艺术表达和创意表现的兴趣和意识，能在生活中拓展和升华美。

（二）科学精神。主要是学生在学习、理解、运用科学知识和技能等方面所形成的价值标准、思维方式和行为表现。具体包括理性思维、批判质疑、勇于探究等基本要点。

1.理性思维：崇尚真知，能理解和掌握基本的科学原理和方法；尊重事实和证据，有实证意识和严谨的求知态度；逻辑清晰，能运用科学的思维方式认识事物、解决问题、指导行为等。

2.批判质疑：具有问题意识；能独立思考、独立判断；思维缜密，能多角度、辩证地分析问题、做出选择和决定等。

3.勇于探究：具有好奇心和想象力；能不畏困难，有坚持不懈的探索精神；能大胆尝试，积极寻求有效的问题解决方法等。

二、自主发展。自主发展，重在强调能有效管理自己的学习和生活，认识和发现自我价值，发掘自身潜力，有效应对复杂多变的环境，成就出彩人生，发展成为有明确人生方向、有生活品质的人。

（一）学会学习。主要是学生在学习意识形成、学习方式方法选择、学习进程评估调控等方面的综合表现。具体包括乐学善学、勤于反思、信息意识等基本要点。

1.乐学善学：能正确认识和理解学习的价值，具有积极的学习态度和浓厚的学习兴趣；能养成良好的学习习惯，掌握适合自身的学习方法；

能自主学习，具有终身学习的意识和能力等。

2. 勤于反思：具有对自己的学习状态进行审视的意识和习惯，善于总结经验；能够根据不同情境和自身实际，选择或调整学习策略和方法等。

3. 信息意识：能自觉、有效地获取、评估、鉴别、使用信息；具有数字化生存能力，主动适应"互联网＋"等社会信息化发展趋势；具有网络伦理道德与信息安全意识等。

（二）健康生活。主要是学生在认识自我、发展身心、规划人生等方面的综合表现。具体包括珍爱生命、健全人格、自我管理等基本要点。

1. 珍爱生命：理解生命意义和人生价值；具有安全意识与自我保护能力；掌握适合自身的运动方法和技能，养成健康文明的行为习惯和生活方式等。

2. 健全人格：具有积极的心理品质，自信自爱，坚韧乐观；有自制力，能调节和管理自己的情绪，具有抗挫折能力等。

3. 自我管理：能正确认识与评估自我；依据自身个性和潜质选择适合的发展方向；合理分配和使用时间与精力；具有达成目标的持续行动力等。

三、社会参与。社会性是人的本质属性。社会参与，重在强调能处理好自我与社会的关系，遵守现代公民所必须遵守的行为规范，增强社会责任感，提升创新精神和实践能力，促进个人价值实现，推动社会发展进步，发展成为有理想信念、敢于担当的人。

（一）责任担当。主要是学生在处理与社会、国家、国际等关系方面所形成的情感态度、价值取向和行为方式。具体包括社会责任、国家认同、国际理解等基本要点。

1 社会责任：自尊自律，文明礼貌，诚信友善，宽和待人；孝亲敬长，有感恩之心；热心公益和志愿服务，敬业奉献，具有团队意识和互助精神；能主动作为，履职尽责，对自我和他人负责；能明辨是非，具有规则与法治意识，积极履行公民义务，理性行使公民权利；崇尚自由平等，能维护社会公平正义；热爱并尊重自然，具有绿色生活方式和可持续发展理念及行动等。

2. 国家认同：具有国家意识，了解国情历史，认同国民身份，能自觉捍卫国家主权、尊严和利益；具有文化自信，尊重中华民族的优秀文明成果，能传播弘扬中华优秀传统文化和社会主义先进文化；了解中国共产党的历史和光荣传统，具有热爱党、拥护党的意识和行动；理解、接受并自觉践行社会主义核心价值观，具有中国特色社会主义共同理想，有为实现中华民族伟大复兴中国梦而不懈奋斗的信念和行动。

3. 国际理解：具有全球意识和开放的心态，了解人类文明进程和世界发展动态；能尊重世界多元文化的多样性和差异性，积极参与跨文化交流；关注人类面临的全球性挑战，理解人类命运共同体的内涵与价值等。

（二）实践创新。主要是学生在日常活动、问题解决、适应挑战等方面所形成的实践能力、创新意识和行为表现。具体包括劳动意识、问题解决、技术应用等基本要点。

1. 劳动意识：尊重劳动，具有积极的劳动态度和良好的劳动习惯；具有动手操作能力，掌握一定的劳动技能；在主动参加的家务劳动、生产劳动、公益活动和社会实践中，具有改进和创新劳动方式、提高劳动效率的意识；具有通过诚实合法劳动创造成功生活的意识和行动等。

2. 问题解决：善于发现和提出问题，有解决问题的兴趣和热情；能依据特定情境和具体条件，选择制订合理的解决方案；具有在复杂环境中行动的能力等。

3. 技术应用：理解技术与人类文明的有机联系，具有学习掌握技术的兴趣和意愿；具有工程思维，能将创意和方案转化为有形物品或对已有物品进行改进与优化等。

上述 18 个基本要点，就是家长要助力孩子培养的应具备的适应终身发展和社会发展需要的必备品格和关键能力。

由此可见，作为家长，不仅要关注孩子成绩的进步，更要关注孩子积极品质、核心素养的发展，这才是关注了孩子成长发展的根本。孩子的成绩只有长在积极品质与核心素养的生命之树上，才是甘醇甜美的果实。一味追求孩子当下的学习成绩，却忽视了孩子一生应具备的积极品质与核心素养的培养，是舍本求末之举。我们要关注孩子身上每一个优点的发展，让孩子的优点群发展为积极品质群、核心素养群，让孩子真正成为一个"全面发展的人"。

满足精神生命成长需求

先来读两篇参训家长的文章。

文章1:

在许多家长眼中，自己的孩子永远是最棒的。但我在写这篇文章之前，一直在误区里，真没把儿子的点点滴滴记录下来，平时只看到了孩子的缺点和不足，总是说：太胖啊、太能吃啊、胆子小啊、就知道看电视啊……表扬的时候很少。幸运的是，通过培训，我开始了反思，是我的不对，是我做得不够好。

通过反思，我发现了儿子的优点。

儿子，其实你真的很棒！你没有同龄孩子的娇气。回想，你从咿呀学语到现在，磕碰了，我们基本没有那么关注，你自己起来拍拍身上的泥土，说没事，没事；在幼儿园里，你长得胖，长得高，我们总怕你欺负小朋友，告诉你千万不能动手，可结果，你经常受伤回来，却说是小朋友不小心碰到的。

儿子，其实你真的很棒！你乐于助人。在幼儿园的时光里，我们并没刻意告诉你怎样做，老师却常说，你经常帮助小朋友干一些瘦孩子干不动的事情，经常帮助老师搬桌椅，经常做你眼里看出需要帮助的事情。

儿子，其实你真的很棒！你虽胖但不懒惰。你刚上小学时，我们真担心小学要早起，你能否马上适应，结果，你表现得还不错，知道要起早，到点就上床睡觉，早上5点多自己就起来了，根本不需要闹铃。妈妈比较懒，你起来的时候从来不叫我，告诉我，妈妈，再睡一会儿吧。

儿子，其实你真的很棒！你是我们家的黏合剂。你说，你非常爱我们的家，希望我们和和睦睦，无论谁和谁的声音高一点儿，你马上会说：小点声，你们是在吵架吗？可不能打架啊！于是，我们谁也不好意思吵吵了……

儿子，其实你真的很棒！有的时候很关心和体贴人。家里不管谁生病了，你总会问：怎么了？哪里难受啊？吃药了吗？用不用打针呀？非常焦急地找体温计，量量发烧不。这应该是你小时感冒积累的经验。

虽然你只是一个普通家庭中的普通孩子，刚入一年级，成绩还体现不出来，也没有特别突出的才能才艺，但是，你在爸爸妈妈心中是一个有个性、爱好广泛、诚实善良、有爱心的好孩子。我们会尽力让你开开心心地度过每一天，快乐健康地成长。

文章2：

我女儿一年前还是个不喜欢与人交流学习、不求上进、任性孤僻的孩子，经常抱怨我只顾工作不关心她，与别人交流时总是疑心很重，对学习成绩摆出一副满不在乎的样子，并且很准确地把自己定位为学渣。看着她自暴自弃的样子，我心急如焚，几经考虑终于下定决心放弃工作，全身心地看护孩子。

送接上下学，给我俩创造在一起接触外界环境的最好机会，我俩开始交流对身边人行为的看法。公交车上年轻人给爷爷奶奶让座，警察叔叔在雨雪天气里认真地指挥车辆通行，随手乱扔垃圾的行人，都是我俩议论的话题。一个多月后，我发现她开始渐渐地关心体贴别人了，不再那么自私和抱怨了，逐渐有主动帮助身边的人的意愿了，有快乐时能够与家人和同学分享了，也知道如何礼貌待人了，同学们也慢慢地喜欢与她在一起学习交流了。老师及时发现她的这些变化，时常给予她表扬与肯定，快乐的笑容时时挂在她脸上，一个爱说爱笑的小女孩出现了，孤僻冷漠的身影越走越远。

从女儿身上的这些变化，我体会到与孩子多交流对她的影响。在与孩子相处的过程中要善于发现孩子的变化与优点，及时表扬与赞美，这是激发孩子兴趣与进取心最有效的手段。

去年的一个周末，我与女儿去超市购物，当我转身找她试衣服时，发现她不见了。当我急急忙忙找到她时，看见她正在痴迷地看着小朋友们涂娃娃。我问她，咱也涂一个好吗？她爽快地答应了。看她那认真地把娃娃涂了一遍又一遍的样子，并不断地评论涂色的不足之处，我想起她平日里对漫画的酷爱，她的零花钱几乎都用于买漫画书了。于是我就有让她学习画画的想法，与她商量利用周末时间去学习画画时，她的脑袋迅速摇晃起来，送我四个字"坚决不去"。在这种情形下，我找来表妹做女儿的思想工作，表妹用自己的经历与取得的成绩证明学习画画的好处，帮女儿分析自身存在的优势，制定了学习规划，几经劝说，女儿终于答应了先去试学。

刚开始与老师学习画画的两节课，她的抵触情绪非常大，老师让她画素描，

她就在画板上随意乱画着人物漫画。老师没有放弃她，反而更加耐心地开导和鼓励她，逐渐地她能够安静地坐下来认真地完成一幅画的作业了。在以后的学习中，老师经常夸奖与赞赏，给了我女儿学习画画的巨大动力，画画的水平迅猛提高。半年后，女儿顺利地通过了漫画七级与素描三级的考试。

经过我一年多的陪伴，女儿的性格与习惯发生了很多变化，身上的优点明显增多。一是与她交流时，"为什么"这三个字总是重复出现，好奇心明显增强，刨根问底的话题让我时常无言以对，深感自己知识匮乏。二是每天放学后她会问我家里的物品摆放为什么移位了？家里为什么新添了这些物件？少了哪些食品，让我一一做出解释，敏锐的观察力让我做家务开始小心翼翼了，生怕哪样物品没有放到规定的位置。她自己的衣物都是按层次叠放得整齐有序，学习用具与生活用品都摆放在指定位置，并告诉我这样做是为了找东西能够更快捷、提高效率。在女儿的监督下，我也养成了按标准整理家务的习惯。三是那个少言寡语的女儿不见了，反而出现了一个话痨女。韩国布置萨德导弹的影响、

长春市又有一起重大新闻、化妆品的品牌有哪些……都成为她谈论的话题，犹如一个上知天文、下知地理的分析师，有片刻机会就能打开她的话匣子，似洪水般地发泄给倾听者，无法关住闸门，并不时伴着悦耳的笑声，因此也被老师列为最爱私下讲话的重点监视对象。四是积极主动参加学校组织的各项活动，凡是老师向全班同学征求意见，谁想参加此项活动时，她总是跃跃欲试，写板报、做手工是她最拿手的好戏，同学们无法完成的任务她会主动承揽下来，不顾深夜几点也要把任务完成后再去睡觉。每当看到灯光下的女儿在聚精会神地忘我工作，我心中充满了喜悦。

我在不断地发现女儿身上的优点，这些优点也在深刻地影响着我……

每个人都有两个生命：物质生命和精神生命，二者形影不离。物质生命是精神生命成长的前提，精神生命是物质生命存在的意义。教育应该努力满足两个生命成长的需求，使孩子既有强健有力的体魄，又有积极向上的追求。赞赏，是孩子精神生命成长的动力，我们要做给孩子动力的父母。

就像物质生命成长需要营养一样，精神生命成长也需要营养。孩子物质生命成长所需要的营养从哪儿来？从食物中来。孩子要一日三餐，三餐要讲究营养均衡，这是满足孩子物质生命成长的需求。一日三餐，要天天吃，顿顿吃，一顿不吃就饿得慌，所以，营养须臾也不能停供。试想，如果一个人三天不吃饭、一周不吃饭、一个月不吃饭，会怎么样？无疑的，身体的健康状况就会出现问题，甚至因饥饿而死去。

同样地，孩子的精神生命成长也需要营养。这些营养从哪儿来？从他人对孩子的尊重、肯定、赞赏、信任中来，从孩子自己对自我的接纳、自信中来。孩子接收到了来自父母、老师、同学的尊重、赏识、信任，精神生命就会充满力量，内心里就会充满阳光，一个叫"自信"的人格品质就会慢慢生长。孩子自信了，阳光了，属于物质生命的身体——眼睛、耳朵、嘴巴、双手、大脑、双脚……才会积极起来，动起来。于是，依靠孩子身体中眼力的付出、听力的付出、手力的付出、脑力的付出、脚力的付出，孩子不断形成学习能力、生活能力、做事能力。

相反地，一个孩子长时间得不到尊重、赏识和信任，精神生命成长长时间得不到营养的供给，精神生命就会跟物质生命一样出现问题，就会导致孩子精神世界的荒芜、荒凉，甚至因"饥饿"而萎缩死去。精神生命的"死去"，更多的表现形态可能是无所事事、自卑自闭、自暴自弃，走向虚无、走向极端、走向自我灭亡。

在"做孩子喜欢的父母"这期培训中，我们分享了一个赏识性实验的过程和结果。全班学生每个人买来三个鲜红光亮的西红柿，每天上学前和放学后，对着其中的一个西红柿大加赞美一番，对第二个西红柿大加咒骂一番，对第三个西红柿不理不睬。28天之后，令人惊讶的现象发生了：受到赞美的西红柿光鲜亮丽，被咒骂的西红柿破败不堪，被忽略的西红柿暗淡无光……

原来，像西红柿这样的植物果实，也渴望人们的赏识赞美。得到赏识赞美的西红柿，生命似乎有了力量、有了希望、有了阳光。

我很欣慰地看到，凡是参加培训的家长，他们关注孩子的焦点正在悄然发生变化。由原来以孩子的成绩和缺点为关注焦点，到现在以孩子的进步和优点为关注焦点。这是一个了不起的变化。看得见的是家长教育行为表象的变化，看不见的是家长正在逐渐接受正确的教育价值观。优点不说不得了，缺点少说慢慢少；渴望赏识是人性深处最强烈的心理需求；真爱孩子就是爱到孩子喜欢我、感恩我，而不是嫌我唠叨、为我痛苦；赏识是孩子精神生命成长的阳光雨露和精神食粮……我们认为，家庭教育最重要的是给家长正确的教育观、价值观，是将正确的教育观、价值观通过学习、练习、修习，根植于家长的心中，成为家长一生都去信服的观念。观念一变，奇迹出现，观念一变，教育行为就会发生潜移默化的变化。

"你没有同龄孩子的娇气""你乐于助人""你虽胖但不懒惰""你是我们家的黏合剂""有的时候很关心和体贴人"……我们很高兴地看到一位刚上小一的孩子家长，已经从找缺点的误区中走出来，"倒过来"学会了找优点。这些优点看上去与学习成绩不相关，这些优点更指向做事与做人的品质。这些品质一旦得到发展、巩固，成为孩子做事做人的自觉行动与习惯，就一定会帮助孩子创造幸福的人生。更重要的是，孩子在这样的家庭环境中成长，享受着来自父母的赏识与信任，精神生命成长有着源源不断的营养供给，孩子就会成为一个自信的孩子。自信的孩子会照亮自己幸福的未来，自信照亮未来！

"我女儿一年前还是个不喜欢与人交流学习、不求上进、任性孤僻的孩子，经常抱怨我只顾工作不关心她，与别人交流时总是疑心很重，对学习成绩摆出一副满不在乎的样子，并且很准确地把自己定位为学渣。"相信每一位家长看到孩子这样的成长状况，都会忧心忡忡。欣慰的是，故事中的家长毅然放弃了工作，全身心陪伴孩子。在陪伴中，父母与孩子有了对话交流的时间和话题，有了对孩子更深入的了解，有了对孩子给予赏识认可的机会。当我们真心要寻找孩子的优点时，我们竟然会发现孩子真的很优秀。孩子的"好奇心明显增强，刨根问底的话题让我时常无言以对，深感自己知识匮乏。"孩子"自己的衣物都是按层次叠放得整齐有序，学习用具与生活用品都摆放在指定位置，并告诉我这样做是为了找东西能够更快捷、提高效率。""那个少言寡语的女儿不见了，反而出现了一个话痨女。"孩子"积极主动参加学校组织的各项活动，凡是老师向全班同学征求意见，谁想参加此项活动时，她总是控制不住自己的手臂跃跃欲试，写板报、做手工是她最拿手的好戏。"孩子变了，而且是积极主动地变化。孩子精神世界的变化，正是得益于父母的陪伴、赏识与信任。自信源于他信，当孩子的父母、老师、同学都相信他时，他的内心才充满自信。所以，只有父母努力寻找、发现孩子的优点，赞美、赏识孩子的优点，孩子的自信之树才能不断生新根、发新芽、抽新枝、发新叶、拔新节、结新果。

当孩子的自信之树不断壮大，他才会将自信产生的力量和能量用在学习上、用在学习中遇到的困难上，才有勇气挑战学习困难，不断取得学习进步。自信，是家长送给孩子最好的礼物，自信的孩子不会受到伤害。孩子只有接纳自己，相信自己，爱自己，才愿意为自己心中的梦想和目标付出体力、提升能力、增强动力，才愿意绽放自己的心灵接纳他人和世界。赏识孩子是成就自信孩子的金钥匙。

赏识孩子而不贬低孩子，就要努力发现和赏识孩子精神生命的优点而不是缺点。如前文所述，孩子精神生命的优点表现为一系列做事、做人的积极品质，这些积极品质对于孩子来说，一开始可能仅仅是一个个幼芽，弱小而不引人注目。我们只有经常发现它、赏识它、赞美它，它们才能茁壮成长。相反地，如果我们经常忽视它的存在，漠视它的存在，它们就会像失宠的花朵慢慢枯萎直至死亡。对于一个孩子来说，他们的成长本来有多种可能性，但是，如果在孩子的成长过程中，我们做父母的只关注学习、只关注学习成绩，忽略了孩子更多的做事、做人的积极品质的成长，孩子成长的多样性可能就会越来越少，未来可选择的道路可能就会越来越少，孩子享受到的成长的乐趣可能就会越来越少，孩子对幸福的感受可能就会越来越少。

赏识孩子而不贬低孩子，就要努力发现和肯定孩子背后的努力和进步。我们很关注孩子的学习成绩，关注孩子的学习结果，但却很少关注孩子的学习过程。结果自然很重要，但所有的结果都源于过程，有什么样的过程，就有什么样的结果。当结果一旦生成，就无法改变。如果我们只是简单地把自己孩子的学习结果与比他成绩更好的孩子相比较，在考试分数本身上纠结不停，并由此批评孩子不努力、不认真，甚至骂他没出息、不争气，毫无疑问会严重打击孩子的学习自信，考试便完全失去了它的真正意义。

学生在校的考试，无非有三种：一个是日常性的检测，像小测试；一个是阶段性的考试，像期末考试；一个是学段性的毕业与选拔考试，像中考或高考。相对于学段毕业或选拔性考试，前两者都是学生在某个阶段学习中的过程性考试。过程性考试的意义是通过考试，检查学生在某一阶段的学习过程中，对相关的学科知识与能力的掌握情况，教师据此调整教学内容与教学方式，有针对性地对学生掌握薄弱的地方进行二次教学或辅导。学生据此反思自己的学习过程和学习方法，调整自己的学习内容，对答错的问题进行重点研究解决，从而不断消除学习过程中的知识盲点、断点、薄弱点、模糊点、误解点。从这个意义上说，过程性考试对于学生的真正意义是将卷面答错的问题进行再学习、再理解、再表达。这样的问题暴露得越早，解决得就越快。解决得越快，对后续学习乃至毕业与选拔考试就越有帮助。考试过后，家长应该和孩子一起，在老师的讲评和分析下，从考试存在的问题出发，对孩子的学习过程、学习方法、学习品质进行不断反思，找出扣分之处孩子存在的真问题，帮助孩子找到解决真问题的方法，这才是对待考试的正确态度和正确行为。如果一味抓住分数不放，非但没有解决分数本身的表象问题，更没有解决分数背后的真相问题，考试变成了打击孩子自信的行为，变成了孩子害怕考试的心理原因。

相反地，倒过来，我们能从一次考试中努力发现和看到孩子的进步，包括分数有了点滴提高、书写有了点滴进步、某个板块的知识点掌握较好、上次考试存在的问题这次没有出现……我们努力发现和看到孩子考试进步的地方，看到孩子在学习过程中努力的地方，那么这次过程性考试就有了积极的意义。孩子因为父母的赏识，学习信心就在一点点增强，不会的问题就会一点点得到解决。只有孩子对学习、对考试不再害怕了，有自信了，敢于尝试和挑战了，真学习才能发生，真进步才能发生。

更何况，我们还可以在考试之外更广阔的学习中，努力发现孩子做事与做人的努力和进步。这样的努力和进步同样需要我们及时发现并赏识，同样会激发孩子的成长动力，增强孩子成长的自信！

我一定喜欢欣赏我的人。当孩子切身感受到了父母的赏识和认可，孩子会从心底喜欢我们、感恩我们。只有这时，我们的教育才能真发生，我们对孩子的积极影响才能真发生。

抱怨是孩子成长的阻力

先来读一篇参训家长的文章。

一言不合就开吼。起床要吼，穿衣服要吼，洗漱要吼，吃饭要吼，做作业要吼，逛街要吼，睡觉要吼，不听话要吼，不合心意要吼，甚至自己心情不好也要吼……

作为一个妈妈，我曾经也是这样。绝对的是从身体疲惫到精神崩溃！我开始意识到这个越来越严重的问题，是因为一次偶然的触动。

有一次我在一个人潮涌动的商业广场上，看到一位妈妈当街训斥自己泣不成声的孩子。她手臂在空中挥舞，声音越来越高，语速越来越快，说出的话像子弹一样扫射，扫射到一个不到 4 岁的孩子身上。

她说："我跟你说过多少次了，你怎么一点儿也不长记性！"

她说："你是老天爷故意派来整我的吗？"

她说："你就不能做一件让我顺心的事吗？"

她说："你要是还这样，就别想我带你出来了。"

当时，我是很受触动的，触动我的不是看到这位母亲如此这般地对待孩子。触动我的是，我好像看到了我自己，因为孩子而失控的自己。

我愣在那里，看到了自己因为生气而扭曲的脸，看到了自己因为生气而说出伤人的话语，看到了孩子因为害怕而颤抖的身体。

我紧张而且害怕。我理解她，也深深地惭愧，开始深深地反思。

我相信：没有人做父母是为了生气的，也没有人生孩子是为了骂他们的。相反，我们想的是：我爱我的孩子，我能为他做任何事。

我爱我的孩子，我要做一个"对的"妈妈，说正确的话，做正确的选择。我爱我的孩子，我要对孩子有耐心，要冷静。

我希望能时时控制住自己，做情绪的主人，就像他们说的：母亲情绪平和，是对孩子最伟大的教育。

但是天知道当妈以后为什么那么容易生气，不由自主地就会对孩子咆哮——甚至有时候都顾不了时间和场合。

其实妈妈对孩子的愤怒和叫嚷总是源于无力感。当我们无法控制孩子的行为，当我们无法让孩子乖乖起床，当我们无法阻止孩子间争吵，当我们无法让孩子认真学习，当我们无法让孩子按时入睡……

这些都会让我们觉得，做妈妈做得真失败！真的想要努力做好，但是不知道该怎么做。我们不停地付出，甚至牺牲了很多，但是仍然所有的事情都偏离了自己的计划和期望。当我们被失望和沮丧压得透不过气来，同时也会被深深的无力感抓住，能迅速感受到力量的方法就是——大喊大叫！

因为人心烦、恐惧、需要释放，所以要大喊大叫！这也是为什么，孩子们会对我们"大叫大哭""顶嘴"，因为他们同样也有无力感。

原因找到了，那我们就应该快速制止。当意识到自己就要忍不住吼娃，那么请赶快利用残存的一点儿理智，做一些可以暂时控制情绪的事：

现在我可以快速鼓掌15次；现在我可以充满激情朗诵古诗；现在我可以大笑着说"我真生气喽"；现在我可以上个厕所，随便想想一会儿穿什么衣服……听起来不错，关键是简单易行，而且我几乎天天都有机会用到它。

第一次是一天早上。我第N次遇到每个妈妈都会遇到的问题：

应该在六点半出门的娃，六点十五分还哼哼唧唧地赖在床上。我从五点四十五分开始，已经每隔五分钟一次叫了他好几次。自然，我也尝试了轻言细语地叫、温柔耐心地哄、夸张卖力地演等多种叫醒风格……在我耐性就要被磨光的时候，人家居然先不耐烦了，只听他喊了一嗓子"妈妈，你好烦！"，然后用被子蒙住头，拿屁股对着我！

看着在床上蜷成一团的娃和越来越近的上学时间，我正想发飙，想怒吼，甚至有点儿想往小屁股上啪啪扇两巴掌。

我对自己说：现在我可以先去吃早餐——我好像吃过了；现在我可以刷下朋友圈——我手机在哪？现在我可以去衣橱看一看，明天穿裙子还是穿裤子。我选了最后一条。

其实在我想到这些的时候，就已经没那么气了。当我把衣橱里当季的衣服看了一遍（其实并没有想好第二天穿什么）以后，心情竟有点儿好了……

我开始问自己：你现在希望怎样？赶快出门上学。

那么指责抱怨，从今天晚起说到昨天晚睡，从晚睡说到吃早餐，对于出门上学有帮助吗？貌似并没有。

我拿定了主意。这时孩子在叫："妈妈，我起来了。"我答应一声，走了出来，还顺便照了下镜子。我们如常地度过了那个早上，我们都很平静，没有前几次妈妈的怒吼和碎碎念，也没有一个气呼呼冲出门的孩子。孩子竟然主动跟我说："妈妈，你明天再早点儿开始叫我。"

综上，我们就是需要在自己感到无能为力到就要失控的时候，赶紧想一点儿和做一点儿自己立马能搞定的别的事，把自己从愤怒和冲动的旋涡里抽离出来，冷静下来，这样对下一步该做什么、说什么，才能有更好的选择。

谨记"冲动是魔鬼"。千万不要再让魔鬼占据我们的头脑，做下对孩子后悔不已的事情。管理好自己的情绪，才是做好妈妈的开始，才是伟大教育的开始！

"一言不合就开吼。起床要吼，穿衣服要吼，洗漱要吼，吃饭要吼，做作业要吼，逛街要吼，睡觉要吼，不听话要吼，不合心意要吼，甚至自己心情不好也要吼……"这大概是很多父母尤其是妈妈的教育经历。有人开玩笑说，女孩子一旦做了妈妈，就变成了"老板"。"老板""老板"，老是在孩子面前板着脸。

板着脸是妈妈抱怨的外在表现。抱怨是关注孩子缺点产生的行为反应，是教育的一大误区。抱怨直接砍去了孩子的快乐，把孩子逼向痛苦。父母长期局限在孩子的缺点中，抱怨孩子，指责孩子，训斥孩子，孩子精神生命成长缺乏营养，心灵的田野就会凋零、枯萎、荒芜。同时，孩子也会像父母一样，学会抱怨，沾染上抱怨的"传染病"。为什么一做了妈妈，尤其是上了学的孩子的妈妈，抱怨就成为妈妈想甩也甩不开的情绪了呢？

原因其实很简单。

一是妈妈们对孩子的行为表现充满了高期待，当孩子没能满足妈妈们的高期待时，抱怨就情不自禁地由心而生。孩子是父母爱的结晶，是父母生命的延续。当经过了初为人父人母的欢喜之后，教育好孩子，把孩子培养成人，几乎是所有父母急切而强烈的期待。这种期待随着孩子上幼儿园上小学，随着孩子有了可以比较的对象——同学，就显得越发急切和强烈。

为了实现和满足心中这种高期待，父母尤其是妈妈们，付出了太多的精力，做出了太多的牺牲。付出得越多，牺牲得越大，就越希望看到高期待早日实现，甚至立竿见影。所以，在父母心中，我们早已为孩子当下的各种行为表现尤其是学习行为表现设定了高目标：凡事要做得最好、最快、最高。考试成绩要满分，班级排名要第一，参加比赛要金奖……我们以为，我们给了孩子最好的物质生活，给了孩子最好的幼儿园、最好的小学，给了孩子最充分的学习时间，给了孩子最好的课外班，孩子就应该用最好的表现回报我们。我们把这样的回报看成是理所当然的。我们甚至搞不清楚，孩子有什么理由学不好？有什么理由比其他孩子学习差？我们该做的都做了，甚至不该做的也做了，为什么孩子的成绩就不如别的孩子好呢？

这其中的原因恰恰是我们给孩子的高期待。高期待似乎没有错，我们应该对孩子的成长有所期待，问题的根源是我们期待的高度是不是孩子当下努力付出能够达到的高度，我们有没有给孩子形成能力足够的重复次数，我们有没有疏忽一个最简单的学习规律——循序渐进，我们有没有将我们的高期待转变成孩子自己的成长目标，我们有没有对孩子的努力和进步给予真诚的赞美和赏识。

孩子还小，还不明白当下做事的意义是什么，不明白学习的目的是什么。但孩子的内心却有着与生俱来的强烈的精神需求：关于安全、关于自尊、关于存在感和价值感的心理需求。当我们给孩子定下的目标太高，高到孩子怎么努力也实现不了的时候，孩子的自尊心就会受到很大打击，这个时候来自父母的抱怨无疑会雪上加霜，让孩子深深感受到无力、无能和羞愧。当我们只允许孩子一听就要懂、一学就要会、一考就要好，不给孩子更多的重复学习、练习的机会，这个时候来自父母的抱怨无疑会雪上加霜，让孩子深深感受到无力、无能和羞愧。当我们强迫孩子做我们认为有意义的事情，做我们认为是为孩子未来着想的事情，而孩子对做这些事情的意义没有完全理解的时候，就等于我们是在让孩子做自己不喜欢的事情。孩子不喜欢就不容易做好，做不好我们就会抱怨，抱怨之后孩子还是做不好，就会让孩子感受到自己的生命被父母控制，自己做人的尊严受到伤害，就会让孩子感受到做事学习的痛苦，渐渐产生厌学心理。

所以，父母们要把期待的高度降下来，要把做事学习的目标定得再低一点儿，让孩子努努力、跳一跳就能实现。循序渐进，日积月累。学习是一辈子的事情，不怕进步小，就怕不进步。我在当班主任时，经常给我的每届学生讲"小闹钟的故事"。一台老闹钟退休了，需要一台小闹钟顶岗。小闹钟上岗的第一天，在岗的一台老闹钟说，你能行吗？你一年能摆动 31 536 000 次吗？小闹钟一听吓坏了，摇摇头说，好像不能。那台退休的老闹钟听后，对小闹钟说，你别听他瞎说，你只需要每秒钟摆动一次就行了。每秒钟摆动一次，小闹钟听后非常自信地说，我能做到。其实，每秒钟摆动一次，一年下来就是 31 536 000 次。但是如果我们一下子提出这个目标，小闹钟就怀疑自己不能做到。相反，我们只提出每秒钟摆动一次，小闹钟便觉信心满满。并不是一锹挖出来的，胖子不是一口吃出来的，日积月累，循序渐进，是我们做好一切事情的基本规律，是学习的基本规律。我们不能违背这个规律，要求孩子做事学习的各种能力实现速成。后来，我从这个故事出发，总结提炼出几句富有深意的句子：再大的正整数不过是 N 个 1 的总和；树立大梦想，享受小成功，快乐每一天。

二是妈妈们动辄对孩子抱怨甚至大喊大叫，是因为我们知道在孩子面前，自己的教育行为具有充足的安全感。我们心里很清楚：孩子是我生的，是我养大的，这一路走来，为了孩子我们付出了太多太多，我们几乎把自己所有的爱都给了孩子，甚至爱到把我们自己都忘了，我的眼里只有你，心里只有你。正是因为我们为孩子做了这么多，在孩子面前我们才有一种高高在上的感觉，感觉孩子亏欠我们太多。所以，我们从来没有担心我们的抱怨会让孩子生气，让孩子怨恨。我们没有心存恐惧感，因为我们清楚地知道我们的动机完全是为了孩子，是为孩子当下和未来负责，为孩子的一生负责。我们的动机里很少有为自己考虑，我们的教育动机非常纯粹。这就更加增加了我们批评孩子的勇气，甚至暴跳如雷、歇斯底里也能自圆其说。所以，孩子稍有不如意，我们就"起床要吼，穿衣服要吼，洗漱要吼，吃饭要吼，做作业要吼，逛街要吼，睡觉要吼，不听话要吼，不合心意要吼，甚至自己心情不好也要吼……"

但我们不知道，当我们在吼孩子的时候，孩子内心充满了怎样的恐惧。一位家长在一篇文章中就曾这样写道："之前看过一本非常出名的绘本《一生气就大吼大叫的妈妈》，是一只可爱的企鹅宝宝向我们讲述了它和妈妈之间的非凡经历。'今天早上，我妈妈发脾气，冲着我生气地大叫。结果，吓得我全身散开飞跑了……我的脑袋飞到了宇宙里，我的肚子落入了大海里，我的嘴巴插在了高山上。最后发脾气大叫的妈妈又将我找了回去，将我修补好。妈妈跟我说对不起，我也原谅了妈妈。'由此可见，在父母吼叫孩子时，孩子内心充满了恐惧，甚至会瑟瑟发抖，他们靠着天马行空的神游来逃避令人恐惧的世界。孩子的内心很柔软，而小小的他们又总会不经意地犯错。孩子常常愿意原谅'暴力父母'的过错，他们愿意相信父母是心情不好才发火，不是不爱我！"

是的，孩子有很多优点是我们做家长的没有的。孩子不会，他学；孩子受委屈，他忍；孩子错了，他改；父母错了，他原谅。我们呢？我们仗着在孩子心中爱的账户中存了太多的款，就不顾及孩子的心理感受，就口不择言地抱怨、比较、打骂、讽刺、怀疑，一次次走进家庭教育的误区。我们以为孩子小，以为孩子亏欠我们，所以我们，一次次任意妄为，一次次伤害孩子。我们知道，我们抱怨的话即便再不中听，抱怨的行为即便再过头，孩子也会因为亏欠我们，一次次选择忍受和原谅，也不会因此疏远、顶撞我们，或者报复我们，与我们为敌。

但是，我们不知道，我们每一次对孩子的伤害，都是在孩子爱的账户中取款。我们先前几次十几次爱的存款，可能一次伤害就都取出来了。到现在，孩子爱的账户中，说不定已经分文皆无，甚至是我们欠孩子的了。因为一次伤害所带来的负能量，可能需要几倍甚至十几倍的正能量才能综合。当孩子内心爱的账户已经没有了我们爱的存款，我们再次伤害孩子就会取走什么？就会取走孩子的自尊。自尊是什么？自尊是人的精神生命的底线，是一个人要用生命的全部捍卫的底线。因为一个没有自尊的人，早已经不把自己当成是人了。一个得不到他人尊重的人，自己也不会尊重自己，也不把自己当成人。当自尊不复存在的时候，一个人将走向自卑。

所以，当我们还满足于抱怨打骂孩子有足够的安全感的时候，当我们还满足做父母的教育权力的时候，我们正在一点点触碰孩子的自尊，正在一点点伤害孩子的自尊。也许我们不会想到，其实做父母也是有有效期的，当我们的孩子长到十八岁，长到成年的时候，我们做父母的有效期就到期了。如果我们在孩子成长的十八年里，动辄抱怨孩子而不是赏识孩子，动辄伤害孩子而不是真爱孩子，动辄在孩子爱的账户中取款而不是存款，我们很难享受到与孩子共同成长的幸福，更很难享受年华老去之时孩子带给我们的天伦之乐。这是不是做父母的一个悲哀。

所以，请父母记住：抱怨是孩子成长的阻力，赏识才是孩子成长的动力。

所以，请做了妈妈的"老板"，能不能不要总是板着脸，不要总是一脸怨相、苦相、怒相、冷相，而是常常给孩子笑脸。用我们身体的语言赏识我们的孩子：经常点点头、微微笑；经常夸一夸、抱一抱；经常认真听、用心写、小声聊。经常做到眼中有光，脸上有笑，心中有爱。

参训家长微分享

——孩子考试考得不好的时候，孩子懒惰的时候，孩子不听话的时候，家长容易产生抱怨情绪。抱怨的动机是希望孩子能够更好，希望孩子能够在今后的生活中有选择生活方式的机会，但孩子的表现与自己的希望产生落差后，就会通过抱怨来表达和发泄自身的不满。抱怨会给孩子带来压力感，迫使孩子欺骗家长，反而影响孩子思想品质地健康发展。抱怨多了，反而增加了自身的烦躁、懈怠，进而影响家庭关系的融洽和谐。

——当孩子做错事或者没有按照家长的方式处理问题时，家长便会在一定程度上抱怨孩子。其实我们家长应该换位思考一下，如果家长是孩子，可能做的还不如他们。一味地抱怨，只会让孩子丧失信心，从而自暴自弃，产生自卑心理，不利于孩子的成长。我们在生活和工作中，都有过被人抱怨的时候，有的时候就是缺乏理解和沟通，造成的负面情绪都会给生活和工作带来不好的影响。所以我们要耐心地教育我们的孩子，设身处地地为他们考虑，像朋友一样耐心、细心地沟通，不抱怨他们，给孩子最大的鼓励，让孩子相信自己能。只有这样才能更好地促进孩子的成长和进步。

——我一般都是因为孩子做事拖拉抱怨孩子。总是抱怨孩子没有时间观念，比如早起吃饭了，准备上学了，晚上做作业了，等等。因为抱怨就会唠叨，以至于会生气大声呵斥孩子，这样孩子就会有压力，更加不知所措了。我的生活中也有被人抱怨过。抱怨就像多米诺骨牌一样，因一个人就会影响整个家庭，改变家庭的磁场，影响家里每个人的情绪。

　　——日常生活中，我会因为孩子在做题的时候，很简单的问题出错而抱怨孩子，也会因为孩子爱玩不爱学习而抱怨孩子。我的想法就是希望他在学习上多用心些，不要经常在小问题上出错或者马虎。我觉得抱怨会使孩子越来越不自信，每当我看着他做作业时，他经常会说："妈妈我这样对不对，我以为我错了呢！"本来会的题都会很不自信地写出来，看到孩子这样，我真的意识到自己的教育存在很大的问题。我们不能盲目地只看到孩子出错的地方，应该帮助他找到出错的原因，共同去克服它。这是我现在的认知。在日常的生活和工作当中，我也会遇到来自别人的抱怨，其实真的会受到很大的影响。别人抱怨你时，你会觉得今天的心情由晴转阴了，做事也会因此而受到影响。请我们作为家长的换位思考一下，希望我们的孩子都能在没有抱怨的环境下健康成长。

　　——抱怨不但不能解决任何问题，还会将人困于问题当中，沉浸在失意、沮丧中无法自拔。家庭是放松身心的地方，在孩子面前，在外承受了各种压力的家长，要注意调整心态，以乐观、坚强的一面去面对孩子。毕竟，家长无意的消极语言也不利于孩子健康成长。情绪是可以传染的，应该用快乐的情绪去感染孩子。

　　——在孩子成绩考得不好，房间凌乱不堪，书包乱七八糟，做事拖拖拉拉，写作业磨蹭的时候，我就会抱怨孩子。显然地，是因为孩子没有达到自己的要求，或者说没有按照自己的标准来做。抱怨后，孩子会觉得心烦，会有抵触情绪，有时候甚至大喊大叫。

　　——不言而喻，作为家长肯定会在孩子达不到自己的要求的时候抱怨指责孩子，写作业拖拉、不认真，字迹不工整，边写边玩，吃饭的时候看电视，等等。想法是希望孩子快点儿完成作业，在指定时间里自己的事情自己做，并且能快速地完成各项任务。经常抱怨孩子这不对，那不行，只知道批评、指责，不分析原因，久而久之不光家长心情受影响，孩子对自己也失去信心，做事情不积极，不主动，甚至胆小怕事。人无完人，作为大人的我们也总是犯错，甚至也有解决不了的问题，被抱怨也在所难免，心情自然很低落。其实换位想想，孩子比我们更需要理解和爱，希望我们能从现实生活中慢慢探索学习，给孩子一个充满爱的生活环境。因为我觉得，一个有爱、有关怀无抱怨的家庭，对孩子的成长极为重要。

——相信每位家长都有过类似经历：早上孩子赖床不起，起来后穿衣服磨磨蹭蹭，半天穿不上一件，洗漱也慢得让人心急，吃早饭的速度更是慢到让人急得想去喂她，放学回家不写作业我们急，写得慢了我们急，写得不工整我们气，写错了还要生气，看到考试卷子马虎没得满分我们生气。一天下来，我们给予孩子的不是爱，而是满满的唠叨、抱怨、脾气。我们按照成人的标准去要求孩子，孩子做不好我们就抱怨，这是我们常常会犯的错误，却忽视了孩子在我们诸多抱怨声中承受的心理压力。抱怨会使孩子内心痛苦，从而失去原本的快乐，如果我们换位思考，你的领导或是爱人每天都在抱怨你的过失，从来不肯定你，我们内心会快乐幸福吗？一定是充满抵触情绪的。改变从父母做起，只有我们调整好心态，少抱怨，换一种方式，孩子才能有更多的快乐，才会有一个积极乐观的心态。

——生活中，父母都希望自己的孩子比别人强，如果孩子表现得不能让我们满意，就责怪声不断，围绕着孩子的就是这样一句话："你这孩子一点儿也不行！"想想我们每个人都有自尊心，孩子也不例外。孩子经常受到批评，会失去信心，对自己也会感到失望，有时还会攻击他人来表现自己是个强者。父母絮絮叨叨地埋怨孩子，实际上总是在提醒孩子他又失败了，又表现得不够好。用这种方式教育孩子是不正确的。作为父母，应当在孩子失败的时候给予鼓励，增强孩子的自信心，始终相信孩子一定会表现得更棒的。

——我一般会在孩子做错事时，问她为什么做错了，孩子解释了错误的原因，这时我会认为孩子是在为她自己的错误找理由，怀疑孩子撒谎了。我有时不听孩子的解释，认为她在撒谎，她越解释我越生气，这样孩子就干脆不说话了，她不说话了，我也会生气。对孩子怀疑的结果是，导致孩子不愿意对犯的错再做解释，孩子认为做解释妈妈也不会相信自己的解释，也不听自己的解释，那我还解释什么啊！干脆什么也不说了，不再和我沟通，不再和我聊天，心与心的距离在一步步加大，会感觉和女儿越来越陌生了。后来，我发现是我自身存在很多问题，应该选择相信孩子，给孩子说话的机会，允许孩子犯错，我认为错误是孩子成长的阶梯。我在工作中也被领导或同事怀疑、误解过，当时心里觉得很难过，觉得很冤枉，心里很抵触，心情很低落，慢慢地和领导、同事就有了距离，对待工作也没有以前那么有激情了。回到孩子身上，孩子在曾经的日子里也经受了我的种种怀疑、报怨，这种被怀疑、被抱怨的感受很糟糕。作为妈妈，在这里真诚对女儿说声："对不起！妈妈以前做错了事，妈妈一定改正！"

　　——作为家长，我经常会在孩子做错事、不听话的时候大发脾气，不认真学习的时候我最生气，有时甚至把写得不好的作业撕掉让她重写。其实我们做父母的从一开始就没有用心地去引导教育好孩子，让他们养成良好的学习习惯，总是在孩子做不好的时候把这些错都归到孩子身上。父母是孩子的第一个老师，而我们却不是合格的老师。久而久之我们不正确的教育方式，带来的后果是孩子的逆反心理。你越说、越打骂，她们越抗拒，越不愿意听你唠唠叨叨。我们要及早地认识到这些错误的做法，及时改正，做一个合格的父母。

　　——以前孩子每天写作业的时候，我会经常在旁边抱怨。什么字写得不工整，姿势也不对了，等等。我以为经常在旁边抱怨，孩子就可以改正这些毛病，可是事与愿违啊，越抱怨孩子越不爱听，不但没有起作用，反而给孩子造成了压力，从而导致孩子写作业的质量是越来越差。参加北斗老师组织的"动力教育合格父母培训"以后，我才认识到自己的错误，所以我要改正这个错误，争取做合格的家长。

第七篇

教育**疏**不得

当剪掉了脐带那一刻，一个孩子便从母体中分离，在哭中降生了。联结母子或母女的脐带虽然剪掉了，但孩子对母亲的依赖、母亲对孩子的呵护，却从孩子出生那一刻，更加紧紧地联结在一起。母亲与孩子两个生命之间又重新联结了一条脐带——一条看不见的爱的纽带。

孩子之所以依赖父母，尤其是母亲，这是满足安全感的需要。想想一个婴儿来到这个世界上，眼中所见是完全陌生的世界，耳中所听是完全陌生的声音，肌肤所触是完全陌生的事物，他的内心充满了怎样的惶恐和不安。好在有母亲，有母亲须臾都不离开的陪伴。一个婴儿把自己的生命完全交给了母亲，他对母亲有着百分百的信任。

当我们的孩子渐渐长大，学会了说话，学会了走路，学会了读书，他对来自父母精神方面陪伴的需求就相对多了起来，这种精神方面的陪伴，就是陪伴孩子读书，陪伴孩子聊天，陪伴孩子游玩，理解孩子成长中的苦恼，帮助孩子驱散负面情绪的迷雾，指导孩子树立人生的目标，感同身受地与孩子同欢喜共悲伤。

父母之于孩子的爱，是由密到疏的爱，是渐行渐远的爱，但却永不能忽略和疏离。父母要学会放手，学会将先前的亲近之爱变成放手之爱。放手之爱让孩子学会独立，学会独立思考问题，独立解决问题，独立做出选择，独立面对人生。孩子只有经过独立成长的过程，才会增加生存的能力，获得生活的智慧，感悟生命的意义，才能最终成为一个独立自主的生命。

爱是亲子关系不断的纽带

先来读一篇参训家长的文章。

月色如此皎洁，仰望天空，好像一切都是完美的。夜晚安静得让人感到窒息，抬头看看，眼前的是什么？长那么大了，一路走来，留下了什么，带走了什么？

从婴儿长大到现在，孩子不再是小时候那样懵懵懂懂，一路上，孩子成长了，获得了，懂得了很多很多。

孩子曾经呱呱坠地来到这个世上，无知地看着这个世界，第一次给我带来的，不是别的，就是哭声。轻拍额头，在怀抱中摇啊摇，于是他便露出了最开始的笑容。

从咿呀学语到蹒跚学步，带给我太多的惊喜。从无所谓到开始关心你，让我内心无比温暖。

慢慢地孩子步入幼儿园，牵着他的小手慢慢走着，有说有笑，走进幼儿园，挥挥手说再见。他在班级认真地上课，在操场上放肆地大笑，玩得大汗淋漓。天天勇争小红花、小星星，为的就是放学后妈妈的拥抱，为的就是妈妈的一句赞美。

成长的步伐总是那么快，转眼4岁了。记得孩子第一次拿笔开始写硬笔书法就应该在4岁的时候。小小的手拿着十分不配合的笔，看起来是那么笨拙，不过却很协调。一笔笔写得非常的认真，课课没有间断过，一坚持就是5年，时间不短也不长，但我看到了孩子的坚韧与坚持。这一切只因他喜欢。

由于小时候照顾孩子没经验，孩子连续得了两年的肺炎。在这两年里，孩子的大部分时间是在医院中度过的。每次吃药打针，孩子都不会躲避，只因不想让我伤心难过。不想让孩子打针吃药，唯一的方法就是增强孩子的体质。这个时候孩子开始了速滑这一冰上运动。从不断磕磕碰碰，经历了不断跌倒不断爬起的过程，终于学成。从4岁一直到现在，每年冬天在冰上都会看到他的身影。这一路走来，孩子明白了一分耕耘一分收获的道理。

每一颗星星都闪烁着无尽的光辉，岁月匆匆一去不复返。他走过了天真无邪的孩童时光，这就好像告诉我：孩子已经长大了。

孩子6岁时终于成为一名名副其实的小学生，我为孩子高兴。不过，烦恼也紧随而来。高兴的是，孩子人生的又一段崭新征程到来。烦恼的是，孩子马虎的毛病也随之而至。"你怎么这么粗心，英语的大写字母写成小写字母；数学不是小数点忘了加，就是死脑筋转不过弯；语文也是，不该错的总是错……成绩总是没有提高！"从小学一年级至六年级，这类话就常常在我心头萦绕。我知道这样不对，我也常常在批评与自我批评中度过。在这六年里，大部分的时间我都是任孩子自由发展，给孩子足够的时间。不过即使这样，孩子始终知道什么是对的，什么是重要的，什么是这个时期应该做的，也知道自己真正想要得到的是什么。这让我非常欣慰，虽然结果有时不尽如人意，不过最重要的一点儿是孩子没有忘记上学的初衷。

时间总是过得飞快，一转眼孩子步入了初中，成为一名真正意义上的初中生。高兴的同时，也伴随着难过，初高中是非常累的六年，不过唯一能承诺的就是给孩子支持，陪伴在孩子身边……

初一的生活是从军训开始的。酷热的天气，笔挺的站姿，英姿飒爽的武术操……让孩子学会了吃苦耐劳，知道了坚持不懈。老师说，初中三年比这还要苦还要累，这仅仅是一个开始。

小草会长大，小树会长大，人会长高，心智会成长，古时人们要用火取暖烤肉，于是，我们就有了火，这是人类的成长。鸟儿本是无翅膀的，但自然里要求适者生存，于是，鸟儿就有了翅膀，这是动物的成长……太多太多这样的例子印证了事物成长的必然性。

　　成长是调色盘，成长的调色盘如此变幻莫测，今后你是想成为温室中的绿色，还是长盛不衰的黄色及红色，或是充满挑战的蓝色？我想，当这些颜色调和在一起的时候，这样的生命才是最精彩的吧！希望我的孩子能不负好时光，好好学习，快乐成长！

　　所有的妈妈都是这样：当剪掉了脐带那一刻，一个孩子便从母体中分离，在哭中降生了。联结母子或母女的脐带虽然剪掉了，但孩子对母亲的依赖、母亲对孩子的呵护，却从孩子出生那一刻，更加紧紧地联结在一起。母亲与孩子两个生命之间又重新联结了一条脐带——一条看不见的爱的纽带。正是这条爱的纽带，演绎出了人世间一幕幕荡气回肠的爱的剧目。

　　爱的纽带虽然看不见，但它却时刻护佑着孩子、陪伴着孩子、引领着孩子。这条爱的纽带，在孩子很小的时候，叫"护佑"，它与父母的联结非常紧密。孩子因为弱小，体力很弱，能力很弱，所以"护佑"孩子成长，是我们父母的第一责任。孩子须臾离不开父母的"护佑"。我们要看护好孩子穿衣、吃饭、喝水、睡觉、玩耍，我们要时刻保障孩子的安全，我们要不停地拥抱孩子，让孩子偎依在母亲的身旁，只有这样，看上去如此弱小的孩子才能一点点长大。不但如此，孩子睁开双眼就要看到父母，只有看到了父母，他的小小的心才安定下来，才踏实下来，才放心地去做自己的事。在这个阶段，我们就是孩子的贴身保姆，以我们无微不至的照顾把孩子养大。孩子什么时候该吃饭、什么时候该饮水、什么时候该睡觉、什么时候该增减衣服、什么时候该看医生、什么时候该玩耍，以及吃什么、喝什么、怎么睡、穿什么、用什么药、玩什么，通通都是我们说了算，都由我们来选择和安排。我们以成年人的生活经验和育儿知识，尽己所能地给予孩子无私的关爱，护佑着孩子健康成长。

　　这条爱的纽带，随着孩子渐渐长大，它的名字也发生着变化，在"护佑"了3年左右之后，它就更名为"陪伴"。就像上文的作者所说"不过唯一能承诺的就是给孩子支持，陪伴在孩子身边。"当我们的孩子学会了说话，他就开始说自己的话，就开始按照自己的心理需求去说话，不再仅仅是我们说他来听。当我们的孩子学会了走路，他就开始走自己的路，就开始按照自己的心理需求去走路，不再仅仅是我们想往哪走就背着抱着他往哪走。我们欣喜孩子长大了，会说话了，会走路了，却不知道烦恼也正一步步向我们走来。很多时候，我们便开始要求孩子听话，听我们的话，像3岁之前那样，无条件地听父母的话。可是孩子偏偏要说自己的话，有些话正合我们的心意，我们便欣然允许。有些话却不合我们的心意，我们就会否定孩子的话，就会野蛮地让孩子不要说话。很多时候，我们便开始要求孩子走我们确定的路，可是孩子偏偏要自己选择道路，甚至有时候偏偏选择泥泞的、坎坷的路。于是我们会否定孩子的选择，甚至会野蛮地强行让孩子走我们确定的路。

我们忽然发现，我们和孩子正在逐步分离，从肉体到精神。孩子对我们的依赖似乎不再是无限的了，而是有限的了。有限的依赖，就是有时候依赖我们，有时候可以不依赖我们；需要依赖我们的时候就依赖我们，不需要依赖我们的时候便独来独往。当孩子有了基本的生活能力，当孩子上了幼儿园，有了可以依赖的老师，有了可以玩耍的同学，这种感觉似乎就更强烈了。这种有限依赖既包括身体方面的，也包括精神方面的。我们似乎明白了一个道理：原来这个小家伙先前对父母的完全依赖，正是为了今天的半依赖，正是为了明天的不依赖。他们在完全依赖中悄然长大，在半依赖中学习成长，终将有一天会骄傲地独立地真正开始了自己的人生之旅。自主、独立，是所有孩子满心向往地成长。亲子关系之路就是一条从相聚到逐渐分离的路。

是的，我们惊讶于孩子的成长。我们也没教孩子说几句话，可是不知什么时候，孩子就会说一口流利的中国话，小嘴巴跟我们对起话来一点儿都不逊色。我们也没怎么教孩子走路，可是似乎昨天走路还跌跌跄跄的小家伙，今天走起路来就稳稳当当了，就可以走走跑跑了，就能跟上我们的步伐上台阶下楼梯了。我们惊讶于孩子天赋表现出的能力，尤其是想象能力、模仿能力和质疑能力。

孩子的想象力，完全不受成人世界的思维模式控制，任何在大人们看来是微不足道的东西，在他们的世界里都会变成有趣的玩物，乐此不疲地把弄玩乐一番。就像丰子恺笔下《给我的孩子们》中的阿宝：

有一晚你拿软软的新鞋子，和自己脚上脱下来的鞋子，给凳子的脚穿了，划袜立在地上，得意地叫"阿宝两只脚，凳子四只脚"。

小小孩的模仿能力让人叫绝。他们看见大人们春种秋收，便把玻璃溜溜种在地里，理所当然地认为种下一个玻璃溜溜，到了秋天就可以收获一堆。也像丰子恺笔下《给我的孩子们》中的瞻瞻：

有一天开明书店送了几册新出版的毛边的《音乐入门》来。我用小刀把书页一张一张地裁开来，你侧着头，站在桌边默默地看。后来我从学校回来，你已经在我的书架上拿了一本连史纸印的中国装的《楚辞》，把它裁破了十几页，得意地对我说："爸爸！瞻瞻也会裁了！"

小小孩的质疑能力更是令人惊叹。他们的脑子里有无数个为什么，有时会一股脑地连续发问，直问到我们成年人心烦为止。就像鲁迅在《从百草园到三味书屋》中写到的一个情节：

不知从那里听来的，东方朔也很渊博，他认识一种虫，名曰"怪哉"，冤气所化，用酒一浇，就消释了。我很想详细地知道这故事，但阿长是不知道的，因为她毕竟不渊博。现在得到机会了，可以问先生。

"先生，'怪哉'这虫，是怎么一回事？……"我上了生书，将要退下来的时候，赶忙问。

"不知道！"他似乎很不高兴，脸上还有怒色了。

我才知道做学生是不应该问这些事的，只要读书，因为他是渊博的宿儒，决不至于不知道，所谓不知道者，乃是不愿意说。年纪比我大的人，往往如此，我遇见过好几回了。

这样的场景是不是似曾相识？有多少时候，因为不知道又不想丢面子，我们便以"不知道""说了你也不明白""这不是你该问的""长大了就知道了"等话语来搪塞孩子的疑问。

于是，我们忽然发现，虽然经过了几十年地学习成长，我们自以为脑子里装满了很多的知识，但面对孩子的一个又一个质疑，我们感到说不清楚说不明白的问题越来越多。处于成长快速期的孩子们，他们的成长可谓日新月异。尤其是在信息化快速发展的今天，孩子们学习成长的通道可谓四通八达，电视、广播、电影、网络、手机、书籍、报刊、课堂、老师……他们成长得越快，他们获得生活的独立和精神的自主的步伐就越快，亲子关系分离的速度就越快。

但尽管如此，作为未成年人，孩子还需要半依赖我们。这种半依赖的表现就是孩子需要父母的陪伴。

那么，家长到底要怎样陪伴孩子呢？一位参训家长曾这样写道：

陪伴孩子到底陪什么？陪伴孩子，有亲子旅游、亲子阅读、亲子运动、亲子才艺等。

亲子旅游。《爸爸去哪儿》播出后，带孩子外出旅游的父母多了起来，这是好事。外出旅游，不仅能增长知识，对孩子的能力、情商、习惯、性格诸多方面都会有意想不到的好处。我孩子小时，我每年都带他出去旅游，广东、三亚、香港等，哪好玩就去哪，每一次旅游孩子都很开心很兴奋。实际上，家长抽空陪孩子在本市周边地方转转也可以。这个周末我就带着他参加了我们公司举办的"净月迷你马拉松"活动。不仅有清新的空气、迷人的景色，还增进了与孩子沟通交流的机会，在互动小游戏与欢声笑语中，拉近了与孩子的情感距离。

亲子阅读。抽空与孩子一起看看书，则是低成本的陪伴方法。阅读，不仅是学知识。家长与孩子一起阅读，既在孩子心中树立了好学的形象，也与孩子多了些共同语言。我们总去的那家书店里有个咖啡厅，每张小桌上都摆着一些小饰物，还有很多绿色植物，环境优雅。他会挑些自己喜欢的书，一边看一边记录书里喜欢的句子。他还总会给我出一些小题目，而我也总是假装不会或故意回答错误，他就会很满心欢喜地告诉我正确的答案，还得意忘形地送了我四个字：妈，你真笨！

亲子运动。爱好运动，不只能锻炼身体，更会促进人的阳光性格形成。运动对孩子而言，基本上属于天性。家长与孩子一起运动，几乎没有孩子是不喜欢的。我一有时间，就喜欢开车带他去农大的篮球场去打球，那里场地很大，高手如林，他可以尽情发挥！我虽然不会打篮球，但我们也会带上羽毛球拍，篮球玩累了可以再玩会儿羽毛球，很多运动都是有技巧的，在陪他运动中的同时，教他一些技巧和方法，同时可以切入一些人生中的道理，他会很容易接受并运用，让孩子在运动中得到快乐。

亲子才艺。每个孩子从小就有各种不同才艺的潜质，唱歌，跳舞，画画，乐器，等等。而我家孩子从三岁起就喜欢打架子鼓，因此我从他上幼儿园那天起就开始培养他这方面的才艺，孩子至今荣获过全国及吉林省电台各种演出的奖项，甚至代表学校参加过各种演出和比赛。

喜欢唱歌、喜欢街舞、喜欢自编自导拍小品的他，总是跟妹妹在家模拟演出。每一个孩子都是一个天生的艺术家，你给他多大的舞台，他的发挥空间就会有多大。

当父母放下所有的要求、控制、评价、指责，只是单纯看见孩子当下的样子，当下的感受，当孩子愿意和父母在一起分享时光的时候，这就是真正的陪伴。这种陪伴，无论对父母还是孩子，都是巨大的滋养，这才是做父母的真正含义！

是的，孩子成长须臾不能离开父母的陪伴，教育疏不得。生活中，有不少父母迫于生计、迫于工作、迫于婚姻的原因，不得不将年幼的、未成年人的孩子托付给老人照顾、亲属照顾、老师照顾，甚至让十来岁、十几岁的孩子自己照顾自己。这对孩子的成长，无疑是弊大于利的。未成年的孩子渴望父母的陪伴，尤其是精神方面的陪伴。这些陪伴能让孩子得到安全感，让孩子切实感受到来自父母的爱，满足孩子内心对于爱和归属的强烈心理需求。这种感受会让孩子内心宁静幸福，不去胡思乱想，不去忧虑怀疑，一心一意享受成长的日子。同时，这些陪伴，也让孩子有了更多与父母交流的机会、说话的机会、分享的机会、学习的机会，父母有了更多了解孩子的机会、欣赏孩子成功的机会、引领孩子成长的机会。亲子关系在互相交流、分享、赏识中，充满爱的互动。在参训家长中，有不少家长谈到在早餐、晚餐的进餐中、在接送孩子的路上，是亲子交流的绝好机会。那种看似随意地闲谈，正是父母对孩子的有效陪伴。

陪伴就是生活，陪伴就是教育。如果生活还没有达到非疏离孩子不可的地步，就请家长陪伴孩子。不但有身体的陪伴，更有精神的陪伴；不但有时间的陪伴，更有爱的流动。爱只有在互相流动中才能生长，思想只有在互相交流中才能发展。只有亲子关系不断处于互动、交流的状态，爱的纽带才不会中断。即便你不在孩子身边，即便你不能经常回家，也不要忘记跟孩子有个约定：每天打一个电话，每周有一次视频，每月写一封家书，让爱的纽带在声音的传递、图像的变换和文字的倾诉中，远隔时空却紧紧地联结在一起。相反，虽然父母每天和孩子生活在一起，但没有和孩子进行亲子互动、心灵对话、思想沟通，那实际上也不能算是真正的陪伴，甚至是无效陪伴、假陪伴。这样的陪伴，孩子感受到的只是来自父母的冷落和忽略，感受不到父母对自己的爱，父母成了孩子最熟悉的陌生人，这样的陪伴还远远不够。

最近，有一首叫《挑妈妈》的诗走红网络：

你问我出生前在做什么／我答／我在天上挑妈妈／看见你了／觉得你特别好／想做你的儿子／又觉得自己可能没那个运气／没想到／第二天一早／我已经在你肚子里。

这首诗引起了很多家长尤其是母亲的共鸣。想一想，对我们而言，孩子是走进婚姻殿堂的一对对相爱男女爱的结晶；对孩子而言，原来我们是孩子在天上精心比对挑选的陪伴者，是孩子一生唯一的选择。这样的选择只有一次，没有第二次。选对了是孩子的幸运，选错了是孩子的霉运。如果我们辜负了孩子的期望，如果我们不会爱不会育，伤害了孩子，耽误了孩子，孩子该有多失望啊。我们只有好好学习，努力提升教育能力，才能无愧于孩子对我们殷殷的期待。

安全感是孩子的第一需求

先来读读两位参训家长的文章。

家长1：

女儿很小的时候，我就不在家陪她了。平时日子匆匆，生活节奏快，我忽略了她幼小心灵的感受。她觉得妈妈不爱她了，不喜欢她了，甚至开始忽略她。天真活泼的她有了忧郁的眼神，甚至缺乏安全感。

记得那是女儿上学前班的一个傍晚。夏日里的傍晚少了午日的炎热，路边的花儿仿佛在和晚霞争艳。我因陪女儿打针而请了一下午假，打完针我和女儿步行回家。途中路过步行街，女儿看着护肤品店说："妈妈，香香。"我们进了店里，女儿看着孩儿面说："我们班小朋友的妈妈都给他们买这个。"女儿的话很出乎我的意料，记忆中女儿除了很小的时候用过强生的护肤品以外，再没用过护肤品。我从女儿三岁就出来上班，平时工作一忙，也顾不上陪女儿读儿歌、陪女儿泡脚、陪女儿饭后散步了。

女儿瞪着圆溜溜的大眼睛，期盼地看着我，这时我心里涌上一股酸涩，感觉以往的两年似乎丢失了什么。我就给女儿买了孩儿面和洗面奶。女儿看我一次给她买了这么多东西，而且都是平时她向往但是一直没得到的，便抱着它们很开心地往家走。一路上她蹦蹦跳跳，一会儿喊妈妈快点儿，一会儿又说妈妈你看花儿。还自言自语说，今天好开心。突然她回头问我："妈妈你是不是爱我？"我愣了一下，说："对啊妈妈当然爱你，你是妈妈最爱的小宝贝。"回到家，女儿一马当先，先径自走到爷爷奶奶的屋里，忽地推开了门，然后焦急地说："爷爷奶奶，我妈妈说她爱我，说我是她最爱的小宝贝儿。"我们大人都愣了一下，爷爷奶奶附和着说："你是全家的宝贝，家人们都关心爱护你。"

晚上夜深了，看着女儿熟睡的样子，觉得时间过得好快啊。从女儿咿呀学语到背着书包上学前班，感觉自己好久没这样仔细地看女儿了。当时就觉得自己对女儿的关注太少了，女儿努力完成一件事情需要一个夸奖的时候，我也没在她身边。觉得自己亏欠女儿好多。当时心情复杂，说不清楚的思绪让我好久睡不着……

家长2：

我平时总说自己脾气不好，爱和孩子发脾气，其实我深知那只是美化自己的借口，实际上是我对孩子的关爱总是想要有一定的回报，当我收不到期望的回报时，就会将怒气撒到孩子身上。我总是在家庭教育中扮演着说教者的角色，只顾自己唠叨，表达气愤和不满，不听孩子的解释，一次次拒绝和打断孩子说话，时间久了，孩子就不再愿意和我沟通交流，也不把心里话向我诉说了。

我意识到自己不被喜欢是通过两件事：第一件事是我儿子刚刚开始学跆拳道时，他的身体协调性很不好，每次都做得极不入眼。回家以后，虽然他兴高采烈地跟我讲上课时发生的一些事情，可是我每次都是极不耐烦甚至是有些轻视他的描述，还会贬他几句，让他兴致尽失，泪眼汪汪地表达他的不满。渐渐地，他就不再同我聊有关跆拳道的事情了。另外一件事是他在班级担任了一个小班长的职务。有时候老师会让他管管纪律，他因为这个和同学发生过小矛盾，第一次回来向我诉说的时候，我急于表明不可以和同学有冲突，要团结同学，所以屡次打断他的话，并且还冲他发了火，责怪他没有头脑，不会办事。儿子很委屈，虽然我当时道歉了，也给了他一些处理这些事情的建议，但我能感觉到，因为我没有听他说完自己的想法，他还是很失望的。

一个月前，我问及最近上课状况还有和同学关系怎么样，他闭口不谈，我才认识到自己的错误。现在想到这个场面，我心如刀绞。就因为他练得没有别人好，处理同学关系不妥当，令我失望，我就把一腔怒火发泄到他的身上。不管我心里有多爱他，多么希望他不受到伤害，那时那刻恰恰是我成了抹杀他的自尊和热情的刽子手，那时那刻我就成了一个孩子不喜欢的妈妈！很多时候，并不是孩子不愿说，而是我们容不得孩子说，我们不会倾听，所以我们就不能走进孩子的内心世界去了解他。不真正了解孩子，会有有效的沟通吗？没有有效的沟通，孩子怎么会喜欢我们、信任我们呢？

听了北斗老师的课，通过反思，我及时地改正自己的毛病。每天接孩子的时候，都会在车上问问他今天有没有什么让他高兴和自豪的事，让他慢慢地讲，我也耐心地听。再让他讲讲令他烦心的事，然后我会适当地给出一点儿我的建议，语气上变得很谦虚，用讨论的口吻，不再是说教口吻。渐渐地，我儿子又开始和我讨论他的自豪和困惑了，我暗自兴奋，因为我知道，我又成了他喜欢并且信任的妈妈，我也有了参与他日后成长的资格！

这两篇短文都是母亲写的。母亲在教育孩子成长的过程中，尤其是在孩子未成年的十几年中，对孩子的影响力怎么说都不夸大。这种影响或者是积极的影响，或者是消极的影响，或者是两者此长彼消、相互融合的影响。所以有人才说，推动摇篮的手就是推动世界的手。

爱自己的孩子是母亲的天性，这种天性来自生物的本能。这种母爱带有相当程度的自私性，很多时候爱孩子甚至超过爱自己，或者说爱孩子就是爱自己、补偿自己。但是，爱孩子不等于会爱，爱孩子是出自父母的情感本能，会爱则是一种教育能力。很多家长正是在爱孩子的心理驱动下，做出了违反孩子成长规律和教育规律的事情，将孩子爱到了我们期待的反面。他们不明白，为什么做父母的为孩子付出那么多，孩子却感受不到父母的爱。

　　从上述两位母亲的文章中，我们可以找寻到答案。

　　第一位母亲讲述了自己给孩子买孩儿面和洗面奶的故事。这看上去是一个平常的故事，但故事的背后却有着不平常的意义。文中的妈妈"女儿很小的时候，我就不在家陪她了""平时日子匆匆，生活节奏快，我忽略了她幼小心灵的感受。"文中的女儿是刚刚上小学一年级的学生，在此之前，疏离、忽略是孩子成长中妈妈教育的关键词。妈妈因为工作疏离了孩子，也是因为工作忽略了孩子。一个孩子长时间看不到妈妈，长时间得不到妈妈的爱抚，长时间感受不到妈妈的爱，她小小的心会结成怎样一个心结呢？"妈妈你是不是爱我？"这便是孩子内心深处的疑问，这样的疑问不知道折磨了孩子多久。孩子一定怀疑过妈妈不爱自己，但她不愿相信这是事实，所以她在努力搜寻并不太多的记忆，她要在记忆中搜寻到妈妈爱自己的事实，但这样的事实真的不是太多，妈妈的影像也是越来越模糊不清。但孩子还是不愿承认这个事实，便向妈妈求证。"回到家，女儿一马当先，先径自走到爷爷奶奶的屋里，忽地推开了门，然后焦急地说：爷爷奶奶，我妈妈说她爱我，说我是她最爱的小宝贝儿。"女儿这样急于向爷爷奶奶说明，或许爷爷奶奶曾经开玩笑地说过妈妈不爱她了吧。但孩子哪里知道这是玩笑话呢，或许就当真了。想想，父母对孩子的疏离忽略，让孩子幼小的心灵经历了怎样痛苦的煎熬，内心聚集了多少负能量。这些久聚不散的负能量，让孩子吃不好、睡不好、玩不好，让孩子不开心、不快乐、不高兴，"有了忧郁的眼神，甚至缺乏安全感。"

　　是的，父母的疏离、忽略，会直接让孩子失去安全感，让孩子活在忧虑、焦虑和恐惧中。孩子之所以依赖父母，尤其是母亲，这是满足安全感的需要。想想一个婴儿来到这个世界上，眼中所见是完全陌生的世界，耳中所听是完全陌生的声音，肌肤所触是完全陌生的事物，他的内心充满了怎样的惶恐和不安。好在有母亲，有母亲须臾都不离开的陪伴。一个婴儿把自己的生命完全交给了母亲，他对母亲有着百分百的信任。即便身边有爷爷奶奶、姥爷姥姥的陪伴，他仍需要父母的陪伴，仍需要父母的爱。他以自己的方式解读父母爱的行为：爱我你就亲亲我，爱我你就抱抱我，爱我你就夸夸我，爱我你就陪陪我。

　　世上只有妈妈好，有妈的孩子像块宝。投进妈妈的怀抱，幸福享不了。世上只有妈妈好，没妈的孩子像根草。离开妈妈的怀抱，幸福哪里找。这首歌唱出了天底下所有孩子对母爱的呼唤。有妈妈的孩子才幸福，有爱自己的妈妈才幸福。也许对已经拥有了这种母爱的孩子来说，这算是再平常不过的事情。但是对于失去了这种母爱的孩子来说，无疑是人生最大的不幸。

　　失去母爱的孩子容易缺乏安全感。而孩子成长需要安全感，安全感是人的第一需求。我们之所以要建造一个房子，是因为我们的身体需要一个安全之所。在漫长的夜晚中，在漫长的黑暗中，我们只有把自己的身体安放在属于自己的房子里，我们才心安，才踏实，才能安然入眠。对于孩子来说，光有一个房子还不够，在漫长的黑夜和黑暗中，还需要有自己最信任的成年人陪伴，才能放心睡觉，才能酣然入梦。这个最信任的人莫过于自己的爸爸和妈妈，尤其是妈妈。也许在孩子还没出生前，孩子就已经知道了妈妈，感受到了妈妈。孩子最熟悉的是妈妈的味道、妈妈的气息、妈妈的眼神、妈妈的微笑、妈妈的拥抱、妈妈的声音、妈妈的身影、妈妈的爱抚。十月怀胎，就是在妈妈的肚子里安全长大，那份对妈妈的信任和依赖从生命还是萌芽状态时就已经产生了。所以，有妈的孩子才不怕，有妈的孩子才幸福。孩子只要在家里看到了妈妈、感受到了妈妈的存在，他的整个世界就是安全的。因为他知道，只要一有危险的情况发生，妈妈就会用生命去保护他，他不会受到外来的一丝一毫的攻击和伤害。

　　应该说，在孩子3岁左右之前，几乎所有的父母都做到了这一点。他们是孩子成长的保护神，他们无微不至地照顾孩子的饮食、起居、穿着、出行、玩耍，他们不容许自己的孩子在身体的成长上出现这样或那样的问题，他们一定要宝宝健康快乐成长。

　　但人归根结底是追求精神生命意义的动物，人不满足于身体的健康成长，更有着强烈的精神需求和追求。人的精神生命成长同样需要安全感。孩子刚刚学会说话，就不再重复爸爸妈妈的话，就开始说自己想说的话，他的精神生命地成长就是从说自己的话开始的。孩子刚刚学会走路，就不再按照爸爸妈妈设计的方向走路，就开始走自己的路，他的精神生命地成长就是从走自己的路开始的。孩子的身体刚刚有了一点儿体力，就不再满足爸爸妈妈的背抱，就开始用自己的身体触碰目之所及的物体，他的精神生命地成长就是从不断触碰各种物体开始的。让我们更为惊奇的是，在说话之前、在走路之前、在触碰各种物体之前，他的发育还不成熟的大脑，就已经本能地学会了思考。他每天都在不停地说话、不停地走路、不停地触碰各种物体，正是在不停地思考的大脑支配下的结果。孩子要用自己的身体去碰触外界事物，去感知这些事物的存在和特性，去了解这些事物。他的身体里有着来自天性的好奇心、探究欲，有着来自天性的对存在感、价值感的精神需求。但这一切都有一个前提：安全感。安全感是孩子实现自身存在感和价值感的前提，没有足够的安全感，孩子就会本能的减少说话、减少走路、减少触碰、减少探索，孩子的各种能力就会发展得很慢，甚至因为内心的恐惧不安，孩子的某种能力就会停滞不前。

上述第二位母亲讲的故事，便是最好的例证。

"我意识到自己不被喜欢是通过两件事：第一件事是我儿子刚刚开始学跆拳道时，他的身体协调性很不好，每次都做得极不入眼。回家以后，虽然他兴高采烈地跟我讲上课时发生的一些事情，可是我每次都是极不耐烦甚至是有些轻视他的描述，还会贬他几句，让他兴致尽失，泪眼汪汪地表达他的不满。渐渐地，他就不再同我聊有关跆拳道的事情了。另外一件事是他在班级担任了一个小班长的职务。有时候老师会让他管管纪律，他因为这个和同学发生过小矛盾，第一次回来向我诉说的时候，我急于表明不可以和同学有冲突，要团结同学，所以屡次打断他的话，并且还冲他发了火，责怪他没有头脑，不会办事。儿子很委屈，虽然我当时道歉了，也给了他一些处理这些事情的建议，但我能感觉到，因为我没有听他说完自己的想法，他还是很失望的。"

这位母亲虽然每天都在陪伴孩子，母子沟通似乎也不是问题，但这样的沟通让孩子失去了做事的安全感和交流的安全感。孩子学完跆拳道回来，兴高采烈地跟妈妈讲述上课时发生的一些事情，妈妈非但没有认真听，还表现得极不耐烦，甚至对孩子"极不入眼"的表现给予贬斥。想想，这样的沟通，孩子喜欢吗？这样的评价，孩子喜欢吗？非但不喜欢，心里一定会感到很失落、很难受、很没面子。孩子的自尊心受到了轻微的伤害，孩子分明感受到了妈妈对自己的不屑一顾和不满。这样的沟通孩子还想要吗？不想。没有人希望与人沟通的结果是被人轻视和瞧不起，每个人都会像保护自己生命一样保护自己的尊严不受伤害。人们对自尊的保护就像对自己身体的保护一样，那是人的本能，是人的底线。自尊是人的精神生命的底线，不容他人碰触和践踏，即便是自己爸爸和妈妈也一样。一旦受到触碰，就会有不安全感；为了保证自尊的绝对安全，停止类似的沟通是孩子最基本的选择。更糟糕的是，因为曾经发生过这样的沟通，孩子可能因此对学习跆拳道失去了兴趣。因为正是学习跆拳道，让孩子感受到了内心的痛苦。远离痛苦追求快乐是人的本性，为了不再让内心经受痛苦的折磨，唯一的方法就是放弃学习。

你看，正是因为我们父母不会沟通不会陪伴，才让孩子没有了学习的安全感，才让孩子对学习望而却步，才让孩子失去了一个发展能力和特长的机会。

还是这位母亲，当孩子回来向她诉说做班长管理同学的困惑时，她非但没有理解孩子的苦衷，教会孩子正确的管理之道，反而"屡次打断他的话"，责备孩子"没有头脑，不会办事"。在孩子有困难、需要我们帮助的时候，我们非但没有支持和帮助他，没有交给他管用的方法和策略，让他提高能力，反而指责嘲笑他的无能，让他对做班长感到失去信心，让他的自尊心再次受到来自最亲的人的伤害。最亲的人，此刻竟然成了最亲密的敌人，最熟悉的陌生人。

孩子的精神生命地成长需要安全感，孩子在学做事、长能力的过程中，需要父母给予足够的理解、支持、帮助、鼓励和赏识。这才是真爱，是孩子想要的爱。真爱不是动辄忽略孩子的存在，不是爱到孩子感到害怕、感到无能、感到委屈、感到自尊心受到伤害；爱是在孩子成长过程中，看得到孩子的心理需求，用我们的知识、能力、经验和正确的人生观、价值观，帮助孩子在获得安全感的前提下，勇敢去尝试，发展能力，增强动力，做孩子成长路上的动能贵人。

做孩子成长中的精神知己

下面几个片段，是从参训家长文章中摘录下来的。

片段 1：让孩子学习包饺子

坐下来想写的时候，我努力搜索着平凡生活中与孩子间的点点滴滴，也许没有什么特别的事可以上升到理论层面加以分析讨论。关于孩子的教育问题，详细剖析下来。兴趣引导和保护方面，我将举一两事阐明自己的看法。

在孩子三四岁的时候，有一天家里包饺子，给孩子乐坏了。她不洗手就参与到劳动中来，一手攥着一块面团，就学大人的样子来压成面饼。本来我觉得小孩子干不了什么，只会添乱，又会弄得面粉到处都是，还得费力收拾。孩子的姥姥也极力反对她来帮我们包饺子，让她到一旁玩别的。可是小家伙很倔强，极其认真地学着大人的样子在那压面团、打馅和捏褶。我平时对孩子的调皮捣蛋很没有耐心，尤其是孩子把屋子搞得一团糟的时候，我就会进行警告，如果孩子不听的话，我相信我会采取武力打击。看到孩子认真学包饺子的样子，我忍住了自己想把这个捣蛋鬼赶走的想法，让她继续胡作非为。面粉是撒了一些，有些还弄到了她的衣服上，可是一个个歪歪扭扭的饺子诞生了，等到煮熟的时候，有的居然还没有露馅。小家伙兴奋地说哪个哪个是她包的饺子，让爸爸尝尝她的劳动成果。看到她高兴而满足的样子，我和姥姥都笑了。

这件小事，退一步讲做个假设，如果我训斥孩子让她走开，无疑在孩子探索的路上放上了巨石，我吃不到孩子包的饺子不说，可能孩子也会大哭一场，何必呢？家长至少要平视或仰视来看待孩子的兴趣和行为，这样的父母才是好父母。我呼吁：家长不要做扼杀孩子兴趣的父母。

片段2：孩子可以做家务

就在前不久，我生了一场病，其实不算严重，只是病情来得比较突然。在工作时突然晕倒了，当时被救护车接到了医院。我醒来后，为了不影响孩子学习，就没有告诉她们，只是在电话里，嘱咐她们要听爸爸的话，不要淘气。可是心里还是放心不下，不断地打电话嘱咐爱人，孩子的东西放在哪里，书放在哪里。几天后我回家，本来以为家里会很凌乱，但家里却依旧很整洁。孩子的书桌摆放整齐，玩具也放在玩具箱里。这让我不禁夸起了爱人。可是我爱人却说，这不是他的功劳，都是两个孩子干的。我很惊讶，原来，两个孩子一开始就知道了我生病的事，怕我不放心，就装作不知道，可是却主动帮爸爸打扫家里，每天学习也很主动，尽量不让爸爸操心，一切都表现得很乖巧。这一切让我感到很暖心，也让我很感动。那一刻我发现，孩子长大了，懂得理解父母了。还记得她们不听话顶嘴时，我厉声斥责；背东西背不下来时，被我逼着背到很晚，不能睡觉；学习马虎，屡次不改，被罚不许出去玩。我曾想过，她们应该是讨厌我的，可是，她们却这么关心我。晚上孩子们回来，又是帮我拿药，又是端茶递水的。那一刻，我深深地体会到我有多幸福。

片段3：教孩子用他喜欢的方式学习

期中考试之前，老师给孩子们留了不少卷子，我儿子答得并不理想，错了挺多。老师让家长监督孩子把错题记录在错题本上，让孩子写五遍。我儿子那几天都是下了班车哭丧着脸说："妈妈，我卷子又错了，还得写，这作业也太多了。"看着他愁苦的小脸，我真是又爱又恨，要在以前我肯定会说："做错了题肯定得纠正错误啊！谁让你不认真做，错了让你写五遍都少了。"儿子虽然会听我的话把作业完成了，可是对写作业都是不得不做，很无奈的态度。自从听了北斗老师的培训，我真的认识到了自己教育孩子的不足和错误。我开始试着改变自己，学着耐心一点儿。打开试卷看着触目惊心的红圈，我问儿子："这道题你知道错在哪里吗？"儿子说："妈妈其实这道题我会，就是马虎了，还得写五遍，呜……"，看着他改正错误后，我突然想到儿子特别喜欢奥特曼，我就跟他说："儿子，其实卷子上的每一道题都是隐藏的小怪兽，你不是最喜欢奥特曼吗？那你就做奥特曼来打败怪兽吧！卷子上出现的红圈都是被小怪兽占领的地盘，只有奥特曼打败了怪兽，这里才能变得和平，只有你记住正确答案，小怪兽才不会出现。"儿子听我这样说，眼睛都泛光了，兴致勃勃地说："我一定会打败怪兽，五遍记不住我就写六遍，保证怪兽不出现。"最近几天我都有把错题本拿出来给他练习，效果还不错。

片段4：和孩子一起读书

有一天晚上到了该睡觉的时候，孩子还在埋头读书，当我要强制关灯的时候，儿子却说："妈妈让我再看一会儿吧！就读完这一章行吗？"我顿时愣了片刻，在我的记忆中，还从未看见过孩子对哪本书能如此认真、专注，这是从来没有过的啊！看着孩子恳求的眼神，我不禁打趣地问儿子："这本书真的有那么好看吗？如果你能把读这本书的劲头用在学习上，你的成绩一定会突飞猛进啊！"此时儿子憨憨地傻乐了两下，然后很认真地回答我说："妈妈，这本书真的是太好看，太感人了。"看着我疑惑的眼神，他更加坚定地说："妈妈我不骗你，你可以读读看，真的很感人的。"我微笑着答应孩子有时间会读一下的。那天关灯后躺在床上，孩子还不忘提醒我："妈妈有时间一定要读哦，《重返狼群》这本书真的好看。"

看着孩子那认真的脸庞，我简直是心花怒放，这还是孩子第一次这么郑重其事地向我推荐他喜欢的书籍。我瞬间感觉儿子长大了，可以像朋友似的交流了。第二天孩子去补习班上课了，我在整理房间时，看到了静静躺在床头的那本书《重返狼群》，回想起儿子昨天晚上的话。我随手将书翻起，很快就被书中精彩的故事情节所吸引，被作者的真挚情感所打动，我也像儿子一样爱不释手地细细品读起来。那天儿子下课回来刚进家门，我就迫不及待地和他交流了读书心得。儿子一脸小骄傲地对我说："妈妈我说的没错吧，是真的很好看吧！"《重返狼群》的确是一本好书，我连连点头表示赞同，并且决定要和孩子一起把这本书读完。

在和孩子一起读书的日子里，我们时而欢笑，时而悲伤，时而感慨，时而叹息，我们的情绪被小狼格林的命运所牵引。在和孩子情感的交流与共鸣中，让我体会了幸福和满足。

这些片段记述的故事，我特别喜欢。摘录于此，与读者分享，我还想告诉家长：我们要努力做孩子的精神知己，陪伴孩子的精神生命健康快乐成长。

当我们的孩子渐渐长大，学会了说话，学会了走路，学会了读书，他对来自父母精神方面的陪伴的需求就相对多了起来，这种精神方面的陪伴，就是陪伴孩子读书，陪伴孩子聊天，陪伴孩子游玩，理解孩子成长中的苦恼，帮助孩子驱散负面情绪的迷雾，指导孩子树立人生的目标，感同身受地与孩子同欢喜共悲伤。

"让孩子学习包饺子"，这样的情境在我们的生活中是不是俯拾即是？我很赞同这位家长的呼吁："不要做扼杀孩子兴趣的父母！"

可是，很遗憾，很多家长正在扼杀孩子的兴趣。他们的理由似乎很充分，孩子还小，什么都不会，只会把事情做得更糟糕，还需要大人们收拾残局；孩子只要把书读好就行了，这些事是我们大人的事，把时间用到学习上才是好孩子……大人们把小孩子对生活的一些乐趣看成是捣乱，看成是不务正业，这正是很多孩子失去了在生活中学习的机会的直接原因。

仔细想一想，这样的想法是多没有道理啊。人的生命状态不外乎两种：活着和死了。死了自然不必说，活着呢？活着就要劳动、学习、休息、娱乐、运动，活着就要把握好这几方面的平衡，这正是活着的意义。小孩子自然要读书学习，学好学校里的各门课程，这是文化课学习，是为孩子将来继续生活、生活得更好打下文化基础。但学校里的学习只是孩子生活的一部分，而不是全部。孩子还要在更广阔的大学校中去学习，在生活中去学习。

孩子不仅要打下文化基础，还要打下生活基础，具备基本的生活能力：做饭、刷碗、洗衣服、叠被子、打扫房间、清理物品、买米买菜、修理简单的家具、买票、存取款……孩子每形成一种能力，自信都在提升一小截。这些在大人们看来极其简单容易的事情，对他们来说，每一件事情都是自我的挑战和突破，都是用来证明"我能行"的一次机遇。如果我们大人一次次善意地剥夺了孩子的好奇与尝试、学习与提升，这对孩子的精神生命成长来说是多么严重的损失和伤害啊。精神生命的成长不是空洞的，是实实在在的过程，是与日常生活形影不离的过程。增加和提升孩子的生活能力，是孩子精神生命成长的重要内容。孩子之所以对生活中大人在做的各种事情感兴趣，正是源于成长的需要，源于"我也行"的成长需求。我们只有看到孩子精神生命渴望成长的内在心理需求，才不会把孩子的勇于尝试看成是"捣乱"，才不会动辄让孩子一边玩去。更为重要的是，这样的能力形成机遇与成长机遇，虽然每天都有，但也同时每天都在消失。这样的能力一旦形成习惯，于当下而言，是在父母高质量的陪伴下，孩子精神生命成长结出的一串串果实，于未来而言，孩子的一生都将受益于这些生活能力，因这些能力骄傲而尊严地生活。

不错，这些事情，对于孩子来说，都是第一次，都不会，就像我们当初做这些事情一样。但不会才学啊，学会了才高兴、才自信啊。我们认真地教孩子学会做这些事情，我们就是老师啊。我们要像孔子一样"诲人不倦"，心里清楚地知道：别着急，慢慢来，人的一切能力都是重复出来的。也告诉孩子：别着急，慢慢来，人的一切能力都是重复出来的。就这样，每天陪伴着孩子做事，教孩子做事，享受孩子由不会做事到会做事的成长过程，享受孩子一点点长大的幸福过程。也让孩子体会做事的过程，体会做事过程中做事的道理。这些道理会在学做一件件事情的过程中，内化为孩子的价值观，成为孩子今后做一切事情、成功做事情的法宝。这才是高质量的精神陪伴，是为孩子的人生奠基的过程。在孩子生活能力的形成过程中，我们就是孩子最好的生活教练。

孩子不仅要对文化课学习有兴趣，还要对生活有兴趣，养动物、养植物、机械拆卸、唱歌、乐曲、画画、乐器、机器人、运动、电影、课外书、旅游、天文地理、中外历史、宇宙星空、海洋探秘……兴趣是人们热爱生活的重要理由。有很多家长走进了这样一个认识误区：只让自己的孩子对学校的文化课学习感兴趣，不要求孩子对生活中的其他事情感兴趣，甚至故意压制孩子的某些健康兴趣。这是成绩至上、分数至上的功利性学习意识在作怪。想一想，一个人、一个孩子，不能做自己感兴趣的事情，不能追求自己感兴趣的爱好，硬是被人剥夺了自己做有兴趣的事情才能感受到的快乐，这难道不残酷吗？这是不是在剥夺一个人的精神生命的幸福？我们总是在想方设法让孩子成为我们设计的那样，完全忽视了孩子想成为他自己的生命需求。我们给了孩子一个物质生命，孩子非要有自己的精神和灵魂，这是人的生命的最根本的属性。我们只有努力做孩子的精神知己，了解孩子的精神需求，满足孩子的精神需求，赏识孩子的精神追求，才能真正成为孩子心中那个"懂我"的人。

上述第 3 位家长和第 4 位家长，就是"懂孩子"的两位家长。

孩子不愿改正学习中出现的错误，这位妈妈突发奇想对孩子说："儿子，其实卷子上的每一道题都是隐藏的小怪兽，你不是最喜欢奥特曼吗？那你就做奥特曼来打败怪兽吧！卷子上每出现的红圈都是被小怪兽占领的地盘，只有奥特曼打败了怪兽，这里才能变得和平，只有你记住正确答案，小怪兽才不会出现。"这是多么富有创造性的教学方法啊。它巧妙地结合孩子日常的生活内容，借用动画片的故事情节，激发了孩子的学习动力，增强了孩子改正学习错误的勇气，让学习、改错成为一件快乐的事情，成为发自内心的自愿的事情。

第 4 位家长没有对孩子看课外书严加限制和指责，反而听从了孩子的建议，与孩子一起读《重返狼群》，一起交流读书心得。"在和孩子一起读书的日子里，我们会时而欢笑，时而悲伤，时而感慨，时而叹息，我们的情绪被小狼格林的命运所牵引。在和孩子情感的交流与共鸣中，让我体会了幸福和满足。"多好的共读陪伴，多好的教育生态啊。我们要努力做孩子的精神知己，努力做孩子精神生命成长的陪伴者、支持者、合作者、引领者。只有当我们能与孩子彼此走进对方的精神世界、心灵世界的时候，真正的教育才能发生。在孩子兴趣爱好形成的过程中，我们就是孩子最好的朋友，心灵相通，生命相知。

当然，除了在生活中学习生活能力、培养爱好兴趣，孩子还要在生活中学习交往能力，学习如何正确处理自己与自己、自己与他人、自己与社会的关系，学习如何控制情绪，如何理智地处理问题和解决问题。这更需要生活这所学校提供情境支持。而这样的情境在生活中几乎无时不有、无处不在，我们真要感谢生活这所大学校、这个大课堂。我们这些作为孩子第一任老师和一生都不退休的老师的父母，应该好好利用生活的学校和课堂，用我们的言传身教，教给孩子正确的人生观、世界观、价值观。让孩子怀着感恩的心态去看待一切人与一切物，怀着积极的心态热爱自己、相信自己，全力以赴，全心全意，在积极做事中学会爱人，在关爱他人中积极做事，努力做一个自己幸福也为他人带去幸福的人。

我们相信：孩子是上天送给我们最好的礼物。每个孩子都是独一无二的，都是创造奇迹的人，只要我们给孩子创造奇迹的密码。这个密码是什么？这个密码就是在孩子的成长中，我们努力尊重孩子、接纳孩子，在孩子内在的精神需求的引导下，教给孩子能力，激发孩子动力。孩子与日俱增的能力和动力就是孩子创造生命奇迹的密码。

放手之爱让孩子学会独立

《爱能赢》中有一篇文章，叫《有一种爱，只可远观》，全文如下（略有改动）。

今天哭了，非常伤心，感觉心口破了一个大洞。

我爱我的母亲，非常爱，可我发现，我与她的思维在两个空间，很难因为默契产生火花。两个互相关心的人，两个内心里特别希望让对方高兴的人，总是过不了多久就要爆发战争。

今天我跟母亲说："我也许会得到一个机会，到美国去进修。"母亲很高兴，说："你去，我会全力支持你，孩子我帮你带着，你如果需要钱，我会供养你。"

我犹豫着说："我年纪大了，但我切实想读些书，学些东西，但不是为了向谁交代，或是读什么学位。我现在有家有口了，我牺牲孩子成长的两年去读书，不知道以后会不会后悔。我很犹豫。"

母亲不同意我的意见，她认为学习永远是值得高兴的事情，我不过才30出头，这个年纪对她而言简直是花朵绽放，如果让她回到三十多岁，她会很高兴有机会见识世界。她希望我能再上一个台阶，等毕业以后有一份稳定的工作。

于是我们的认知在这里分岔。我向来很不感冒母亲的"稳定工作"一说。人这一生，什么是稳定的？爱情？婚姻？未来？连这些牵扯到心肺的事情都谈不上稳定，工作又何来稳定？

母亲说："写作不是一个职业，要是有一天你写不出呢？"我说："那我就去教书啊！教孩子，或是做家教。"母亲说："教孩子，那是不入流的工作，做家教就好比是做女佣。"我突然就爆发了。我承认，我无法压抑怒火。

这份我珍爱的职业，让我在过去8年里每天睁开眼睛就充满期待和信心的工作，在母亲口中不名一文。我于是拍案了。拍完我就后悔，那是我的母亲。我向来把温和多礼的一面展示于人，却对自己的母亲怒目相向。然后我就开始流泪，背着母亲一个人上楼。

内心里，我非常委屈。这么多年的努力，这么多年的心血，我多么期望母亲能够表扬我一句或者为我感到骄傲。可是无论我怎么努力，都无法达到母亲的期望。我们之间有很远的距离。

我的母亲说，她希望我有一份体面的工作。我说："你死了心吧！我一生自由惯了，无法忍受有领导的职业，无法忍受朝九晚五，越和你在一起生活我越明白自己为什么在15岁上就早恋，因为我要摆脱你，过我想要的生活。"

望着母亲吃惊和受伤的眼神，我知道，有一种爱，可远观，却无法近距离触摸。对不起，母亲。

这个话题很沉重，沉重到我轻易不去揭开它。但许多创伤，不是说你不去揭示，它就不痛了。内心里，我总觉得亏欠母亲太多。她那么爱我，把所有的希望都寄托在我身上，只要我有需要，她都会尽可能满足我。可和她在一起，我就是不快乐。

小时候，她说，她没有机会上大学。她希望我考中国科技大学或清华大学。在发现我的数理化一塌糊涂以后，她理智地宣布，已经把我上大学的目标调整到北京大学中文系新闻专业。无论以上任何一个大学，对我而言都是可望不可即的。我甚至没有考上本科。

母亲在我落榜的一刹那，毫不犹豫地宣布，没关系，再来一次，一次不行两次，两次不行十次，我一定可以圆她的大学梦。我和父亲偷偷摸摸填了大专志愿表，我兴高采烈地开始了我的大专生涯。

我从小的梦想就是当幼师。为此我准备了多年。学跳舞，学画画，学音乐。这个梦想，直到我出国以后，才在丈夫的鼓励下成为现实，我终于过上了自己期待的生活，每天和孩子们在一起，灵感蓬勃而发。

与母亲生活的日子里，我什么都不是。而这八年，因为喜欢，因为快乐，我做到了不可能。我出了五本书，桃李满天下，讲一口漂亮的英语，厨艺绝佳。我有教书的天分，可以把特别枯燥的文字解说得妙趣横生，可以把很复杂的原理描述得轻巧简单。学生喜欢这种轻松的教学方法，我与所有的孩子打成一片，学生多得教不过来，很多母亲在准备怀孕起，就开始排队等待空位腾出。

我特别骄傲地告诉母亲，我希望她称赞我。她以惯有的不容分说替我决定："开个中文学校！你做校长，我做教务主任兼财会，你爸爸也可以教英文，你公公和老公可以教数理化！"

我没敢接下茬。我的快乐在于与孩子们追笑打闹，而不是成为一名校长。母亲说："你一贯地不求上进！和你爸爸一样！"

我很想告诉母亲，前进的道路无涯，如果你永远攀爬，你会错过很多路边盛开的小花和傍晚的彩霞。我愿意按照自己的步调行走，即便走得慢一些，至少我得到了沿途风景的赏心悦目，并且，我持续不断地以长久的姿态走着。

我和母亲是一部机器上的两个不对称齿轮，相互之间必须工作，却无法咬合。我多么希望能够像她期望的那样，有一天两个人亲密交流，无话不谈。可我最终还是像她形容的那样，即使与她在一起，也保持沉默。我的一生，很多重要的大事，我都不敢让她与我分享。很多痛苦，我都自己扛。母亲让我明白，亲人之间，光有爱是不够的。

所以，我的教育理念是，让孩子们快乐，让他们按照自己的步调前进，做自己想做的事情，过上自己喜欢的日子。无论他们是明星还是平民，我都会为他们骄傲。

我希望，在我儿子和女儿成年以后，他们仍会对我说知心话，我会像一棵倾听的大树，舒展枝丫等待他们休憩回家。

父母之于孩子的爱，是由密到疏的爱，是渐行渐远的爱，但却永不能忽略和疏离。父母要学会放手，学会将先前的亲近之爱变成放手之爱。放手之爱让孩子学会独立，学会独立思考问题，独立解决问题，独立做出选择，独立面对人生。孩子只有经过独立成长的过程，才会增加生存的能力，获得生活的智慧，感悟生命的意义，才能最终成为一个独立自主的生命。

教育疏不得，教育要亲近。但亲近孩子、陪伴孩子却是有时效的，有程度之分的。从出生到成年，是父母亲近与陪伴孩子的最佳有效期。在这个期限内，通过父母的亲近与陪伴，孩子不断重复获得多种经验、能力和智慧，孩子通过不断地情绪体验、交往体验、实践体验获得正确的世界观、人生观、价值观。这些能力、智慧、观念，是支持孩子步入成年时代自主生存与发展的脊梁。没有父母的有效亲近与陪伴，孩子上述能力、智慧与观念的成长就可能会受限或者走偏。

但显然地，从父母对孩子亲近与陪伴的程度上看，是越来越疏了，越来越远了。孩子从弱小到强大的成长过程，就是父母对孩子的陪伴由亲密到疏远的过程。孩子小时候要依恋父母，是孩子成长的心理需要。孩子长大了要远离父母，还是孩子成长的心理需要。我们必须明白这一点。我们只有明白了这一点，才不会对孩子的渐行渐远感到不安，感到不解。才不会总是试图以控制的心理，习惯性地对已经成年了的孩子的生活、工作、情感等方面进行干涉，才不会对孩子"违背"自己意愿的想法和行为动辄给脸子、使性子，动辄发怒、生气、不理不睬，甚至吵架、打骂、伤害或从中阻挠、作梗。我们完成了一个孩子从出生到成年的十八年的亲近与陪伴，交给这个世界一个健康、积极、阳光的青年，我们就完成了为人父母的责任。我们理当要自觉地、主动地、幸福地在孩子独立生活的舞台上扮演配角，甚至扮演观众，静心欣赏一个充满朝气的青年在属于自己的生命舞台上绽放光彩。

所以，陪伴之爱不是控制。陪伴的过程不是控制，陪伴的目的更不是控制，控制与我们爱的初衷完全背道而驰。我们不能因为付出体力、能力和爱陪伴孩子成长了十八年，就控制孩子的时间、空间、嘴巴、双手和大脑，就把我们的想法、意志、理想、需求、生活方式、价值取向强加到孩子身上，并对不接受的、抗拒的孩子冠以不孝、逆子的帽子。文中的母亲就是这样一位家长，她永远从自己的想法出发去要求孩子，要求已经长大了的、成年了的孩子。

母亲希望女儿能有一份稳定的工作。但女儿的想法是："人这一生，什么是稳定的？爱情？婚姻？未来？连这些牵扯到心肺的事情都谈不上稳定，工作又何来稳定？""我一生自由惯了，无法忍受有领导的职业，无法忍受朝九晚五，越和你在一起生活我越明白自己为什么在 15 岁上就早恋，因为我要摆脱你，过我想要的生活。"

母亲不喜欢女儿教孩子，认为"那是不入流的工作，做家教就好比是做女佣"。但女儿偏偏喜欢教小孩，"我从小的梦想就是当幼师。为此我准备了多年。学跳舞，学画画，学音乐。""因为喜欢，因为快乐，我做到了不可能。我出了五本书，桃李满天下，讲一口漂亮的英语，厨艺绝佳。我有教书的天分，可以把特别枯燥的文字解说得妙趣横生，可以把很复杂的原理描述得轻巧简单。学生喜欢这种轻松的教学方法，我与所有的孩子们打成一片，学生多得教不过来，很多母亲在准备怀孕起，就开始排队等待空位腾出。"

文中的母亲把控制女儿当成爱，把女儿满足自己的想法当作尽孝。这样的爱让女儿"即使与她在一起，也保持沉默"。让女儿一生中很多重要的大事，都不敢让她与我分享。很多痛苦，都自己扛。

"让他们按照自己的步调前进，做自己想做的事情，过上自己喜欢的日子。无论他们是明星还是平民，我都会为他们骄傲。"这才是无私的亲近与陪伴，这才是天下父母在孩子不断长大中应该扮演的角色。

所以，陪伴之爱不是控制，是逐渐放手。从抱在怀里到牵手行走再到放手独行，是父母陪伴孩子长大的三部曲。孩子犹如水中的鱼，空中的鸟，他们有属于自己生命的大海和天空。那片大海不属于父母，那方天空也不属于父母，它只属于孩子自己。孩子必须自己学会游泳的本领与飞翔的能力，才能"海阔凭鱼跃，天高任鸟飞"。放手才是对孩子真正的爱。

《三傻大闹宝莱坞》是一部印度电影。看过这部电影的人应该不会忘记影片中两段亲子关系的情境对话，对话的人物当中各有一位父亲。

对话情境一：影片中的唯一女主角、印度帝国工程学院院长的女儿皮娅与他父亲维鲁的一段对话。

皮娅：你以为你儿子是掉下火车死的吗？你决定让他做个工程师，你到底有没有问过他想做什么？你给了他那么大的压力，他选择死亡来摆脱入学考试。

父亲：我不明白。

皮娅：（拿出弟弟的遗书）他想学文学，当个作家。但他仅有的作品就是这封遗书。别再粉饰太平了！哪怕一次，你如果说，你不想就别学工程系，就做你心里想做的，那么今天他就还活着。

父亲：他不是自杀的。

皮娅：你说得对，爸爸。那不是自杀，是谋杀。

对话情境二：法罕，从小的理想是做一名野生动物摄影师，但迫于家里压力而上工程学校。最终放弃面试的机会和父亲表明自己的理想，得到父亲的认可。

父亲：你今天不是有面试吗？

法罕：我没去。爸，我不想当工程师。

父亲：那个该死的兰柯正在腐蚀你的脑子。

法罕：我不喜欢工程学，会是个差劲的工程师。兰柯的想法很简单，选自己喜欢的。这样工作才会开心。

父亲：你在那个丛林里能赚什么钱？

法罕：钱虽然很少，但能学到很多。

父亲：5年以后，当你看到你的朋友们买车、买房，你就会后悔的。

法罕：工程师的生活，只会让我更加沮丧，那时我会抱怨您的。我宁愿让自己后悔。

父亲：全世界都会嘲笑你。在最后一年放弃，你个没用的东西。卡普尔先生觉得你在帝国工程学院念书是多值幸运的事，他会怎么想？

法罕：卡普尔先生又没有给我买空调。我睡得香时，卡普尔又不会睡得不舒服。又不是他，让我骑在肩膀上，带我逛动物园。一切都是您做的，爸爸。我只在乎您怎么想，他对我一点儿都不重要，我甚至不知道他叫什么。

父亲：你当你是情景剧里的英雄？

……

法罕：爸爸，我想说服您，但不是以自杀作为威胁。爸爸，如果我变成一个摄影师会怎样？我会赚得很少，可能房子很小，车子也很小。但我会很快乐的。我会打心底里开心的。我为您做的任何事情都是真心的。我以前一直都听您的话，就这一次，请遂了我的心愿吧。求您了，爸爸……

父亲：（指着刚买的电脑）把这个退了吧。儿子，一台专业的照相机要多少钱？这台笔记本够换一架吗？如果你缺钱，只管开口。去过你想要的生活吧，我的孩子。

两段对话反映出一个共性的家庭教育问题：父母习惯于对已经成年了的孩子进行控制，这首先表现在对孩子大学选择、专业选择与职业选择的控制。父母总是按照自己的理解来设计孩子未来的工作和生活，并千方百计为实现这样的工作和生活动用自己的一切资源，包括自己的权威、自己的金钱、自己的人际关系。他们把这种控制理解为爱，理解为为孩子的未来幸福着想。皮娅的弟弟、院长的儿子的理想是当个作家，但父亲非要他去当工程师，最后被逼自杀。法罕的梦想是当一个动物摄影师，但父亲非要他去当工程师，认为当工程师未来才能买房买车。幸运的是，法罕最后说服了父亲，父亲尊重了孩子的职业选择。法罕最终成了著名动物摄影师安德烈·伊斯特凡的助理，后来他自己也成了著名的动物摄影师。

每个孩子都想成为他自己，每个生命都不想成为他人操纵的木偶，包括成为父亲和母亲操纵的木偶。对此，我们必须明白这个看似简单但又深刻的道理。我是谁？我当下是怎样一个人？我喜欢做什么？我能做什么？我将来能成为什么样的人？我的人生目标是什么？我人生意义是什么？我怎样才能实现这个目标？每个进入初中和即将进入初中的孩子，都会无数次地问自己。小时候，父母是孩子世界的中心，孩子的所有疑问都会从父母那儿得到答案；上学后，老师是孩子世界的中心，孩子的所有疑问都会从老师那儿得到答案。一进入青春期，进入初中，孩子自己就成了自己世界的中心，他们急于要了解自己，认识自己，设计未来可能的自己，自己给自己的人生寻找答案，这是人的自我意识的一次彻底觉醒，是一个人即将成为一个独立的、自主的人的强烈心理需求。"我的青春我做主，我的生命我做主。"这是他们的青春宣言，也是对父母发出的最后警告！

当一个初中生、高中生当下的自我认知、理想中的自我认知与他人期望中的自我出现矛盾和失衡时，孩子的"自我同一性"就出现了问题。而孩子的"自我同一性"是青春期孩子人格发展的核心问题。如果"自我同一性"出现问题，将直接导致孩子的人格方面出现缺陷。当孩子感到他所处的环境剥夺了他在未来发展中获得"自我同一性"的种种可能性时，他将以令人吃惊的力量抵抗社会环境。因为在人类社会的丛林中，一个人如果没有同一性的感觉，就等同于没有个体自身的存在，这个看似存在的生命就是一具没有灵魂没有思想的行尸走肉，完全丧失了存在的价值和意义。我们必须选择逐步放手，选择尊重孩子，尊重孩子的选择，并在尊重的前提下，努力帮助孩子实现独立。

参训家长微分享

　　——忽略是指疏忽、不在意。家庭教育当中的忽略，我认为是指不在乎孩子的感受，把家长的意愿强加到孩子身上，所有的决定都替孩子去做了，因为家长觉得这样做是对孩子好，以至于忽略了孩子的感受。其实我们在替孩子做决定的时候，不妨问问孩子的想法、感受。这样既沟通了感情，又让孩子觉得受重视，可以达到事半功倍的效果。经常忽略孩子，会让他们觉得自卑，自己不重要，不敢表达自己的想法。在生活中和工作中，如果我们的爱人、我们的领导忽略了我们的付出、努力，我们也会觉得很委屈，我们也会变得很消极，甚至抱怨。所以，经常被人忽略，身体就会有很多负面能量。希望在以后的生活中，我不要忽略我的孩子，在她成长道路上成为她真正的助力。

　　——忽略，我的理解是忽视、不在意。其实很多时候我们都忽略了孩子自我成长的要求。比如孩子小的时候要自己穿衣服，我们就说："你别动我给你穿。"或者说："你穿不好我给你穿。"我觉得这也是一种忽略。孩子想要自己尝试，想证明自己，我们却没意识到，忽视了孩子的合理要求。如果我们经常这样忽略孩子，孩子会觉得自己不行，进而变得没自信，遇到事情孩子会条件反射地说："我不行，我做不好。"长此以往，如果将来遇到我们也解决不了的事情，需要孩子自己解决的，他们会怎样？如果我的主张被忽视，我会愤怒。因为我觉得我是对的，为什么不能被重视和采纳呢？

——忽略，这是一个让人痛心的词，也是孩子成长过程中不能抹去的伤痛。很多孩子长大成人后出现心理问题时，回首过去会发现，父母在他青少年时期对他的忽略是造成心理问题的主要原因。说起忽略，我也感到很内疚，我也曾经忽略过孩子的需求。忽略的原因归纳起来无非是因为觉得孩子的需求不重要，或者自己的需求高于孩子的需求，分不出时间来关注孩子。殊不知这种冷漠会给孩子的心灵造成很大伤害。

我家里有两个孩子，有的时候当一个孩子跟我倾诉的时候，另一个孩子也有心事要向我说，但是我却忽略了他，不给他说话的机会。孩子的心中一定觉得自己是父母不太喜欢的那个，这对他未来性格的发展肯定有影响，会给他造成困扰。经常被忽略的孩子成年后，肯定会有畏缩、畏难、不愿意在众人面前表现自己的问题。这对于他将来的职业发展和人生目标的达成会造成障碍。

在我的青少年时期，因为我是家里的独女，所以很少被忽略。这也养成了我敢于在众人面前表达，遇到难题敢于创新、敢于突破的性格。我非常感谢我的父母。但是我做得没有我的父母好，今后一定要改进：不再忽略孩子，正视孩子的每一次需要、每一次要求沟通的愿望，做一个在孩子成长过程中，在他每次需要坚实的臂膀保护的时刻，都在身后支持他的家长。

——忽略，是指疏忽，没注意到。作为家长，我们常常在工作忙碌时，心情不好时，专心做自己的事情时，忽略孩子的一些诉求，没有顾虑到孩子的感受。久而久之，孩子感受不到来自家庭和父母的关爱，就会认为你不关心他，不关注他，可能就会对你关闭心门，不再跟你分享他成长过程中遇到的点点滴滴。这样，对孩子的性格形成会起到反作用。家长要时刻关注孩子，不要忽略来自孩子每一个幼稚的想法，无论多大的孩子都需要来自家庭的温暖，来自家长的关注、指引。

——忽略在我家经常发生，不是忽略了孩子的存在而是忽略了孩子的感受，忽略了孩子的自尊。举个例子：有一天，孩子可能玩累了，结果晚上睡觉时，发生了让我不高兴的事儿。虽然心里不高兴，但觉得挺好笑，我当成笑话和家里人去说这件事。结果孩子非常难为情，也非常不高兴地说了一句："妈妈，你太过分了。"后来想想也真是我不对，忽略了孩子的感受，也触碰到孩子的自尊。我后来还向她道歉，表示以后不会发生伤她自尊的事儿。

——忽略对于我们每一位家长、每一个孩子来说都不陌生。现在的我们都是工作忙、工作压力大，对孩子的忽略也就成了家常便饭，可能就是这种不经意的忽略给孩子带来了伤害。这些正处于青春期的孩子们，他们会觉得他们的爸爸妈妈不爱他们了，忽略会让他们变得不自信、不阳光，甚至有些孩子会变得孤僻。爱孩子，这几乎是所有父母都在做的事情，然而怎么爱孩子才能让孩子感受到，怎么做孩子才肯接受，则是我们家长需要思考的问题。

——我对忽略的理解是，没有耐心、不尊重、不重视。我想被别人忽略的感觉是难以接受的，是造成孩子不自信的因素之一。许多家长面对孩子任性的一面时或许会崩溃，会失去耐心，会控制不住情绪对他大吼大叫。说到底就是我们的耐心还不够，我们总是以自己的想法去剥夺孩子成长的权利。孩子需要的是什么？不是包办和放任，只有轻松和自由才是真正的爱！不要忽略孩子的感受，看似简单的事，在孩子幼小心灵中"非同小可"，应该耐心讲解。或许孩子不一定听得懂你讲的知识，但是讲解本身会让他感觉危险的程度在减弱，起码在这个时刻是安全的。还有支持，当孩子真的处于恐惧中时，他需要实际的支持和陪伴，不仅限于口头安慰，最好在行动上让孩子感到你理解他。对于孩子来说，父母就是依靠，和父母在一起是绝对安全的。不忽略孩子、关注他、尊重他，这不仅能使孩子越来越自信，也能为孩子长大后和我们成为无话不谈的朋友打下良好的基础。

——"忽略"这个词在我家总是出现。我一直都忙，没时间带孩子，都是孩子的姥姥带，我给报课后班，我说哪个老师讲得好，孩子就得去上，从没考虑过孩子的感受和心情，是否喜欢这位老师，天天学啥内容了。可等到考试时，学习分数没上去，我看着就急了。问孩子，天天补课都去干啥了，为啥考成这样。孩子就哭着和我说："妈妈，我真的不喜欢这位老师，也不想和他学。"我一听，这是我当初自己做的决定，忽略了孩子的感受。现在孩子都处于叛逆期了，家长做关于孩子事情的决定前，得先征求一下孩子的意见。

——谈到"忽略"这个词，让我想起了昨天刚刚发生的事。我们三口人周末开车出去吃饭，在车里聊天，我和孩子爸爸一直在聊天，孩子说话我们根本都没有理她，感觉她应该是说了很多次，但每次都因为没有回应而中断了。后来我和孩子爸爸说完事情，发现她默默地坐在后座，很沮丧的样子。我们突然意识到忽略她了。生活中还存在很多类似的问题，大多数的时候，我们都是从自己的感受出发，很少站在孩子的立场上去感受。当孩子不听话时，我们说得最多的就是："怎么这么倔，这么不听话呢？"孩子有自己的成长规律，也需要我们尊重和理解。如果习惯性地控制孩子，不顾孩子的感受，那只会让孩子失去施展能力的机会，永远无法做快乐的自己。

——关于忽略，我个人觉得就是不重视，没引起注意。包括情感、意愿、习惯、态度、行为等各方面。联系自己的生活实际，在我正忙或专心做一件事的时候，孩子问我问题或表达自己的想法，往往会重复几遍才能引起我的注意，有时孩子会抱怨："看看，跟你说句话可真费劲！以后再也不跟你说了。"当孩子请求家长，要购买自己想要的东西时，我们会根据自己的判断和观念进行决定，把自己的想法强加给孩子，从而忽略他们内心的想法和需要。当他们的行为习惯、态度出现偏差时，我们往往也会因为忙碌或放任而忽略，导致孩子形成散漫、懒惰等不良习惯。在生活中，我们往往只关注孩子的学习，千叮咛万嘱咐：上课认真听讲，好好完成作业。却往往忽略了一个微笑、一次赞扬、一次鼓励能带给孩子的巨大能量。孩子被忽略的结果就是，她可能在内心失去对父母的信任，可能造成与人交往时的情感缺失，变得冷漠，可能失去自信，失去面对困难时努力克服的勇气。

——忽略，如果北斗老师不提出这个话题，可能很多人不会在意它的意义。我刚刚上网重新查一下这个词的意思：疏忽，不在意，没注意到。这让我汗颜。我们原来一直认为努力工作，为孩子提供更好的生活与学习环境是最重要的，但这只是一方面，更重要的一方面是需要关注孩子成长，陪伴孩子。

这次家长会上，班主任老师说到一个话题，那就是很多家长把孩子送到学校，会说上一句：孩子就交给老师了，我们负责配合老师工作。这是一种错误的认识。家长才是孩子教育的第一人，对于孩子的成长变化，我们不能两耳不闻校内事，一心只顾做自己。家长会后，我反省自己。孩子慢慢长大，而我们在孩子的成长中却出现责任缺失，忽略了孩子的喜怒哀乐。没有在孩子高兴的时候一起分享，没有在孩子失落的时候给予勇气，没有在孩子迷茫的时候给予鼓励。现在开始我们要改变，不能让我们对孩子的爱消逝在整日地忙碌里。

——我们每个人在生活中都不希望被亲人忽略，在工作中不希望被领导和同事忽略，然而我们却常常忽略孩子。比如，我看孩子在家没事经常拿画笔在纸上随意画画，就想孩子一定是喜欢画画，就给他报了个美术学习班。可是领孩子上课时，他却表现得非常反感，甚至哭闹着不去上课。我问他你不是很喜欢画画吗？现在和这么多小朋友一起画画多开心呀。可是他却说，我只是喜欢自己在家画。我说在这和家里画不是一样吗？还有老师指导，可以画得更漂亮。可他仍旧坚持不在美术班画画，为此我还和孩子生气，说了一些伤害他的话，最后美术课也没上成。可后来一想，这个问题还是出现在我的身上。如果在去美术班之前能和孩子商量一下，问问孩子的意见，考虑一下他的感受，可能结果就会不一样。

生活中类似的事情还有很多。忽略孩子的主要心理动机，其实就是"我以为、我认为"在作怪。我们家长常常忽略孩子的感受，把大人的主观思想强加到孩子身上，没能站在孩子的角度去思考问题。

忽略孩子，会给孩子内心带来很大伤害。忽略会让孩子认为爸爸妈妈不喜欢自己了，会让孩子缺少自信。如果生活或工作中，我被忽略了，我会觉得自己没有存在感。谈到自己被忽略的真实感受时，真的觉得被忽略是一件非常可怕的事情。我会重新审视自己，不去忽略孩子的感受，陪伴孩子，重视孩子的想法，让他成为一个健康、快乐、自信的孩子。

第八篇

教育**欺**不得

身教胜于言教，这是颠扑不破的教育真谛。我们的学校教育、家庭教育之所以在很多时候有乏力感，其中一个重要原因是：我们说教得太多，身教得太少；要求孩子做到得太多，要求自己做到得太少；给孩子找能做好事情的理由太多，给自己找能做好事情的理由太少。

教育能够发生的内部机制是教育环境。看得见的是孩子在成长，看不见的是孩子在环境中成长。每个人都处在不断变化的环境中，人们在不断变化的环境中穿行，身心也在不断变化的环境中受到濡染。构成环境的要素很多，归纳起来不外乎人与物。对于孩子来说，最重要的成长环境就是家庭，家庭中最重要的环境要素就是家长。

教育是教育者和被教育者两个主体之间发生的事情。发生良好教育的条件，不但取决于被教育者——学生或孩子，更取决于教育者——老师或父母。教育应该从原来努力改变孩子的缺点转变为努力提升父母的教育素养。只有父母好好学习，孩子才能天天向上。

打骂孩子是传承了上千年的家庭教育方式之一。我们以为打骂是最简单有效的教育方式，结果打骂一次次砍掉孩子的自尊，把孩子逼向崩溃和自暴自弃！在物质生活日益丰富的今天，孩子更加追求精神的独立和幸福，打骂已经成为与时代格格不入的落后的教育方式。

身教远远胜于言教

先来读两篇参训家长的文章。

文章 1：

我曾经也是一位优雅的女性，积极乐观、热情阳光、善于倾听、享受音乐，周围的亲朋好友都说我总是那样神采奕奕。

可是自从有了孩子，我并没有做好准备接受角色的转变，生活慢慢发生了变化。孩子渐渐长大，自主意识不断增强，我会因为孩子各种"不听话"、乱发脾气、粘人、不守规则、依赖他人、不合作等行为缺乏耐心，对孩子发脾气。

同时，因为教育理念的分歧，我和老公、父母之间不可调和的矛盾也越来越多。如何教育孩子，成为我生活中的大难题。孩子上了小学以后，这个问题变得更加严重。我开始怀疑自己能否胜任母亲这个伟大的角色，我为此付出了大量的时间和精力，却让自己的生活越来越糟。在不知不觉间，那位优雅的女性消失了。所以，当学校组织家长参加"动力教育合格父母培训"的时候，我迫不及待地报了名，希望通过学习，改变教育现状。

令我惊喜的是，"动力教育合格父母培训"是一种体验式培训。通过北斗老师的讲解、家长们讨论交流、期刊上分享学习心得等形式，让家长自我省察，改变自己的态度，从而打开孩子的心门，与其从容相处，轻松陪伴。

尤其是听了"我是一切的根源"这堂课，真的是醍醐灌顶，幡然醒悟。原来，造成生活翻天覆地变化的根源，不是孩子，而是我自己。每个孩子都是上帝赐给父母最宝贵的礼物，他们是父母生命的延续，也是父母的一面镜子。从我的孩子身上，我可以看到自己的一切。但是，我常常把我的孩子当成我理想的实现者。我经常因为孩子犯同样的错误而火冒三丈，为他没有责任感，把我的说教当成耳边风而苦恼。我的宝贝之所以缺乏责任感，是因为我替他做得太多，剥夺了他通过自己体验提高能力的机会。我允许自己拖延、软弱、逃避……却不能接受孩子的不完美。我也常常用自己的人生经验去代替孩子思考、做决定，却始终不愿俯下身来倾听他的心声……是我没有走进孩子的内心，甚至没有走进家人的内心，我的本能反应和无意识行为，给我自己、我的宝贝、我的家人造成了巨大的伤害。

我的观念转变以后，每当遇到问题时，我尝试着多花点时间让自己先冷静下来，同时接纳孩子的表现，鼓励孩子，让孩子感受到我对他的信任，而不是在我情绪泛滥的情况下，让孩子感受更糟。我以身作则管理自己的情感和情绪，用真正的爱与尊重，去了解孩子的内心，用爱去充盈孩子的内心，我们都变得比原来快乐。

欣喜之余，我也重新审视自己与丈夫、与父母之间的关系，重新认识了他们，接纳了他们的一切，没有任何抱怨。真正地懂得了尊重和接纳，我和家人之间的良性沟通也多了起来，我享受到了夫妻之间的平等和尊重，感受到了放手之后信任的力量。那位优雅的女性又出现了。

文章2：

关于教育，北斗老师在第二期"动力教育合格父母培训"上告诉我们："你希望自己的孩子成为什么样的人，你首先要去做一个什么样的人。"父母是孩子的第一任老师，我们的言行举止都会影响孩子的成长，试问，如果我们自己都做不好，又怎么能够教出一个好的孩子？通过培训我明白了：说一万遍，不如做一次，为什么给孩子讲道理，孩子听过也没有深刻的印象，反而觉得厌烦呢？因为我们教他的东西，我们自己都没有变成行动。纵然我们说得天花乱坠，孩子也无动于衷。

　　例如：有一次我被女儿问得哑口无言。那天我让女儿读书要专心，不要经常想着玩游戏。女儿不服气，反问我："凭什么你就可以一直玩手机？"我立刻认识到自己做得不好，这感觉就像我又当了一回孩子，被人给教育了。其实从教育的角度来看，不是孩子记不住我们说的话，而是行为习惯这个事儿，靠说根本没用。如果我们父母先做到了，养成了良好习惯，孩子也会习惯性地模仿我们的行为去做。正所谓言传身教，以身作则。

　　朋友家住三楼，有时候电梯人满了，家中的老父亲不想等，就走楼梯，朋友担心父亲手脚不方便，每次都会跑过去搀扶父亲下楼。有一天，邻居奶奶告诉我的朋友，有次他的孩子看她走楼梯，就主动搀扶她，还告诉她慢点走。邻居奶奶说："现在的孩子，谁有这份心啊，你们家孩子真讨人喜欢！"然而朋友却很困惑，因为之前并没有告诉孩子要这样做。真正的教育，不是光说，而是直接做，这就是身教重于言教。你做到了，孩子自然也就去做到了。

　　北斗老师在培训会上告诉我们：你是哪种父母，你的孩子就是哪种人。很久以前看过这么一个小故事：有一个小孩子天生智商过人，但是他的爸爸酗酒，经常喝醉后深更半夜才回家。有一天，天上飘着大雪，爸爸和往常一样出门，朝酒馆里走去。走到半路，他发现后面有人跟踪，回头一看，原来是他的孩子顺着他的脚印跟上来了，孩子一边走，一边兴奋地说："爸爸你看，我正在踩着你的大脚印呢！真有意思！"爸爸听了孩子的话，猛地意识到，如果自己嗜酒成性，孩子就会像今天这样，跟着他的步伐，将来也会酗酒。于是他改变了路线，返回家中，从此戒掉了酗酒的恶习。

　　这位爸爸还是很明智的。大人的言行举止，会在不知不觉间影响孩子一辈子。尽管不愿意承认，很多时候，孩子与父母的关系就是——长大后我就成了你。教育孩子，与其喊破喉咙，不如直接行动。有句话说得很好，三等父母用拳头管孩子，二等父母用嘴巴管孩子，一等父母用行为管孩子。当我们做好了自己，孩子自然也就跟着好了。正如北斗老师今天带领我们父母说的：今天我们站立的地方，就是我们孩子的未来！

这两位家长道出了一个真理：身教远远重于言教。身教胜于言教，这是颠扑不破的教育真谛。我们的学校教育、家庭教育之所以在很多时候有乏力感，其中一个重要原因是：我们说教得太多，身教得太少；要求孩子做到得太多，要求自己做到得太少；给孩子找能做好事情的理由太多，给自己找能做好事情的理由太少。

身教重于言教，作为一个教育道理，相信每位家长都不陌生，都知道。但是，非常遗憾，我们常常做不到。想想，作为成年人，历经二十几年的学习、成长、工作，通过受教育也好，通过耳濡目染也好，通过阅读观影也好，通过亲身感悟也好，我们的脑袋里装满了太多做事、做人的道理。如果把这些道理一条一条地写出来，其数量之多相信自己也会感到惊讶。我们常常拿这些道理与人对话，自我感觉也算是一个懂道理的人，一个有知识有文化的人。当我们有了孩子，承担起为人父母的教育责任的时候，这些道理更是派上了用场。我们动辄把这些道理讲给孩子，灌输给孩子，让孩子按照这些道理去做事、做人。我们甚至很自然地认为，只要我把这些道理一遍遍讲给孩子听，孩子就会成为一个懂道理的人，一个做事、做人都遵循这些道理的人。但实际情况常常不是这样。

这其中的原因想必一定很复杂。

第一，是对不对。我们认为的道理，绝大多数都是在一定条件下才是正确的，离开了相关的具体的条件和情境，这些看似正确的道理便不再正确。

举几个例子。

做人要诚信，这是一个道理，我们应该遵从。但面对一个刚刚患上癌症的患者，我们都不愿意把这个实情告诉他。我们都会欺骗他说："你得的只是一般的常见病而已。"看上去我们没有做到诚信，没有说真话，而是说了假话。但这样的假话恰恰有益于患者治疗和康复。我们在说这样的假话时，心里没有一点儿自责和愧疚，反倒有一种温暖和高尚。因为我们是在为患者着想，而且实际上这种隐瞒真相的做法，确实对患者治疗有利。可见，做人要诚信的道理，是有一定的条件和情境的。

不要酗酒。我们都知道酗酒的危害，不要酗酒这也是一个道理。但有一天，你的女儿被绑匪绑架了，这个绑匪告诉你，释放你女儿只有一个条件：喝掉一瓶酒。要喝吗？当然要喝。虽然明知道这瓶酒喝下去，自己会酩酊大醉，甚至有生命危险。为什么？因为我们心中强烈地爱着女儿，为了换回女儿，别说是一瓶酒，就是用自己的性命去换也在所不辞。

不要武力解决问题。这看上去也是一个正确的道理，但这个道理同样也是有条件的。2018年的昆山反杀案，大概每位读者都还有印象。2018年8月27日晚，江苏省昆山市震川路发生一起刑事案件。宝马车驾驶者刘海龙提刀追砍自行车车主于海明，却被于海明反砍身亡。9月1日，昆山市公安局以于海明的行为属于正当防卫、不负刑事责任为由作出撤销案件决定。可见，为了正当防卫是正确的。尤其是当有外敌侵略时，为了保家卫国，我们必须将敌人赶尽杀绝。

……

原来，我们脑袋里装下的绝大多数道理，不是在什么条件下都是对的。换句话说，这些道理的正确性都是相对的，在这个条件和情境中是正确的道理，在另一个条件和情境中是错误的。真正在任何条件和情境中都正确的道理，放之四海而皆准的道理，也许少之又少。

第二，是信不信。我们对脑子里装的这些道理，可能并没有达到坚信的程度。把道理装在脑子里是一回事，信不信这些道理又是一回事，信到什么程度还是一回事。也许我们从来就不曾坐下来，平心静气地对这些道理进行认真的梳理、反复地追问，进而确定要不要相信，要相信到什么程度。事实上，我们是相信还是怀疑一个道理，常常都是以我们自己的经历和体验为依据的，都在自以为是或自以为不是。我们相信这个道理，是因为我们的经历或体验印证了这个道理；我们怀疑这个道理，是因为我们的经历或体验否定了这个道理。还会有这样的时候，都是我们的亲身经历和体验，但因为具体的经历不同、体验不同，同样一个道理有时被印证是正确的，有时又被印证是错误的。这其中的纠结、矛盾，连我们自己也说不清楚，进而对这些道理也很难完全相信。更多的时候是时而相信，时而怀疑，半信半疑，将信将疑。这样半信半疑，道理的力量就大打折扣了。坚持信奉这些道理的动力也就不能保持永久了。为什么会这样呢？我想，这一方面可能就是道理的局限性所在。因为任何一个道理都不可能适用于任何人、任何时间、任何空间、任何情境。更何况不同的人对同样的道理，都会有自己不同于他人的理解。即便是同一个人，经历了不同的人生和在不同的人生阶段，也会对同样的道理在内涵上、程度上存在不同的理解。道理可能是不变的，时代却各有各的特点，国家却各有各的不同，人却各有各的人生。所以古人才说：尽信书不如无书。

这样看来，装在我们脑子里的道理，如果我们没有达到对道理信服的高度，这些道理似乎并不能指导我们的具体行为，成为指导我们具体行为的方向和观念。更多的时候，是我们在真正经历和体验，并且需要把这种感悟表达出来的时候，我们才想到这些道理，才想到此时此刻能够确切表达这种感悟的现成的词句，并且这样的词句因为大多来自经典，人们大多耳熟能详，所以更有说服力，更能在交流时产生共鸣。

另一方面，任何一个道理都是对应一定的条件和情境的，构成这些条件和情境的要素不是一个，常常是几个或者更多个。作为不同个体生命的我们，每时每刻都在经历着与别人看似相似实则不同的生活状态，此时的生活状态与彼时不同，此境的生活状态与彼境不同。在这时与境中，我们的感受和体验势必因人而异、因时而异、因地而异、因境而异。就像词中所说的那样："一曲新词酒一杯，去年天气旧亭台。夕阳西下几时回？"抑或是："去年今日此门中，人面桃花相映红。人面不知何处去，桃花依旧笑春风。"所以，完全再现道理中必须出现的生活要素，是可遇而不可求的。

第三，是做不做。绝大多数的道理的正确性都是相对的，很多道理我们可能都没有达到信服的高度，但这并不妨碍我们按照道理去做，这正是这些道理存在的意义。道理是什么？道理就是观念，人的行为总是受到观念的支配。人们在成长、学习、工作和生活中所接受的、知道的道理，就是我们做事、做人的观念。看得见的是我们此时此刻做出了这种行为，看不见的是我们脑子里的观念在起作用。观念决定行为，行为决定习惯，习惯决定性格，性格决定命运。在这组逻辑关系中，观念是第一位的，是第一粒扣子。第一粒扣子系错了，接下来就都错了。

　　绝大多数的道理的正确性都是相对的，我们的理解是：一般情形下，这个道理都是对的，特殊情形下，这个道理才是错的。生活中，一般情形是常态，所以，我们在一般情形下就要相信这个道理，也要把这个道理教给孩子，并告诉孩子按照道理的指导去做。这样，我们的观念才不会忽左忽右，才不会无所遵循，才不会陷入虚无主义的泥淖中不能自拔。同时，遇到特殊情形，我们也要把变通的道理告诉孩子，把矛盾的普遍性与特殊性的关系渗透给孩子。这样，我们的孩子才不会怀疑一般情形下存在的道理，才知道这个道理在特殊情形下还有另外一种理解方式、行为方式，才不会认为父母的教育原来是一种欺骗。

　　身教重于言教，强调了做的重要性。对装在脑子里的道理，如果只停留在知道的层面，没有做到，其实还是不知道。做到了，即便不知道，其实已经知道了。既知道，又做到，才是真知道。教育的本质是生命对生命的影响、生命对生命的唤醒、生命对生命的引领。这种影响、唤醒和引领既来自说教，更来自身教；既来自知，更来自行。

　　"我允许自己拖延、软弱、逃避……却不能接受孩子的不完美。"这是很多父母潜意识中的想法。没有人告诉孩子要主动搀扶下楼梯的老人，但朋友的孩子却主动搀扶"邻居奶奶"。"真正的教育，不是光说，而是直接做，这就是身教重于言教。你做到了，孩子自然也就去做到了。"

　　是的，在说教与身教中，人们更愿意不仅听其言，还要观其行，更要知其心。孩子更希望看到我们不仅说到了，而且做到了。只有我们做到了，孩子才会相信背后的道理。我们不能因为只说不做，只做不坚持，让孩子莫衷一是，有被父母欺骗的感觉。如果真是如此，孩子将不再相信我们，我们的教育也将宣告结束，而留给孩子被欺骗的感受，将会在一段时间内跟随孩子的内心，并可能由此导致孩子不再相信任何人。

让我们一起再次重温第二位家长讲述的这个小故事，更加深刻地明白"身教重于言教"的道理。

有一个小孩子天生智商过人，但是他的爸爸酗酒，经常喝醉后深更半夜才回家。有一天，天上飘着大雪，爸爸和往常一样出门，朝酒馆里走去。走到半路，他发现后面有人跟踪，回头一看，原来是他的孩子顺着他的脚印跟上来了。孩子一边走，一边兴奋地说："爸爸你看，我正在踩着你的大脚印呢！真有意思！"爸爸听了孩子的话，猛地意识到，如果自己嗜酒成性，孩子就会像今天这样，跟着他的步伐，将来也会酗酒。于是他改变了路线，返回家中，从此戒掉了酗酒的恶习。

家长就是成长环境

先来读一篇参训家长的文章。

出生

记得在你出生前三个月的一天，爸爸偶然想到"瑞临"这个名字。"瑞"古代作为凭信的玉器，吉祥，好预兆。"瑞临"就是吉祥、好预兆（幸运）来临的意思。名字是出生之前就先想好了，等到你出生时，一看与生辰八字正好相合，真的是很幸运。

早产

出生时，其实你比预计的早了一个月，这着实让我们紧张了很久。因为早产会带来很多问题，严重的可能会出现终身残疾。还好姥姥和大姨比较有经验，只在保温箱里待一个晚上就让你出来了。你是幸运的，早产对你没造成伤害。

由于爸爸妈妈在工作中，看到了太多孩子因为早产以及其他疾病造成了身体、心理的损害，使很多孩子和他们的家庭陷入了极大痛苦和困境当中，所以爸爸妈妈真的是觉得，有你这样一个健康快乐的宝宝很幸运。我们真的觉得你学习好不好并不重要，你以后是否能出人头地、出类拔萃也不重要，重要的是你能健康快乐地长大。所以我们并不会很严格地要求你，甚至有些放纵你的一些不好的习惯，例如看电视、吃零食。但我们是幸运的，因为你的坏习惯并不是特别多。

爷爷的肾结石

小的时候，你更喜欢爷爷。你其实是个喜欢自己走路的孩子，就是有爷爷在的时候，喜欢让爷爷抱着；还在他身上撒娇，经常在爷爷抱着你时踢爷爷的肚子。有一次你踢到爷爷的肚子时，他突然感觉到有东西掉了下来，到医院一检查，发现是一颗鹌鹑蛋大小的膀胱结石，同时还发现了膀胱癌。由于发现及时，做了手术，手术很成功，爷爷的身体恢复了正常。你的小脚丫给爷爷带来了幸运！但从那以后，爷爷就没法抱你了。

安静的女孩

安安是你的小名，妈妈给你取名叫安安，是让你安安静静，不要吵吵闹闹的。至少你在大多数时候是安静的。记得在你五个月大的时候，妈妈上夜班，姥姥回家有事。爸爸还以为平时都是爸爸给你冲奶粉，爸爸哄你睡觉，自己和你在家没有问题。可是晚上你一觉醒来，没看到妈妈、姥姥，就大哭起来，怎么哄都哄不好，最后妈妈请了假，姥姥赶了回来，你才安静下来。爸爸那次被你给哭怕了。在幼儿园、学前班、小学，你都会安静地听老师讲课，听老师的话，老师对你的评价是内向的女孩。可是你在家的时候，就完全不是那个样子了，你在家里有说有笑，顽皮大胆，有时还很"小大人"，喜欢给奶奶上课，跳舞唱歌，没事的时候自己还拍视频。我们虽然没有得到一个完全安静的女孩，但我们却幸运地得到了一个可爱的女孩。

独立的女孩

有很多家长说，上小学后很多作业都是给家长留的，我们没有感觉到。从入学到现在，所有老师留的课内外作业，大多数都是你自己完成的，我们只给了很小的帮助。特别是最近"木"字旁的挂串，我们除了提供几个字之外，没有帮你做其他事，从构思到实际制作，从画到剪，从写到粘，完全由你自己完成。还有家长会时，老师让我们家长先和孩子一起写作业，等孩子有自己写作业的能力以后，再让孩子自己写。可是你从幼儿园起，就只是不会的才需要我们帮助讲解，我们也从来没和你一起写过作业。你到小朋友家玩，也总是自己坐电梯上楼，不需要爸爸妈妈在那里陪同。有一次，爸爸把你自己留在早餐店吃早餐，吃完早餐你就自己回家了。有你这样一个独立的姑娘，我们真的是很幸运！

学校

选择五十二中赫行实验学校是我们的幸运。因为有你，我们才与学校结缘，才有机会参加"动力教育合格父母培训"，才有机会认识北斗老师，才有机会与其他家长共同分享家庭教育的心得体会。良好的教学环境会给孩子的成长带来巨大帮助，尤其是学校注重家长教育的理念，让我们这些孩子的第一任老师从身心上得到了洗礼：为孩子请命，为心灵点灯，让真爱回家，让幸福相伴。全力以赴，全心全意，真爱能赢，真信必胜。

老师

肖老师是你的第一任班主任老师。关于老师，你只问过我两个问题：第一是小学的老师为什么只有一个？（学前班和幼儿园都是两个）；第二是为什么肖老师不像以前的老师那么厉害呢？第一个问题很好回答，因为你长大了，不再需要两个老师一同管理你们了。第二个问题的答案是，你真的很幸运！因为肖老师是一个善于教育、懂得教育的老师。从你给奶奶上课方式的转变就可以看出，你不再大声地呵斥，不再严厉地批评，不再歇斯底里地喊叫了。身教胜于言传，有一位好的班主任，我们真幸运！

虽然你还会因为不开心而耍脾气，写字也不是那么太好，但你一直在改变着，而且越变越好。心怀感恩，世界美好。有你，我们真的很幸运！

教育能够发生的内部机制是教育环境。看得见的是孩子在成长，看不见的是孩子在环境中成长。每个人都处在不断变化的环境中，人们在不断变化的环境中穿行，身心也在不断变化的环境中受到濡染。构成环境的要素很多，归纳起来不外乎人与物。对于孩子来说，最重要的成长环境就是家庭，家庭中最重要的环境要素就是家长。

人是环境的产物，适者生存，这是最简单也最深刻的道理。我们明白这个道理，所以我们力求为孩子的成长创造更好的环境。我们想让孩子读一所好幼儿园、好小学、好初中、好高中、好大学，于是尽己所能整合我们的教育资源，实现这一个个期待。为了梦想成真，我们努力挣钱，努力购买学区房，努力构建人际关系。在我们的心里，似乎总是发出这样一个声音：为孩子选择一所好学校，是我作为孩子的父母当下能够做、必须做的一件事。只有做到了这件事，我才心安，我才尽到了父母的责任，我将来才不会后悔。我不能代替孩子听课，我不能代替孩子学习，我不能代替孩子考试，我唯一能做的就是让我的孩子上一所好学校。即便这所学校是民办学校，即便进入这所学校一年要花上几万块钱，但只要我的经济能力能够支撑，我就在所不惜。是的，这是当下一些中国父母的心声。教育、读书，从来没有像今天这样引起家长的高度重视，渴望享受更加优质的教育服务的需求越来越强烈。

我们明明知道，即便是一所区域内的好学校，我们的孩子也未必是这所学校的"好学生"，甚至完全有可能是学业成绩的"潜能生"，考试成绩后三分之一的学生。但我们仍然执着地选择它，这背后的意义到底是什么呢？对，是环境，是为孩子的读书、成长选择一个优良的环境。我们的思维逻辑大抵是这样的：选择一所好学校，我的孩子也未必就一定把书读好，也未必就把书读到年级前十名、前百名。但孩子在这样的学校学习，我是放心的。因为学校很好，学校老师很好，学校校风很好，学校管理很好，学校总体成绩很好，我的孩子也不会太差。我的孩子在这样的好的环境中成长，至少不会变坏，至少会比在其他学校学习更好。

是的，这个逻辑在一般情形下是对的，近朱者赤近墨者黑，说的就是这个道理。这是我们家长坚持选择名校的内在动因，是我们家长愿意花钱把孩子送到名校的内在动因。事实上，名校的"名"也确实不是徒有虚名，确实有这所学校为人称道的观念、文化、教师和教育教学特色。一个孩子在这样的学校读书，即便成绩是靠后的（再好的学校，也总是有成绩靠后的学生），但孩子综合素质的成长相对于其他学校也会有更大的进步。

在这里，我们想强调的是，家长为孩子选择名校的真相，是为孩子成长选择一个相对优良的学校环境、班级环境、教育环境。因为环境影响人，环境改变人，环境塑造人。

如果把社会看成是大环境，那么学校和社区就是中环境，班级和家庭就是小环境。当我们为孩子选择了一所名校的时候，我们只是选择了一个优良的中环境，这虽然非常重要，但孩子每天学习、成长的常态空间是班级和家庭。所以我们更应该重视小环境的建设。

构成环境的三大基本要素是：人、物、情境。在人和物中，显然人更重要，因为环境中的物与情境，归根结底是由人来创造的。班集体的小环境由三种人构成：班主任、科任教师、学生。一个班主任、十几个科任教师、四五十个学生，构成了班级的人的环境。一个孩子在班级的小环境中成长，自然就会受到这个班级的班主任、科任教师和同学的影响。这种影响有积极的影响，也有消极的影响；有正面的影响，也有负面的影响；有主要的影响，也有次要的影响；有深刻的影响，也有浅显的影响。各种影响互相叠加、互相渗透、互相交织，形成了班级小环境对孩子的具体而深远的影响。

在这种种影响中，一般来说，班主任的影响大于科任教师的影响，教师的影响大于同学的影响，好朋友的影响大于一般同学的影响。一个人和一个孩子接触的时间越长，接触的频次越多、接触的距离越近、接触的程度越亲密，对孩子的影响就越大。这样的影响已经不仅仅局限于对孩子学业成绩的影响，更扩展到对孩子的情感态度与价值观的影响，对孩子的性格与品质的影响，对孩子的心理与人格的影响。这种影响是耳濡目染、润物无声的，因而也是持久深刻的。

遗憾的是，一般来说，我们家长对选择班级的小环境是爱莫能助的，充其量是动用资源为孩子选择一个"好班主任"，但谁来做孩子的科任教师，谁来做孩子的同学，我们只能听之任之，顺其自然。这就给我们的班主任和科任教师提出一个严峻的课题：如何构建具有正能量的班级育人环境。看得见的是每个孩子在独立学习与成长，看不见的是每个孩子都在班集体的育人环境中成长，每个孩子的学习与成长都在受到他的老师和同学的影响。这些影响归纳起来不外乎两个方面：一是对他能力形成的影响，二是对他动力形成的影响。理想化的班集体育人环境是在师生共同努力下，通过持久的班级文化建设，构建积极、阳光、互助、和谐、快乐、幸福的班集体育人环境。在这样优良的育人环境熏陶下，每个学生都能不断提升能力、增强动力，从而获得班集体小环境教育的最大值。

由此可见，班集体小环境中的人的因素，即教师与同学的因素，即师生关系、同学关系，是影响一个孩子成长的重要因素。每个学生都有自己的班集体归属，班集体是学生精神生命的成长场。班集体满足了学生多方面的心理需求，包括学生学习知识的需求、学生交往的需求、学生归属的需求、学生对爱的需求、学生对尊重的需求、学生对成功的需求等等。在班集体小环境中，我们不难看出，良好的师生关系就会让孩子有良好的学习成绩，良好的同学关系就会让孩子有良好的学习效率。反之亦然。作为家长，要努力帮助孩子认识到这一点，并在孩子的实际学习生活中，教会孩子处理好与老师与同学的关系，让良好的师生关系与同学关系成为孩子成长的强大动力。

家庭也是孩子成长的重要小环境。这个小环境建设的主体显然是孩子的父母，但孩子也是家庭教育环境的重要参与者。良好的家庭教育环境，不但会让孩子有足够的学习、成长的安全感，更能激发孩子的成长动力，让孩子积极、阳光、快乐、幸福地成长。很多家长忽视了家庭这个小环境的建设，以为把孩子送到一所好学校、好班级就万事大吉了，剩下的事就是孩子自己的事了，自己就可以高枕无忧了。这实在是一种非常危险的认识。

其实，在家庭这个小环境中，父母与孩子的成长有着千丝万缕的联系，看似与教育无关的生活小事，却无时无刻不在影响着孩子。可以这样说，你影响着孩子，你就在教育孩子。作为家长，无论我们是否把自己定位为教育者，我们都是事实上的教育者，我们用我们的语言、表情、心情、行为，我们用我们的思维方式、行为方式，我们用我们的能力、动力，我们用我们的人生观、世界观、价值观，时刻在影响着孩子、教育着孩子。我们是孩子成长中尤其是未成年阶段中最为重要的教育者。对此，我们不能欺骗自己，不能把教育的责任全部推给学校和教师。教师与家长作为两个教育主体，家长有着比教师更为重要的教育责任。教在学校，育在家庭；教在能力，育在动力。教师的教育之责更多地体现在"教"上，教知识、教能力，他们以学科教学为载体，努力丰富学生学科知识，提高学生学科能力。家长的教育之责更多地体现在"育"上，育能力、育动力、育品质，他们以生活经历为载体，教育孩子如何做事、如何做人、做怎样的事、做怎样的人。教师与家长两个教育主体，既有教育分工，又有教育合作，共同完成教育目标。

作为教育环境，我们是春风，我们的孩子就是"万条垂下绿丝绦"的春柳；我们是春雨，我们的孩子就是"花重锦官城"的春花；我们是阳光，我们的孩子就是偷偷钻出地面蓬勃生长的小草；我们是灯光，我们的孩子就是那颗安然入眠的小星……相反，我们是肆虐的狂风，我们的孩子就是随风摇落的秋叶；我们是无情的暴雨，我们的孩子就是东倒西歪的庄稼；我们是凛冽的寒冬，我们的孩子就是瑟瑟发抖的枯草；我们是漫天的黑暗，我们的孩子就是被恐怖笼罩的夜……我们是什么，我们的孩子就是什么；我们怎么样，我们的孩子就怎么样。在孩子的世界中，我们是孩子的唯一，是孩子的天和地。我们只有主动地、自觉地、积极地把自己定位是孩子的老师，是孩子的第一位老师，是孩子一生都不退休的老师，我们才能不推脱、不逃避、不弱化自己的教育责任，才能勇敢地面对现实，好好学习，好好提升，好好尽到为人父母的责任。

我们只要简单分析一下开篇这位家长的文章，就会加深对上述说法的认识。

孩子还没出生，父母已经为孩子起好了名字"瑞临"。"瑞临"就是吉祥、好预兆（幸运）来临的意思。父母把孩子降生这件事当成是家庭的吉祥和好预兆。这个名字里充满了父母对未来美好生活的无限期待。

孩子因为早产的缘故，父母更希望孩子健康。"我们真的觉得你学习好不好并不重要，你以后是否能出人头地、出类拔萃也不重要，重要的是你能健康快乐地长大。"这样一种教育价值观，一开始就在影响和教育着孩子成长：健康快乐比学习好还重要，比出人头地还重要。

于是，我们看到了一个健康快乐长大的孩子：在爷爷怀里撒娇，踢着爷爷的肚子，意外地踢掉了爷爷的膀胱结石。因为发现膀胱癌早，手术很成功，"瑞临"给爷爷带来了幸运。

"安安是你的小名，妈妈给你取名叫安安，是让你安安静静，不要吵吵闹闹的。"妈妈希望孩子是一个安静的女孩，这是妈妈的教育价值观。孩子是一个独立的孩子，总是自己独立完成作业，不需要父母帮太多的忙。这让爸爸妈妈感到很开心，这同样是父母的教育期待。

像很多父母一样，他们为孩子选择了一所优质的小学；像很多父母一样，他们的孩子偶遇了一位好老师。

是的，父母就是孩子的成长环境，父母就是对孩子成长影响最大的那两个人。他们不但言教，更在身教；他们不但养育孩子的物质生命健康成长，更对孩子的精神生命成长给予具体切实的期待和塑造；他们不但自己是孩子的成长环境，还在以自己的价值取向，为孩子选择学校和社区这个中环境和班级的小环境。在我们的孩子还幼小的时候、还未成年的时候，正是我们以父母与教师的双重身份塑造和雕刻着孩子的生命。我们是孩子安全的守护神，我们是孩子身体的营养师，我们是孩子灵魂的工程师。

我才是一切的根源

先来读一篇参训家长的文章。

几乎所有的宝宝都是在还没有准备好的情况下，就开始了自己的人生道路。而妈妈们又何尝不是在没有准备好的情况下，就要开始钻研这门人类最深奥的课题——孩子的成长教育，而且这个课题又不得不学，不得不钻研。一旦学上了，只有考试，没有结题，它只能伴随着你人生的终结而结束。

和其他准妈妈一样，得知自己怀孕，满怀欣喜。继升学、就业、结婚之后，终于要完成我的又一项人生大事——生子。欣喜之余，惶恐与不安、烦恼与焦虑也随之而来。如何当妈妈？要注意什么？怎么生个健康的宝宝？成为我每天不断思考的问题。买书、上网查攻略、询问亲朋好友，能想到的方法都用上了。自己学习不够，还要把听到的、看到的、问到的讲给老公听，说给爸爸、妈妈听，一股全家合心、其利断金的架势。

原以为自己脑袋里灌了很多理论知识，可以迎接我可爱的天使到来；原以为他出生那一刻，我成为母亲的那一瞬间，我就彻底地跨越一大步，成为一名家长，开始人生新的旅程，彰显自己伟大的成长。但后来，我才知道，我错了，那时的我还没有长大。

儿子刚到 6 个月，有一天晚上突然发烧，这是孩子出生后第一次得病，我和他爸爸都慌了神，不知道该给孩子吃什么药，也不知道该怎么处理。半夜2点，老人们早已睡了。那时有点儿后悔，怎么没好好学习给孩子喂药、治病的方法。没有别的办法了，只能上医院。我俩包起孩子就从经开区赶到吉大一院，到了儿科急诊，才第一次领略什么叫看病难。前面排了20多个新患者，每两个新患者中间还要给一个病人看检查结果。我抱着孩子在走廊的长椅上坐着等，看他爸爸跑来跑去办各种手续，在他离开我视线的那一刻，我忍不住哭了，眼泪噼里啪啦掉下来。回想从小到大，直到昨天，我每次上医院还需要爸爸、妈妈的陪伴，今天，我怎么就要作为家长，带着孩子来看病了呢？此时此刻，我才懂得自己已经不是曾经需要依赖别人的那个小孩了，以后会有个"小不点儿"要依赖我、需要我，我必须成长，我必须强大，我要像一只老母鸡一样，用自己强大的翅膀和羽毛保护这个幼小的生命。从那时起，我才真正拥有作为母亲的强大内心，自觉地、有意识地学习各种父母本领，承担家长的职责。

当孩子渐渐有了自己的意识，照顾他的饮食起居，好像变成了次要的事情，教育他被提到了日程上。还记得怀孕的时候，读过《好妈妈胜过好老师》，当时膜拜作者的每一句话、每一个办法，就准备拿它当大百科全书用，仿佛遇到问题到书里就能找到解决办法一样。但真的遇到了，却没有想象的那么自如。孩子出现问题，我把书上妈妈说的原话说给孩子听，可是孩子给出的答案和行为，和书上的那个宝宝不一样。比如，书上说，孩子不愿意打针，你可以解释，打针确实有一点儿疼，但你能够接受这个疼痛，而不是骗孩子说打针不疼，好好和孩子说，他会接受和尝试。我照做，可是怎么说，孩子就是不打，一听说确实疼，那就更不打了，又哭又闹，撒腿就跑。面对这样不同的结果，我茫然了，我的教子体系崩塌，感觉这回真的没有依靠了。几经失败后，我才渐渐知道，教子需要智慧，这个智慧不能照搬其他任何一个人，因为你的孩子是世界上唯一的、独一无二的，不会有和他一模一样的另一个孩子来让你参考。我只有自己去好好研究他，找到他的各种特点，寻求教育他的办法。别人的理论，我只能借鉴，却照搬不来。研究这么深奥的学科，只能靠我自己的努力。

　　在摸索教子之道上，我走过弯路，也遇到过挫折，失落过，彷徨过，绝望过。但在不断地学习中，我意识到，他的问题其实源于我。都说父母是原件，孩子是复印件，这样想来，孩子出现的问题确实好像都和自己有关。或者是我自己做得不好，他学得不好；或者我对他的态度和行为不好，他对其他人也同样不好；或者我没有常常陪伴他，导致他心里孤寂而行为反常……确实，每一项好像都和我息息相关。我开始反思，开始改变自己，从一个个愣神中，认识到自己的过失。

　　孩子的人生是他自己的，他感觉到风时，风在吹；他把宇宙放在心里，宇宙才存在。其他人替他决定、替他相信、替他承认的，他终究有一天要放下。作为母亲，我只是比他来得早，只是那个他人生中提醒他不错过一些事，而又需要错过一些事的人。而只有他才有权利解说自己的人生，我需要做的是当好一名"示范者"和"指导员"。

　　每次读陶行知的这首小诗，都觉得既有趣又有道理：人人都说小孩小，小孩人小心不小，你若以为小孩小，你比小孩还要小。

　　这些洋洋洒洒、不着边际的话，是我得子、教子这条成长道路上的一些小感悟，愿意和同行的你们分享。我努力地告诉自己，平静地接受孩子成长中的点点滴滴，但有时候还是做不到，心急的时候也有过过激的行为，之后心里后悔不已。但还好，孩子对我也很宽容。打过之后，问他，你还喜欢妈妈吗？他还会当什么事都没发生一样，天真地说："喜欢！我最喜欢的就是妈妈。"我欣然地接受这样的答案后，再告诉自己，下次千万不能打了。是否做到，我真的不敢保证。我只能说，我必须在这条路上不断成长，继续修行，努力前行，并和你们相伴同行。改变那个"不可爱"的妈妈形象，让宝宝们健康、快乐地成长，让他们拥有美好的未来！

　　我是一切的根源，爱是所有的结局。教育是教育者和被教育者两个主体之间发生的事情。发生良好教育的条件，不但取决于被教育者——学生或孩子，更取决于教育者——老师或父母。教育应该从原来努力改变孩子的缺点转变为努力提升父母的教育素养。只有父母好好学习，孩子才能天天向上。

　　是的，我是一切的根源。在教育孩子这件事上，父母才是总根源。孩子当下成长为什么样子，父母当下的教育素养就是什么样子。孩子是父母的一面镜子，看得见的是孩子的行为表现，看不见的是父母的教育观、价值观。父母的价值观影响着孩子的价值观，孩子的价值观决定了孩子的行为。

　　我是一切的根源，这就要求父母要勇敢地承担起教育的责任，不逃避，不推卸，不弱化。像上文中的母亲一样，"自觉地、有意识地学习各种父母本领，承担家长的职责。"不把教育孩子的责任推给学校，不把教育孩子的责任推给老师，不把教育孩子的责任推给长辈，"研究这么深奥的学科，只能靠我自己的努力。"时刻告诫自己：我是孩子的父母，教育孩子是我天经地义的责任，是我的事。我的教育能力不够，才找学校老师来凑。老师是帮助我教育孩子的，我要好好配合老师，形成教育合力。我自己更要不断学习，努力做一名合格的母亲。

　　孩子是我生的，教育孩子是我的事，这要作为一种坚定的信念产u根植在心里，永不怀疑，永不动摇，永不放弃。实际上，我们已经和正在做这样的事：养孩子、教孩子、育孩子。

　　父母是给了孩子生命的人。十月怀胎之辛苦，一朝分娩之痛苦，生产的过程产生了发自内心的爱——父爱和母爱。孩子的生命是父母生命的延续，血液里流淌的是父母的精血，生命里遗传的是父母的基因，对孩子的爱就是对自己的爱。两爱叠加，父母对孩子的爱从孩子还没出生就已经开始了。爱他就要为他负责，选择生育就要好好教育。

　　父母是养大孩子的人。孩子是吃着母亲的乳汁长大的，是吃着父母买来的食物长大的，是穿着父母买来的衣服长大的，是住着父母买来的房子长大的，是玩着父母买来的玩具长大的。有食物能填饱肚子，有衣服能蔽体御寒，有房子能遮风挡雨，有玩具能开发智力，我们的孩子才一点点长大。买物品需要钱，钱是什么？钱是父母用体力与智力的付出获得的生活资源、教育资源。把钱花在谁身上就爱谁，把资源给谁就爱谁。父母心甘情愿把钱花在孩子的成长上，这是父母爱孩子的最直接体现。

　　父母是为孩子付出最多的人。我们付出了时间，付出了精力，付出了智慧。这是父母最了不起的付出。把自己早上睡觉的时间用来给孩子做饭，把自己晚上休息的时间用来陪孩子完成作业。我知道的两位家长，一位是在发廊做理发师，因为孩子的英语和数学学得不够好，每天吃过晚饭后，就用这双已经被推子剪刀磨出老茧的手，一边照顾患有心脏病的爸爸，一边给孩子讲题，对答案。另一位家长，担心孩子晚上不能专心地完成作业，就急中生智想起了"十字绣"，在一整天的繁忙工作之后，在夜阑人静之中，一边编织着梦想，一边陪孩子度过一个个寂静而温存的夜晚时光。

　　我们牺牲了周末休息聚会的时间，用来陪孩子上各种各样的课外班；我们利用工作的时间，与老师沟通孩子在校一点一滴的表现。我们把自己那么多的时间分给了孩子，也就是把生命的一部分给了孩子。我们要陪伴孩子走过六年的幼儿时光，走过六年的少年时光，再走过六年的中学时光。十八年，我们把自己人生中最美好的年华无怨无悔的给了我们的孩子，甚至因此忽略了当年最爱的老公或老婆，甚至因此忽略了生我们养我们的父母，也把自己从风华正茂的青年人陪伴成饱经沧桑的中年人。

　　父母是呵护孩子安全的人。自从孩子出生，担心、忧虑就成为我们父母挥之不去的情愫。我们担心孩子吃不好、喝不好、睡不好、穿不好，怕孩子生病；我们担心孩子磕着、碰着、摔着，怕孩子出事；我们担心孩子上学的交通安全，在校的身体安全，在家的用电、用火、用气安全，出行的人身安全。我教过一个初一女学生，她是我的语文科代表。有一天她到办公室送作业，我看见她手上拿着一个椭圆形的小东西，问她是什么，她说是"防狼器"。防狼器？我还是第一次听说。她示范了一下，防狼器发出了尖锐的警报声。原来这是女孩子防止上学放学路上被色狼性侵用的……

　　你看，祈祷孩子每天都健健康康，平平安安，这成了我们做父母对孩子成长的期待底线。我们不容许孩子的身心因为自己的疏忽突破这个底线。

　　父母是教育孩子最早的人。教育不一定非要在学校发生，不一定非要在课堂中发生，不一定非要在师生之间发生，教育其实时时刻刻都在发生。而且越不是刻意安排的教育，越是自然发生的教育，教育的影响力越大。对于婴幼儿的教育，有两个极容易被忽视的特点：一是身教胜于言教；二是小孩子模仿的能力无与伦比。我们说父母是孩子最早的老师，就是基于这两点。小孩子虽然不会说话，但他会看，会听。他的眼睛雪亮，像摄像机的镜头，他会把每天看到的父母的行为不加选择地统统地摄录下来，然后怎么办？然后全部放到自己的潜意识里。他的耳朵灵敏，像录音机，他会把每天听到的父母的声音统统录下来，然后怎么办？然后全都放到自己的潜意识里。你确实没有刻意地去教育他，没有告诉他应该怎么做，不应该怎么做，但你的日常行为、你的日常说话，都已经被孩子的潜意识记录下来，就像上学时记录老师的讲课笔记一样。你的身教时刻都在进行。潜意识占意识的88%，意识只占12%。潜意识有什么特点？一是24小时不休息，努力工作；二是关注未完结的事情。做梦就是潜意识的一种表现。孩子记录下来的信息，24小时都在潜意识中得到复习，但孩子不知道。所以3岁左右的婴幼儿是没有记忆的，但潜意识中存储的大量信息却决定着孩子的意识，影响着孩子未来的发展。然后就是孩子的模仿能力，小孩子模仿能力超强，他们模仿父母的语言和行为，就在这看似有趣的模仿中，教育就在真实地发生。一张白纸，没有负担，好写最新最美的文字，好画最新最美的图画。如果把婴幼儿比作一张白纸，那么在孩子心灵这张白纸上最开始写字作画、打上底色的不是别人，正是他的父母。

　　父母是影响孩子最大的人。孩子长时间跟随父母生活，父母对孩子的影响也最大，这种影响便是父母对孩子的教育的影响。这种影响不只是学科成绩方面的，更多的更大的影响是做事、做人的影响，是思维观、价值观的影响。做什么事，怎么做事；做什么人，怎么做人；思考什么，怎么思考；追求什么，怎么追求。这样的影响是悄无声息的，是旷日持久的，因此也是刻骨铭心的。

　　父母是与孩子休戚相关的人。休是喜悦、幸福；戚是忧愁、悲伤。

父母以孩子的喜悦为喜悦，以孩子的忧愁为忧愁。孩子健康平安，我们满心欢喜；孩子身体有病，我们焦虑不安。孩子成绩优秀，我们喜不自禁；孩子成绩下滑，我们忧心忡忡。孩子孝顺父母，我们由衷自豪；孩子顶撞父母，我们暗自神伤。孩子成长进步，我们微笑赞赏；孩子不学无术，我们教训愤怒……这叫什么？唇亡齿寒，荣辱与共。

父母是孩子回报利益最丰厚的人。初为父母，孩子用他的天真可爱，为养育他的父母带来了喜悦和快乐；人到中年，孩子用他的进步成长，为期待他的父母带来了满足和自豪；人到晚年，孩子用他的感恩之心，为年迈孤独的父母带来了天伦之乐。原来，我们为孩子付出最多，我们得到的孩子的回报也最多。爱出者爱返，福往者福来。

有一次，我参加一个学生训练营活动。参加活动的学生大都来自小学五六年级。学生活动之后有一个环节叫"隔空喊话"。学生们依次站在二楼窗前，打开窗户，面向楼下站立的家长们喊话。差不多每个学生都讲述了他们刚刚做过的一个游戏活动：一艘小船在海上旅行。船上共有 6 个人，其中一个是你的孩子，另 5 个人是孩子经过精心挑选的、自己最喜欢的人。他们中有孩子的父母，孩子的老师和孩子的同学。突然海上风暴骤起，需要有人不断跳下去牺牲自己，才能保证船上其他人的安全。而这个选择权完全交给了孩子。知道吗？我们的孩子第一个选择的就是自己，然后才是他的同学，然后才是他的老师，然后才是他的爸爸。他们最后留下的是他们的妈妈。每一次选择都让孩子痛苦不堪，撕心裂肺。孩子们讲述完这个故事，便流着泪、哽咽着向楼下的妈妈喊话："妈妈，我爱你！"更有的孩子大声说："妈妈，不要再拿我和别的孩子比较了，我也有我的优点！"原来，在孩子心中，虽然父母曾经伤害过他们，但他们依然爱着父母！他们选择了原谅和包容。

所以，家长们，教育是谁的事？是家长的事，是我们自己的事。子不教，父之过；子不教，母之过。父母才是孩子一生中最重要的老师，是孩子的第一任老师，也是孩子一生都不退休的老师。父母这双推动摇篮的手就是推动世界的手。

老师是什么？老师是来帮助父母教育孩子的，叫作父母能力不够，学校老师来凑。孩子的爸爸只有一个，妈妈只有一个，孩子的老师却有很多。所以，孩子的教育，是老师的事，但更是父母的事。教育孩子是我们做父母的天职，是任何人、包括我们的父母、包括孩子的老师都不可代替也无法代替的事情。教育孩子是我的责任，教育孩子是我的责任，教育孩子是我的责任！这个观点你信吗？你真的信吗？你确定信吗？你坚信吗？如果你坚信了这一点，你才能真正负起责任！

选择生育就要教育，选择教育就要学习。无论未来的社会怎样变化，无论我给孩子选择哪所学校，无论我的孩子遇见了怎样的老师，我知道，我站立的地方就是我孩子的未来。我是什么我的孩子就是什么，我怎样我的孩子就会怎样。我坚定信仰我的孩子就心有方向，我学习成长我的孩子就行有力量，我改变突破我的孩子就自信阳光！

昨天不是现在，现在不是未来。昨天的我们把孩子教育成了今天的样子，今天的我们正在把孩子教育成为明天的模样。孩子明天的模样是什么，完全取决于我们今天的教育素养，取决于当下的教育素养。只有父母好好学习，孩子才能天天向上。只要我们不断学习，不断成长，不断改变，不断突破，努力做合格父母，做优秀父母，我们孩子的明天就一定是个好模样。因为，我是一切的根源！

打骂伤害孩子自尊

先来读两篇参训家长的短文。

短文 1：

自从参加"动力教育合格父母培训"之后，我一直在刻意改变对孩子的教育方式，但我觉得要想做一个合格父亲并不容易，而且很难。我非常认同北斗老师的理念，真心想尽快走出教育孩子的误区，做孩子的好父亲。可我的问题是，常常是在不分青红皂白责备孩子之后，或者对孩子大喊大叫，看到孩子委屈、无辜的表情时，才意识到自己还在犯着同样的错误。庆幸的是我在改变着，虽然很慢。

我的儿子刚上小学，几天前儿子在写作业时，突然停下笔和我说："爸爸，我期中考试数学不能得 100 分了，有道排顺序题好像做错了。"我当时还笑着问他："你怎么知道做错了呢？"儿子在一张废纸上写下了他认为有可能做错的那道排序题，然后和我说，他好像把 6 写到最后那个格里了，可又有点儿记不清了。没等儿子再往下说，我就火了，手指敲点着，厉声责问他："你怎么回事？这道题你做没做过？"儿子回答："做过。"我接着大声问："做过怎么还能做错，那应该怎么填？"他非常正确地把他写下的题填完了。我更火了："你想啥了？告没告诉过你做完题后再仔细检查下，看看有没有错的？"他回答："告诉过。"回答的声音很小了。我接着厉声问："你检查了吗？"儿子说："检查了。"我接着吼："检查了，这么简单的题怎么能没看出来做错了？

你现在怎么会做了？"他回答说："爸爸，我当时脑袋有点儿犯浑了，又有点儿记不太清是不是做错了。"儿子看着我，喊出这声"爸爸"时，我也看到了他的眼里含着泪水。当时突然意识到，我又犯了同样的错误：指责、不信任、打骂的教育方式照旧又都搬出来了，而且运用得"淋漓尽致"。我看着儿子，沉默了好一会儿没有说话，儿子还在用同样恐惧、委屈又有期盼的眼神看着我。在没参加"动力教育合格父母培训"前，我从来不会去观察儿子的表情、眼神。我知道儿子恐惧的是怕我继续指责甚至是打骂，委屈的是他原本是想在他信任的爸爸这里求证一些他不能够确定是否正确的问题，爸爸却没给他细心地讲解和引导，或是他已认识到自己不应该失误但却失误了，而爸爸却没给他安慰和鼓励，反而换来了严厉地责骂，更委屈的是爸爸对他的不信任。他期盼爸爸能和蔼可亲和他沟通交流。

我摸了摸儿子的头，伸手时儿子下意识地躲了一下。"对不起儿子。"当我说出爸爸错了的时候，儿子的眼里又充满了疑惑。"你已经非常棒了，考试都已经过去好几天了，你还能记住考题，你的记忆力太好了，要是爸爸早忘了。这道题你现在做得非常正确。考试如果错了，一定是马虎大意了，没关系，记得再做题时仔细点，我儿子的脑袋是最聪明的，这样的题根本难不住你，爸爸相信你再遇到这样的题，会比现在做完成得速度还快。"听我这样说，儿子的眼泪掉下来了，就这么几句和之前完全相反的话语和态度，使儿子的眼泪笑着落下来了，就几颗。儿子信心满满地说："这道题我真会做。爸爸，期末考试我一定考个100分回来。"我给了儿子一个肯定的手势。

在这件事上，我对儿子先后给出了两种截然不同的态度。先给出严厉责备的态度，是经常发生在孩子身上的。每次责骂过后，孩子都是无精打采，逆反心理也一次比一次严重。后一种给出的是体贴、认可、相信、鼓励，马上让孩子忘记了先前的责骂恢复了自信。要是直接给予孩子相信、认可、鼓励，而没有指责、打骂、怀疑，我相信对孩子的教育和成长会有更好的效果。没有对比也不知道教育孩子的误区，原因在父母。我再次非刻意地印证了我的错误教育方式，虽然不能马上改变自己，但我会努力的。

短文2:

"养不教，父之过"，教育孩子是父母的责任和义务，但是孩子出生时，我并没有做好当父亲的准备，不知道如何照顾孩子的基本生活，不知道如何给孩子换衣服，不知道如何给孩子冲奶，不知道如何给孩子洗澡，等等。当时也是一边学习一边实践，终于把孩子照顾到上幼儿园了，随之而来的是孩子的教育问题出现在我们面前，我惊慌失措，不知如何是好。

孩子上幼儿园，还算是一个快乐时期，因为当时基本没有什么作业，也就没有什么冲突。当孩子上学前班的时候，我觉得是最难的一年。上学前班时，孩子就要按小学的要求上课，不再那么自由了。孩子没有上几天，就拒绝上学校，每天到学校门口就哭闹。那时的我没有跟孩子好好交流谈心，到现在也不知道孩子为什么不愿去学校。当时就是把孩子送到学校，转身就离开，不管孩子如何哭闹和撕心裂肺地喊着爸爸。那时心想，可能孩子不习惯，慢慢习惯就好了。这样的哭闹差不多持续了一个月的时间，后来有一天孩子说："爸爸，是不是无论如何我都得上学校？"我点了点头肯定地说："是的！"那时也没有抓住这个机会问他为什么不愿去学校，我那时很害怕多说话他又回到之前的哭闹状态，最终是强势取得了"惨胜"。现在想想，要是当时我能平等地对待孩子，多与他沟通交流，也不至于孩子哭闹了一个月的时间。

做作业习惯的养成更是一个痛苦的过程！在学前班基本都有4项作业，那时孩子很讨厌做作业。记得有一次孩子不写作业了，我们说了很久也没有效果，我顿时就火了，把孩子推到了大门外，就狠狠地关上了门，孩子立刻大声地哭了起来，哭得是那么伤心，都快上不来气了。我不停地问他："你到底写还是不写？"他一边哭一边说："我写！我写！"我打开门的时候，他一下想过来搂住我，我一把把他推开，厉声喝道："写作业去！"那天的作业是在哭泣中完成的，儿子的眼泪都掉落在了本子上。我当时的心都快碎了，为了所谓的成功，我没有去安慰他一下。他在抽泣中睡着了，但是那晚他睡得那么不踏实，睡觉总是一惊一乍的。我也大半宿没有睡觉，失眠了。早上他一醒来就搂住我，搂得是那么紧。现在想起来都非常后悔，我当时的做法可能给孩子留下了一个挥之不去的阴影，给他幼小的心灵造成了不少伤害。但是时间不能倒流，只能在以后用"真爱"来抚平那伤疤吧！

在孩子的成长过程中，如何成为一名合格父母，成为我最大的烦恼。当听到学校举办"动力教育合格父母培训"时，我就马上报名参加了，而且每期的培训我都没有落下。在参加培训的过程中收获挺多，三个西红柿的实验，撒落牛奶的故事，一个老校长教育学生的故事，还有家长们的分享，等等。在不知不觉中，我掌握了一点儿教育孩子的方法，信任、鼓励、站在孩子的角度看待问题，不再觉得20以内的加减法简单，不再觉得上下左右方位应该知道，不再觉得写几行字是那么轻松了，不再觉得拼音很容易学了，不再觉得……当孩子没有考100分的时候，我不再责备和打骂了，我会拥抱他和鼓励他，跟他一起把错题改正并重复练习几遍，这时的他也不再那么害怕给我说考试成绩了，不再用害怕的眼神偷偷看我了。有一次儿子给我们写信，信里写道："亲爱的爸爸妈妈，你们放心，我一定能考100分让你们高兴高兴。"这时我哭了，孩子一下就长大了，孩子这么小都要承受考双百的压力，可能这也是我们在不知不觉中给孩子的压力。宝贝你放心，只要你努力了，尽力了，考试分数就不再那么重要了。未来的路，爸爸妈妈陪你一起走，爸爸妈妈也会运用从北斗老师那里学到的知识来改变自我，争取做你心中的"合格父母"。

这两篇文章的作者都是父亲，都在教育孩子的过程中走进了打骂的教育误区。你有过孩子考试答错题就呵斥他的时候吗？你有过孩子不完成作业就暴跳如雷的时候吗？你有过"孩子不打，上房揭瓦"的潜在的教育观吗？你信过"棍棒底下出孝子"的教育祖训吗？

是的，打骂孩子是传承了上千年的家庭教育方式之一。我们以为打骂是最简单有效的教育方式，结果打骂一次次砍掉孩子的自尊，把孩子逼向崩溃和自暴自弃！在物质生活日益丰富的今天，孩子更加追求精神的独立和幸福，打骂已经成为与时代格格不入的落后的教育方式。

是的，作为父母，我们这些六十年代、七十年代抑或是八十年代出生的人，或多或少都挨过父母的打骂，有的甚至是家常便饭。换句话说，我们就是在父母的打骂教育的方式中成长过来的。当我们现在也为人父母，回过头来再看我们父母的教育方式的时候，会发现我们的教育方式与我们父母的教育方式有不少惊人的相似。是的，作为父母，我们都不曾系统学习过如何做一个合格的父母。我们没有经过任何学习，没有经过任何培训，没有获得合格父母证书就走上了父母的岗位，就开始了对孩子的教育。我们脑子里所有的关于教育的知识基本来自原生家庭的无意识传承，我们潜意识中甚至认为教育是自然而然的事，是学校和老师的事。我们只要保证孩子不饿、不渴、不冷、不热、不生病就行了。最多再加上一个不缺钱，孩子需要钱给他钱就行了。

在物质生活贫困的年代，在一个家庭生有几个孩子的年代，父母用打骂来教育孩子，确乎是一种常态的教育方式。常态到我们司空见惯，见怪不怪。因为物质极度贫乏，因为温饱都是问题，因为孩子多，所以，每个孩子最为迫切的需求是吃得饱、穿得暖的生理需求。如果能满足温饱的生理需求，受点皮肉之苦，受点委屈痛苦，也算是一种平衡。所以，父母打过之后，骂过之后，再给孩子一颗甜枣，孩子内心的怨恨也就慢慢消散了。更何况，挨打挨骂的也不只是自己，哥哥弟弟、姐姐妹妹也都挨过打挨过骂，心理就获得了一些平衡。张家的孩子挨过打骂，李家的孩子挨过打骂，心理就又一次获得了平衡。就是说，在那个年代，父母打骂的教育方式虽然是错误的，但在一般孩子的内心中，并没有存留下太多的负能量，没有带来更大的伤害。孩子的抗挫折能力比较强大。

还有一个重要原因，就是计划经济年代，是人们的生活水平大抵相当的年代。富的也没富到哪去，穷的也没穷到哪去，彼此生活水平差距不大，所以人们少有攀比心理、炫富心理。父母对孩子读书也没有那么高的期待，孩子的学习压力自然也不大，更不用上这个那个课外班。那个时候，能考上中专、大学的孩子少之又少。对于处于读书阶段的孩子来说，读书虽然是他应该做的，但父母对孩子的期望值很低，就像种地一样，只要不撂荒就好，只要不惹事就好，很少逼着孩子一定要考上这考上那。所以，孩子得多少分，考多少名，父母并不是很在意。甚至有的孩子不想读书，中途辍学，大人们大多也是顺其自然。

但是，随着改革开放时代、独生子女时代、市场经济时代、知识经济时代的到来，随着一部分人先富起来和普及九年义务教育、大学扩招等政策的实施，我们的教育发生了深刻变化。更多的家庭成为独生子女家庭，更多的家庭都有了一定的财富积累，更多的父母都渴望孩子享受更优质更高等的教育。致富梦、房子梦、汽车梦、存款梦、大学梦……一下子像雨后春笋在每个人心中蓬勃生长起来。人们不安于满足基本的温饱生活，人们开始向梦想中的小康生活大步前进。再穷不能穷教育，再苦不能苦孩子，不能让孩子输在起跑线上，成为我们的教育共识。于是，孩子自从上学的第一天开始，就承载着父母的梦想、家族的梦想、自己的梦想。

期待有多高，压力就有多大。父母有压力，这压力来自比较、攀比。孩子有压力，这压力也来自比较、攀比。父母把攀比的心态传导给孩子，希望孩子学得比别人好，考得比别人好。为了更好，父母在教育上做了大量的投资，上最好的幼儿园，上最好的小学，上最好的初中、高中，买最好的学习用品。只要是关乎孩子教育的投资，只要经济条件允许，就在所不辞。投资越大，期望得到的回报就越大。我们期待得到的回报就是孩子得高分，考上更好的学校，有更高薪的工作。

于是，我们看到，孩子的书包越来越沉了，回家写作业的时间越来越长了，近视眼的孩子越来越多了，睡眠的时间越来越少了，自由玩耍的机会越来越难求了，父母的要求越来越高了。我们有一种强烈的危机意识：我们就这一个孩子，如果教育不好，我们就没有机会了。在现在大学生遍地都是的知识社会，我们的孩子只有考上硕士研究生、博士研究生，只有考上 211、985 大学，才算是出人头地。

于是，在这种高期待、高压力下，我们的孩子承受了太多的学业压力和精神压力。做不完的卷子，考不完的试，排不完的名次，开不完的家长会，学习变得越来越面目可憎。孩子成了学习的雇佣军，是为完成父母的高期待而学习的雇佣军。孩子成了父母操纵的木偶，越来越感觉到失去了自我，父母变得越来越面目可憎。家不再充满温馨、温暖和快乐，每天父母的唠叨、抱怨、怀疑、比较、打骂、讽刺、忽略、溺爱，夫妻之间的争吵，亲子之间的冲突，让家也变得面目可憎。随着青春期的到来，随着自我意识的再次觉醒，他们开始尝试摆脱父母的操纵，开始用沉默、晚归、冷漠、顶撞、玩游戏、不上学、离家出走等多种方式与父母对抗。教育，从来没有像今天这样，父母操碎了心却得不到孩子的理解，孩子满心的话语却不愿意和父母沟通。父母与孩子成了天底下最熟悉的陌生人，最亲密的敌人。

写到这里，我想起了美国一位心理学家——马斯洛，想到了马斯洛的理论：心理需求层次论。

马斯洛理论把人的需求分成生理需求、安全需求、归属与爱的需求、尊重需求和自我实现需求五类，五类需求依次由较低层次到较高层次排列。

五种需求像阶梯一样从低到高，按层次逐级递升。需求层次理论有两个基本出发点，一是人人都有需求，低层需求获得满足后，更高层需求才出现；二是在多种需求未获满足前，首先满足生理需求；该需求满足后，后面的需求才显示出其激励作用。

一般来说，某一层次的需求相对满足了，就会向更高层次发展，追求更高层次的需求就成为驱使行为的动力。相应地，获得基本满足的需求就不再是一股激励力量。但这样次序不是完全固定的，可以变化，也有种种例外情况。

五种需求可以分为两级，其中生理需求、安全需求属于低一级的需求，这些需求通过外部条件就可以满足；而归属与爱的需求、尊重需求和自我实现需求是高级需求，它们是通过内部因素才能满足的，而且一个人对归属与爱、尊重和自我实现的需求是无止境的。

马斯洛的需求层次论，对我们重新认识孩子——认识生命，具有着重要的指导意义。总体上说，我们的孩子的生理需求、安全需求和归属与爱的需求得到了很好的满足，所以，学生更高的需求是尊重的需求和自我实现的需求。也就是说，不断获得尊重和实现自我价值，本来就是学生生命成长的原动力。这种动力是与生俱来的，并与生命共生共长。这应该是我们对孩子——对生命的一个基本认识。明白了这一点，我们就应该明白：我们打骂孩子，用打骂的教育方式逼孩子学习，用打骂的教育方式逼孩子听话，就是在严重伤害孩子的自尊，就是对孩子没有最基本的尊重。我们只看见了做父母的心理需求，却没有看见孩子的心理需求；我们只想到了让孩子用好成绩好名次为自己脸上增光，却没有想过孩子喜欢什么、需要什么。我们这种逼迫式、控制式、威胁式的教育方式，越来越让孩子走向我们希望的反面，让孩子没有自尊感，没有自主感，让孩子感觉到自己的生命被父母绑架，没有生命的自由。一句话，打骂的教育方式不是给孩子的成长增加动力，而是增加阻力。我们不是孩子的动力贵人，而是孩子的阻力鬼人。

新时代是追求精神幸福的时代，精神幸福的首要标志是每个人都在做真正的自己。物质贫乏的时代已经过去，打骂的教育方式已经落伍。所以，我们父母不能动辄以语言暴力和身体暴力去压制孩子、欺负孩子。教育欺不得，既不能言不由衷、言行不一欺骗孩子，也不能稍有不顺就打骂孩子、欺负孩子。教育必须尊重孩子，尊重孩子的想法，尊重孩子的需求，尊重孩子做事的习惯，尊重孩子做人的观念。尊重是教育的前提，也是孩子真正改变的前提。只有在尊重的前提下，在真爱孩子的前提下，才能通过教育的影响，让孩子自己改变自己。

参训家长微分享

　　——作为 80 后妈妈，我不主张"棍棒底下出孝子"的说法，孩子虽然年龄小，认知能力差，但是作为父母，我们还是应该尊重他们，尽量从孩子的视角看待事物。话虽如此，但是，在孩子的成长过程中，相信每位家长都难免遇到过让我们控制不住发火，甚至想打骂孩子的时候。尤其是我们正处于压力与焦躁的情绪当中。记得在女儿快五岁的时候，有一次带她在小区里跟小朋友们玩耍。小区的孩子，大人都比较熟悉，正玩着，我发现女儿朝着一个儿童车走去。儿童车上面挂着一个布包，好像把她吸引了，她竟很自然地打开包，准备查看里面的东西。我严厉地制止了她，并说："这不是咱们的东西，你怎么可以随便打开呢？翻别人的包是什么行为你懂吗？"女儿并没有理会我，想继续一探究竟，我愈加生气，觉得女儿的行为很没有教养，一把把她拽走了，拉到没人的角落大声训斥一顿，并且用力打了两下屁股。女儿有点儿不知所措，我问她知不知道错哪了，她居然说不知道，她说那个包的图案她很喜欢，她只想看看里面会不会有好玩的东西。我用大人的固有观念跟她讲了很久不应该碰别人的包……这是女儿长这么大以来第一次挨打。我以为她肯定会因此吸取教训，结果前几天我问她："宝贝还记不记得第一次挨打是因为什么了？"她想了许久，居然跟我说："妈妈，我真不记得了。"我只打过她一次，她都不记得因为什么，足以看出，打骂除了让我们出气之外，什么作用都没有，想通过打骂让孩子长记性、有教训是不太可能的。况且经常打骂孩子会让孩子变得叛逆，对家长不信任，久而久之可能会让孩子学会撒谎。并且她会效仿，以后也可能用同样的方式去处理问题。你希望你的孩子成为用暴力解决问题的人吗？如果不希望，请放下所谓的"棍棒"，换一种孩子能接受的方式。其实家长好好说，道理孩子真的都能听懂。

——我认为打骂孩子在一定程度上是传统文化的糟粕在起作用。传统的教养观念对我们仍有着潜移默化的影响，例如"不打不成器""棍棒底下出孝子"等。因为在传统观念中，父母与孩子的关系就是上对下，并没有尊重孩子、和孩子平等相处的概念。传统文化的尊重多放在平辈的相处上，但在亲子关系中却十分欠缺，尤其对一些男孩子的教育问题上，缺乏相对应的方法，以至不知所措，选择了一种简单粗暴的方式。

——孩子小的时候，我们当家长的大声说话，可能有的孩子都会害怕，那是因为他们太小，大多时候都会听家长的。可是，随着孩子慢慢长大，他们有了自己的想法、自己的思想，大人的想法和孩子的想法有冲突的时候，难免他们就会有逆反心理，也正是这个时候，我们就不会很理性地去和他们讲道理了，也就出现了打骂的现象。记得有一次，孩子不好好写作业，总想玩手机，我说了几次都不听，我就再也压不住火了。先是用语言说教，继而大声责骂孩子，总以为这样孩子会听话，好好写，可适得其反，她不但不写，反而回到自己屋里，连饭都没吃。也许她也觉得很委屈，后来我消气了，主动找孩子谈心。孩子对我说："妈妈，我喜欢你的温柔，对我的疼爱，你这么大声骂我，我觉得自己是个坏孩子。"听了孩子的话，我觉得我这个当妈妈的好失败。为什么要骂孩子，孩子是需要鼓励的。通过这件事，我改变了很多，孩子是需要爱的，需要有人给她们打气加油的，而不是用打骂的方式来教育她们，平时要和孩子多沟通，像朋友一样，我一定要通过这次学习，让自己成长，让自己成为一个合格的好妈妈。

——针对打骂孩子的问题，我一直是反对的，可是有时候真的控制不住脾气的时候，大声和他讲问题，其实真的和我想要的效果适得其反，根本达不到我想要的结果。看着儿子很受伤的表情，真的很后悔，儿子会说："妈妈，你能不能好好说，我没听懂！"试想一下，如果是我们自己，别人用打骂的方式和我们谈事情，我们会接受吗？我们会好好听话好好做吗？我不会，我相信很多人也会和我一样。针对这个问题，我也一直在找寻更好的方法，用发现的眼光看孩子，当我和儿子一起学架子鼓时，我发现即使我把乐理听得很明白，也没有他打得好。当我们一起画画时，我虽然比他画得整齐，可是我没有他的那些想象力……孩子有太多太多可爱的地方值得我们去发现，我们如果能够多看到孩子的优点，看到自己的不足，我们就会体会到不是自己的孩子不优秀，不是自己的孩子笨，而是我们都需要学习，我们有什么资格在自己都不足的情况下去打骂孩子。

——由于自己性格比较急躁，家里又是双胞胎，辅导两个孩子作业，时间花费得比较长。孩子又正是长身体的时候，要保证每晚8：30必须睡觉，每天都要和时间赛跑，背诵的作业多了，就会变得急躁起来。有一次，我就大声和孩子说："能不能不要浪费我的时间，每天为了你，占用我太多时间……"孩子哭了，我也很烦躁，回想自己又要工作，又要照顾孩子，思绪就纠缠在自我的小天地里，结果越急躁越没用，孩子不可能加快速度来完成作业，幼小衔接还没有完全过渡好，看来真得急不得。

——孩子们调皮捣蛋，父母有时在气头上就会打骂孩子，这样做不但不能达到教育的目的，还会使亲子关系变得紧张。我认为只有多和孩子沟通，才是解决这些问题的好办法。教育孩子的过程中，沟通尤为重要，我们要善于和孩子沟通，多一些耐心，像朋友一样，和孩子面对面交流。记得有一次，孩子做错事情，和我犟嘴，我一生气，打了孩子，伤害了孩子的自尊心，导致孩子脾气越发倔强。以后的日子里，我尝试用语言沟通，来表达彼此的需求。遇到他犯错时，耐心地等待他内疚地告诉我他做错事情了。我们要用亲子沟通的教育方式，代替打骂的教育方式。

——回想我小时候，我不是父母偏爱的孩子，经常被打骂，每次我都会变得很抗拒，觉得父母不理解我，从此变得不爱说话，喜欢自己偷偷地做事情。有时会变得没自信，那的确是个很枯燥的童年，不能说父母怎样，毕竟观念不同。我希望我的孩子健康乐观，懂得感恩，所以我要学会反思，努力成为孩子喜欢的妈妈。不管结果怎样，至少我努力这样做了，所以我选择了这次培训，而且很珍惜每一次机会，我为自己鼓掌。

——有些时候，认为打骂孩子是为了纠正他的不良行为。孩子犯点儿错，就把目光聚焦在孩子的缺点上，无限放大，难以控制情绪，生气发火，把所有的情绪和压力都发泄到孩子身上。每次过后都特别恨自己，打骂既不能解决问题，还会让孩子和我都受到伤害。教育还是需要方式、方法的，现在开始就应该调整好自己的心态，引导孩子回到正确的目标上来。多了解孩子，耐心倾听，跟孩子讲道理，想办法解决问题，努力做一个合格的母亲。

——我不是一个合格的家长。我有时会打骂孩子，孩子不完成作业打，不听课打，惹祸打。我总认为我上学时没好好学习，再加上现在的生活压力，都施加给了孩子。心智不够成熟的我错了，但是现在我领悟到了，孩子不是用来发泄打骂的，我需要多和他沟通交流，不要再给孩子沉重的压力和包袱了。和孩子一起学习，一起进步，多聆听孩子的心声。

——我小时候就特别淘气，只有我妈打我，家里其他人都是只动口不动手。因为小孩子挨打了、疼了，才会有记性，可能当时我会很生气，但还是知道我妈是为了我好的。现在我自己做妈妈了，也看了很多教育孩子的书，知道不能训斥、打骂孩子，但是很多时候孩子犯错了，好说好商量、讲道理的教育不管用，他真的不往心里去，这种情况下，孩子就会挨打。我们家里通常是一个唱白脸一个唱黑脸，我是知道再怎么样也不能一个人管教孩子，一个人讲情替孩子说话，这样做孩子会管"夹生"。我儿子如果挨打了，我会在孩子心情平静之后给他讲道理，但是真的——儿子的错误还会继续……就这样我感觉走进了教育误区，总是很迷茫，真的急需学习。

——作为 80 后家长，家里有兄弟姐妹四个孩子，条件有限，父母也无暇顾及我们。那时的孩子也很听话，对于父母的偶尔打骂很顺从，认为父母说的就是对的，即使有自己的想法也不敢表露出来。现在的孩子大都是独生子女，我女儿也不例外，有爷爷奶奶、外公外婆、爸爸妈妈六个人宠着，有时就我行我素。曾经因为女儿独自在家写作业，偷着抄答案，被我发现了。我问她，她不承认，我打了她，她很气愤，和我大吼起来，我一气之下重重地打了她一巴掌，女儿号啕大哭起来，恶狠狠地看着我，好像恨不得吃了我。晚上看着熟睡的女儿，脸上印着我红红的巴掌印，我流泪了，打在她脸上，疼在我心上。问自己女儿犯的错误，真的该打吗？难道以后犯错，都要用打来解决吗？那样女儿岂不是很可怜，我岂不是很伤心，我不想再看见女儿那恶狠狠的眼神，我也不想让我的心在打过女儿之后滴血。我决定第二天向女儿道歉，女儿对于我的道歉很惊讶，很愉悦地接受了我的道歉，这是我没想到的，我以为女儿会恨死我了呢。对于女儿欣然接受我的道歉，我觉得更加愧疚。女儿对于我犯的错误都能大度的原谅，我为什么对女儿的错误就抓住不放，咄咄逼人。人难免犯错，何况是孩子。从那以后我再也没打骂过女儿，即使女儿犯错了，我也会心平气和地、耐心地和她沟通，给她讲道理，换位思考。我站在她的角度看问题，为什么她会这样想、这样做，让她站在我的角度看问题，我为什么要这样说、这样做。慢慢地我和女儿心灵上有了沟通，思想有了默契，互信互认，成了无话不谈的好朋友。虽然生活中还会有一些矛盾，但都会在互信互让的基础上轻松化解。

——提到"打骂"这个词，我心里竟有一种莫名的心酸，因为在这个问题上，我可以说犯了比较严重的错误。这么说一点儿不为过。身为 80 后，我是个急性子人，看到儿子磨磨蹭蹭写作业而且连写带玩时，我就来气，想发火。刚开始抱怨、唠叨，看不管用我就直接大喊两声，吼完后儿子立马听话了，埋头写作业，而且都不敢抬头看我。同样的事情发生几次后，我爱人找我谈话了，他说："教育孩子我不知道什么大道理，但我知道不打不成器的年代过去了，现在的孩子虽小，但比我们小时候强多了，他们能学的知识比我们多，压力比我们小时候大多了，而且孩子也有自尊心，和我们是平等的。话说白了，他还是孩子，不要泯灭他的天性，他这个年纪是该好好学习，但也不能建立在不自愿、打骂上面，得让他快乐、自信，让他体会到学习是快乐的，不要适得其反。"其实每次吼完孩子，我心里也后悔，但心里着急，火就莫名上来了，几经反思，也是通过培训，更让我深知自己走进了教育误区。开学一个多月了，现在天天陪儿子写作业、阅读，他写得慢我就告诉他："没事的儿子，不着急，妈妈陪你，我儿子写得真工整"。儿子说的最让我感动的一句话是"妈妈，我爱你！"看着儿子点滴的进步成长，我感到很幸福。我会和儿子一起成长，让他更喜欢我。

——我是70后，小时候家里孩子多。爸爸总是认为棍棒底下出人才，打孩子，孩子就怕了，听话了。我的教育方式和我爸的传统打骂教育方式一样。女儿从小我就管得很严，我数三个数，女儿就得归位，不听话打屁股，黑木鞋拔子打碎两个。我很要强，女儿做的不对我就很生气。我要求严格，从不考虑女儿的优点，别人夸我女儿优秀，我总是说不行，没达到我的标准，打骂成了家常便饭。听北斗老师讲的九大误区，我自己占了七个。听完真的很受用。回到家对女儿也温柔了很多。女儿说："妈你咋了，不对劲？"我眼泪流了出来。女儿那么小就能看出我不对劲，我为什么看不出女儿呢？打骂孩子，使孩子更加厌学，和家长对着干，打骂只能起反作用。现在孩子缺少和父母敞开心扉的沟通，我们要和孩子交朋友，让孩子对家长像对朋友一样说心里话。这样，我们做家长的才是赢家。

——我的女儿小时候很懂事、很乖巧。那个时候，我的一个眼神，孩子都会看懂，走到哪里都会有人说这个小姑娘真懂事！可是随着年龄的增长，孩子在上小学五年级的时候，我觉得孩子变了，对我不再是言听计从了。当时我真的接受不了，所以就动手打了孩子。孩子一边哭，我则在一边不停地数落她，看看谁家的谁谁都比你听话……孩子在一边说："不要拿我和别人比。"我当时真的很不理解，还很生气。直到我参加了北斗老师的"动力教育合格父母培训"，我才一下认清了自己有太多的不足，以至和孩子越来越有分歧。现在我开始改变，不再打骂了，不再比较，而是去表扬，去鼓励孩子。我也真实地感觉到孩子不那么逆反了，凡事都和我商量，学校里发生的事情也和我分享了。我要更加努力地改变自己，争取做一个合格的妈妈。

　　——昨天和女儿刚要吃早餐时，女儿对我说，数学作业还有一张卷子没做。我这个急脾气一下就发火了，我说："吃完饭马上要去上课了，你竟然还没做完作业！""妈妈这是我忘做了，而不是不想做。"这要是在以前，我会大声说"学习是你的事，作业还能忘"等一大堆责备的话，这次我没有。女儿马上坐下写，不到二十分钟，女儿写完了。吃完早餐，我们开开心心地去上课。我很好地控制了不良情绪，避免了和女儿间不必要的争吵。女儿在路上还怯怯地问我："妈妈你今天怎么没像以前那样发火呢？不像你的风格呀。"我摸了摸女儿的头，不好意思地笑了，对女儿说："妈妈也需要学习，也需要成长啊。妈妈对以前对你发的火表示道歉，对不起了宝贝儿。"女儿笑了笑说："没事。"其实，坐下来细细想，有许多像今天这样的小事，都可以不发火就解决。以前总是发火，对女儿幼小的心灵伤害很大，觉得很对不起女儿，但时间不能重新来过，在接下来的日子里，我一定管好自己的情绪，做一个好妈妈。

第九篇

教育偏不得

　　每个孩子的生活都是一个动态的复杂的系统，这个系统只有经常处于平衡状态，才能健康运行。学校学科学习不是孩子学习的全部，更不是孩子生活的全部。除了学校的读书生活，孩子还有自己的爱好乐趣、人际交注、日常生活。生活的边界有多大，孩子的学习课堂就有多大；学习的课程有多丰富，孩子的生命就有多丰富。

　　每个人都是物质生命和精神生命的结合体，物质生命与精神生命互相依附，紧密相连。我们既要追求物质生命的健康与富有，更要追求精神生命的价值与充盈，追求生命自我的完善与纯粹，这是一个人活着的全部意义。物质生命的享受适度就好，过度就是奢侈和贪婪。奢侈和贪婪终将损害我们的精神生命，让我们成为生命外物——金钱和利益的奴隶，最终也将损害我们的物质生命。

　　孩子的成长是漫长的累积的过程，教育不能只看见孩子的当下，看不见孩子的未来。我们要把眼光放得再远一些，把目标定得再高一些，让孩子描绘出十年后、十五年后的自己。然后以终为始，陪伴孩子朝着他心中的梦想出发。一个孩子只有心中定下了自己的目标，绘出了实现目标的路线图和时间表，他当下的每一天的生活和学习才有了意义。

　　每个人都是社会环境的产物，每个人最终的生命价值也都要以为社会服务的方式来实现。所以，我们要教育孩子不断拓宽心胸格局，从小树立大志。小爱爱自己，中爱爱家庭，大爱爱社会。要以天下为己任，将自己的生命价值与未来职业的工作价值和民族复兴的社会价值相联系，在社会服务的坐标系中找到自己发光发热的坐标点。

努力构建生活平衡系统

先来读一篇参训家长的文章。

亲爱的儿子：

你好！

妈妈一直想以书信的形式和你说说心里话，但是迟迟没有动笔，因为总觉得不知从何说起。

自从知道你到来的那一刻开始，我就一直在学习如何做一名好妈妈。不断买书、看电视节目、听专家讲座、学习育儿知识、了解前沿教育理念。你出生后，咱们就开始了各种能力的培养与训练。看着你胖嘟嘟的脸蛋儿，黑葡萄似的大眼睛，每天围绕在我身边，让我教这教那，那是妈妈最开心快乐的时光。无论我多忙多累，我们的学习时间都不会间断。你两岁多就已经认识了很多字，四岁开始已经能够独立阅读。

你去幼儿园，对咱家当时来说真是一件头等大事。带你看哪个幼儿园，你都很喜欢，但是不超过两天，就开始哭闹。你会想出各种理由和借口不去幼儿园，甚至早上躺在被窝里装睡。因为聪明的你知道，只要一起床，过一会儿就要去幼儿园。奶奶被你闹得没办法，让爸爸送你，你仍然躺在地上打滚哭。爸爸气得一巴掌打在你嫩嫩的小屁股上。家里唯一能治得了你的就是我，我不打你也不骂你，但你都听我的。因为我每天陪你读书，用书中的语言和你说话，给你讲道理，家里人都很佩服我，能把这么一头"小犟驴"驯服了。

　　随着你年龄的增长，我也逐渐失去了耐心。白天在单位"看孩子"，晚上回家还"看孩子"，而且你这一个胜过我班级的几十个呀，管理几十个孩子井井有条，管理一个孩子鸡飞狗跳。真应了那句话：自己的刀削不了自己的把儿。你的作业从不需要我辅导，就是字迹不工整。每次家长会上，老师都会表扬你：思维敏捷、爱回答问题、爱阅读……从来没表扬过你的书写。其实你明明能写得很好，就是不好好写。我尝试了各种招数：撕本、讲道理、打、骂……效果都不佳，家里的关系也空前紧张。每当看着熟睡中的你，我就会非常自责，后悔自己的冷言冷语，后悔自己在你胳膊上留下的青紫色的掐痕。我就会下定决心，明天一定对你和颜悦色，少批评，多鼓励。但第二天总会恶性循环。慢慢地，我发现你说话有时唯唯诺诺，欲言又止，有时我一抬手你就会下意识地躲。看到这样的你，我心里一惊，这还是那个曾经围绕在我身边有"十万个为什么"的你吗？还是那个只听我话的宝贝儿子吗？反思后我发现：你还是那个你，发生变化的是我对你的态度。我看书、去网站查阅资料、咨询心理咨询师，努力找寻和你沟通的有效办法。同时也慢慢改变我对你的态度，我逐渐发现，我们的关系也慢慢地发生了变化。

　　去年八月份，你正式开始初中的学习生活，放学到家便开始完成各科作业。写与背结合，不再需要大人的催促与叮咛，时而分享班级趣事，时而讲几个记忆中的小笑话，家里每晚都充满着欢声笑语。突然之间觉得你长大了，可以积极自主地安排自己的学习和生活，真为你感到高兴。每天陪你写作业也不是件容易的事，"妈妈，日本真是个好战的国家，第二次世界大战期间，先后侵略过中国、越南、朝鲜、泰国、缅甸、老挝……太平洋战争应该也算侵略过美国吧？""妈妈，商鞅为了推动变法，在城的门口立了一个竹竿，谁把它搬到西门有奖赏，来证明他的言必信，行必果。对了，商鞅变法的内容是什么了？""妈妈，蟋蟀是怎么发声的？""妈妈……"每天都有各种各样的问题等着我，我意识到自己的知识严重匮乏，又开始了学习。读你喜欢的书籍，只为能和你共同探讨某个问题；学你喜爱的体育运动，只为能和你互相切磋技艺；看你喜爱的电视节目，只为能和你有相近的审美观点。

我们合作完成滑轮组架，体验动滑轮、定滑轮、滑轮组的区别。我们共同探究凸透镜成像规律，印象更深刻，记忆更扎实。我们一起调制"鸡尾果汁"，验证橙汁、猕猴桃汁、胡萝卜汁的密度的大小关系。当我的关注点不再完全放在你的学习上时，我们又回到了以前的"和谐状态"，意外的是你的成绩也有了显著的提高。

看到好学、认真、懂事的你，我无比欣慰。但是，我的儿子，妈妈要告诉你：成绩固然重要，但更重要的是要有教养，要有明辨是非的能力，要知道哪些事应该做，哪些事不应该做。妈妈希望你能够成为一个明理、上进的人。学习不只是学习书本上的知识，学习是一种能力，更是一种习惯，我很庆幸，有你这么一个爱学习的儿子！加油吧！我的儿子，妈妈永远支持你！

爱你的妈妈

这是一位初一家长写给儿子的信。从这封信中，我们读到了做家长的酸甜苦辣。为了做一个好妈妈，自从知道自己怀了孩子，就"不断买书、看电视节目、听专家讲座、学习育儿知识、了解前沿教育理念"；为了让孩子懂道理，"我每天陪你读书，用书中的语言和你说话，给你讲道理"；为了让孩子写好字，"我尝试了各种招数：撕本、讲道理、打、骂……效果都不佳，家里的关系也空前紧张"；为了继续提高自己的教育素养，"我看书、去网站查阅资料、咨询心理咨询师，努力找寻和你沟通的有效办法"；上了初中，"每天都有各种各样的问题等着我，我意识到自己的知识严重匮乏，又开始了学习"；我们一起讨论一起活动，"当我的关注点不再完全放在你的学习上时，我们又回到了以前的'和谐状态'，意外的是你的成绩也有了显著的提高"……

这是一个努力学习的妈妈，一个边教育边学习的妈妈。是的，作为孩子的父母，我们在孩子降临之前，很少系统学习过如何做一名合格的爸爸妈妈。教育孩子对于我们而言，是一件完全陌生的工作。这不是个别家庭的问题，这是整个社会的问题。毫无疑问，一般来说，几乎所有的年轻人，将来都要结婚，都要生育孩子，都要教育孩子。在一个人漫长的教育链条中，尤其是在职业教育与大学教育阶段，我们没有开设家庭教育课程。因为这个课程与专业无关。但这个课程却与未来中国孩子的教育息息相关，与中国未来公民的素养息息相关，与每个人未来的家庭幸福息息相关。从这个意义上说，我们呼吁国家在职业教育和大学教育阶段，开设家庭教育课程，至少作为选修课程。果真如此，这将大大提升中国父母的家庭教育素养。否则，我们的父母因为没有经过系统的家庭教育学习培训，就会在家庭教育实践中摸石头过河，就会顾此失彼，失之平衡，就会把自己孩子的教育过程变成教育实验的过程，这样的教育风险实在是太大了。

现实中，这样顾此失彼失之平衡的教育现象随处可见。

我们看到太多的家长，把孩子的生活狭隘理解为学科学习。

学科学习，包括学校组织的所有学科教学活动，自然是孩子重要的学习活动。其中以学科知识教学为载体的课堂学习，更是孩子学校学习的常态内容。小学、初中，学生要学的学科都有十几门，其中要参加期末考试的学科，小学不少于 3 门，初中不少于 7 门。2018 年 9 月公布的《长春市进一步推进高中阶段学校考试招生制度改革实施方案》中明确规定，"将国家《义务教育课程设置实验方案》所设定的全部科目纳入学业水平考试范围。"其中纳入中考计分的纸笔闭卷考试科目是语文、数学、外语（笔试）、物理、化学、地理、生物。纳入中考计分纸笔开卷考试科目是：道德与法治、历史学科。除此之外，还有机上施考的音乐、美术学科，考试成绩计入学生综合素质评价档案。还有现场考试的体育与健康学科，考试成绩纳入中考计分科目。还有实验操作，主要包括物理、化学、生物三个学科的实验操作与动手能力，考试成绩以等级形式呈现，计入学生综合素质评价档案。还有过程考查，启动综合实践能力考试（考查），对综合实践活动（劳动与技术教育、研究性学习、社区服务和社会实践、信息技术教育）四项内容进行考查，考查成绩以等级形式呈现，计入学生综合素质评价档案。

显然地，学校的学科教学已经占用了学生每天的绝大部分时间，包括每天在校的上课时间和在家的预习、复习、作业时间。把孩子的生活理解为就是学科学习，显然有它的道理。但孩子的生活绝不仅仅是学科知识与能力的学习。

那么，除了学生在校和在家的学科学习，孩子的生活还应该包括什么呢？

每个孩子的生活都是一个动态的复杂的系统，这个系统只有经常处于平衡状态，才能健康运行。学校学科学习不是孩子学习的全部，更不是孩子生活的全部。除了学校的读书生活，孩子还有自己的爱好乐趣、人际交往、日常生活。生活的边界有多大，孩子的学习课堂就有多大；学习的课程有多丰富，孩子的生命就有多丰富。

我们的孩子还需要有自己的兴趣爱好。学校的学科课程是共性的，是基于所有的孩子设计的。可是，每个孩子都是生命个体，有着属于生命个体自己的来自天性的偏好兴趣，这样的偏好兴趣可以归结到学校的某一个学科，也可能归结不到某一个学科。不论是否能归结到，我们都应该尊重孩子独特的成长需求，为孩子发展自己的偏好兴趣提供必要的支持，包括时间支持和资源支持。因为这是构成孩子完整生活的一部分，是孩子获得个体生命存在感的重要保障。如果我们认为学校的学科学习就是孩子生活的全部，我们就会不自觉地扼杀掉孩子的偏好兴趣，进而伤害孩子的自尊，剥夺孩子对生命的美好体验，甚至可能因此毁掉一个未来在某个领域有所建树的人才。苏联著名教育家苏霍姆林斯基说："如果学生有了一门喜爱的学科，那么你不必为他没有在所有各科上取得'五分'而不安。应当使人更为担心的，倒是门门成绩优秀但却没有一门喜爱的学科的学生，多年的经验使我确信，这种学生是不懂得脑力劳动的欢乐的平庸之辈。"

所以，如果你的孩子喜欢阅读、喜欢数学、喜欢操作、喜欢天文、喜欢历史、喜欢地理、喜欢动物、喜欢植物、喜欢体育、喜欢艺术、喜欢建筑、喜欢旅游、喜欢机器人、喜欢劳动……这正是我们求之不得的事啊。你尽可以尽家庭之力去支持他，让他在自己所喜欢的偏好兴趣上尽情探索。也许你的孩子很小，兴趣偏好也不专一，这也很正常，那就让他尝试他喜欢的一切。在这种种尝试中，我们一起帮助孩子确定他更喜欢什么，他在哪个领域、哪个方面更有着无与伦比的天赋。

就像上文中的学生一样，二战历史、商鞅变法、蟋蟀发声、组架滑轮、透镜成像、鸡尾果汁……孩子越小，孩子的兴趣越多，孩子才能在尝试中、在玩中了解自己的长处。穿行在各种爱好兴趣当中，孩子不仅感受到生活的美好，也在各种兴趣爱好中触类旁通，学到更多的综合性的知识，并为学习学科知识、理解学科知识提供更加丰富的原生态的生活场景。这就是学科学习与兴趣偏好之间的平衡，二者偏废不得。

我们的孩子还需要有自己的人际交往。人是社会的产物，这是人的社会属性，孩子也是如此。孩子喜欢找伴，初中生也喜欢有自己的朋友。与伙伴和朋友一起聊天、玩耍、交流，一起做事，会给他们的生活带来快乐。在一起玩耍做事的过程中，他们慢慢学会了与人相处的能力，慢慢学会了交往的能力。这种频繁的同学之间的交往，是孩子们形成人际交往能力的训练场，我们父母就是教练。在这个训练场中，我们的教育价值观、我们的教育能力将会受到巨大挑战，也是我们影响孩子的最好机会。孩子诸多做事做人的能力和品质，就是在这个训练场中不断完成的。包括理解宽容的能力、控制情绪的能力、解决问题的能力、拓宽心胸格局的能力、赏识朋友的能力；包括乐于助人的品质、与人分享的品质、具有同理心和移情能力的品质、反观自己的品质……孩子和成年人的最大不同是：同样的行为，成年人是在达成目标，孩子是在学习练习。

当然，在与同伴同学的交往中，我们的孩子也可能会受到委屈、受到伤害，但倒过来想，这同样是一个不可多得的经历，一个千载难逢的学习机会，一个拓宽心胸格局的历练。只有经历了这种历练，孩子的精神生命才能增加韧性，在未来成长的日子中，才能凭靠坚韧不拔的品质，更加自主有效地掌控生活。要教育孩子：把挫折，当存折；把苦难，当宝藏；把压力，当动力；把消极，变积极；把成功，变成长。要让孩子感悟到：苦之源，乐之本；无烦恼，无人生；没委屈，长不大；再不幸，找万幸。这种倒过来思考问题的思维品质，会让孩子在今后的人生中，不走极端，不入歧途，始终坚守积极、阳光、正面、快乐、幸福的本心。这就是学科学习与人际交往之间的平衡，二者偏废不得。

　　我们的孩子还需要日常生活。如果把孩子学校的学科学习比作一日三餐的主食，偏好兴趣和人际交往比作两道主菜，那么日常生活，就是不断变换的小菜、水果，它们同样是构成孩子生活中的一部分。日常生活虽零散却丰富，看电视、玩游戏、逛商场、看电影、去旅游、去聚餐、看医生、做家务、偶独处……这些丰富的日常生活，同样是孩子学习知识与能力的宝贵机会，是孩子感受生活快乐幸福的源泉。更重要的是，日常生活与学科学习、偏好兴趣和人际交往是"生活"不可分割的整体。

　　生活的边界有多大，孩子的学习课堂就有多大；学习的课程有多丰富，孩子的生命就有多丰富。如果我们只关注孩子的学科学习，只关注孩子的考试成绩，将"学习"的内涵狭隘化、窄化，孩子生活系统的平衡就会被打破，孩子"生活"的意义就倾斜于学科学习，就走向学科学习的极端，就变得单调乏味。而且因为我们人为地强调夸大了学科学习的重要性，轻视了偏好兴趣、人际交往和日常生活的重要性，将会给孩子输入片面的甚至是错误的观念：把在学校的学科学习当成是学生生活的全部，当成是学习的全部，这样就把本来属于一个整体的"生活"割裂开来。孩子一旦形成这样的错误观念，就会丧失很多在生活中主动学习的机会，失去很多在生活中感受到快乐和幸福的机会。就学习的终极意义而言，学习的目的不是掌握知识本身，而是运用自己所学去为社会服务，去创造更加美好的生活。知识与能力只有在生活这个广阔世界中去运用、去创造，才能实现它自身的价值。生活本身就是学习，学习本身就是生活，从生活中学习，创造更美好的生活，这才是学习——生活的良性循环。

　　所以，我们要帮助孩子努力构建生活平衡系统，把学校的学科学习看成是孩子生活的一部分，在学科学习、偏好兴趣、人际交往和日常生活的动态平衡中，努力发展孩子的综合素质与核心素养。"当我的关注点不再完全放在你的学习上时，我们又回到了以前的'和谐状态'，意外的是你的成绩也有了显著的提高。"这才是我们期待的教育过程和教育结果。

努力构建生命平衡系统

先来读一篇参训家长的文章。

书是人类最好的朋友，也是人类进步的阶梯。读书能陶冶人的情操，给人以知识和智慧，能开拓孩子的思维方式，增长孩子的课外知识，使人感到浑身充满一股力量。这种力量可以激励人们不断前进，不断成长。古语有云："欲高门第须为善，要好儿孙必读书。"在孩子的成长过程中，我非常注意培养孩子的阅读习惯。

芽儿一岁时，刚能坐在床上咿呀学语，就对彩色的图片感兴趣，经常爱不释手地抓看。我就经常买来一些色彩鲜艳、图形简单的认物图书，培养她看图识物的能力。小小的绘本里，什么汽车呀、水果呀、蔬菜呀、玩具呀、昆虫呀，各式各样的东西琳琅满目。芽儿总是瞪着小眼睛去看那图片，估计在思考着那是什么呀。看得时间长了，有时还用手去摸摸，用嘴去舔舔，特别有趣。我称之为摸书阶段。

芽儿两岁时，我和她一起看书是从识字卡开始的。我给女儿买来了正反面带有简单汉字和数字的多米诺骨牌，把这些骨牌摆成"蜿蜒的火车"的形状，按照数字顺序排列，然后推倒。骨牌倒下的连锁反应让女儿觉得很好玩。等下次再摆放的时候，我就有意识地让孩子按照骨牌上面数字的顺序去摆放。久而久之，孩子慢慢认识了12345，认识了人口手。孔子曰："知之者不如好之者，好之者不如乐之者。"没错，兴趣就是孩子最好的老师。经过长时间的坚持，女儿对数字和汉字产生了浓厚兴趣，慢慢地她自己有意识地摆着玩，渐渐地就变成了一种习惯。我称之为兴趣阶段。

芽儿三岁时，开始上幼儿园了。孩子的世界仿佛一下子就变大了，幼儿园里各式各样的彩色读本、彩色插图让芽儿很兴奋，总是回到家里磨叽着我给她买。我是看在眼里，乐在心里，孩子读书的要求一定要满足。搜遍网上和亲自去实体书店，选购了一些《儿童画报》《儿童绘本》《开心小猪和大象哥哥》《小猪佩奇》《嘟嘟熊》等系列儿童读本，凡是她喜欢看的，我都买给她。每天晚上睡觉前，我们俩一起享受亲子时光。她看图画，我讲故事，五彩斑斓的童话世界伴着孩子缓缓进入梦乡。我称之为亲子阶段。

芽儿四岁时，孩子在幼儿园开始学习简单的汉字。一些画报上、报纸上、绘本上的简单字她能读出来了。我便经常开车带着她去沃尔玛超市的小书店里，让她尽情去看、去认、去玩。每次去，我都会为她挑选适合她的书籍，然后告诉她，我们可以在这里坐着读会儿书，走的时候可以买一本回去，这是我们俩的秘密哦。每周末，到我们秘密的那一天时，孩子就会问，我们的秘密呢？经常如此，她就养成了每周必去一下小书店的习惯，每次去都在里面耗上一个多小时，最后我们俩的秘密就变成了她选购到她心爱的读本。每个周末买书就成了她时时惦念的事了。我称之为上瘾阶段。

芽儿五岁时，我为孩子选择了大桥外语集团"上学去"幼小衔接专科学校的学前班，她开始学习拼音和大量的汉字。如何让孩子对很抽象的汉字产生兴趣呢？我觉得"上学去"学前班自己创新的一套学习软件很好很实用，把汉字演变的过程动漫化，配上声音，配上会跳舞的象形文字，一点点变化成孩子所学的简体字。孩子每次回来都会跟我提及这个"动画片"，还学着动画片教我。看着女儿兴趣满满、娓娓道来的样子，我由衷地感到欣慰。"上学去"学前班真正吸引我的地方是，学校在课程设置里加了一项"阅读"课，并单独开设了一间阅读室，里面有近一千册的国内外的儿童绘本。上阅读课的时间，有沙发和地毯，孩子们可以在阅读室里或坐，或躺，或两三个好朋友共同翻看。整个阅览室飘散着浓浓的书香味，宁静而安逸。孩子在这样的环境中，不断受到熏陶，不断产生兴趣，不断养成良好的读书习惯。

芽儿六岁了，荣幸地进入到长春五十二中赫行实验学校就读。随着认识汉字量的不断增加，我们俩每天要一起读一篇或短或长的故事。大声地读出来："一个小孙子问爷爷，为什么人有两只眼睛、两只耳朵、两只手，却只有一张嘴巴。爷爷告诉小孙子，这是让人要多看、多听、多做、少说话呀。"有些故事虽然寥寥数语，却让女儿慢慢懂得了听的重要性。我们一起背诵《论语》中经典难忘的句子，我给她讲着孔子，她背着之乎者也，其乐融融，不亦乐乎！为了让她对故事加深理解和印象，我就先起个头儿，然后让她自己来探索性地完成读本，读后要把故事的大概讲给我听。我称之为真正的读书阶段。

和孩子一起读书是一种休闲，一种娱乐。在书籍的带领下，我和我的孩子不断磨练意志，我们的心灵也将渐渐地充实成熟，在幸福和谐的氛围中成为无话不说的好朋友。我会始终坚持和我的孩子一起读书，一起分享，一起成长，沉浸在书的海洋里快乐地遨游！

读过这篇文章，心里暖暖的，一股爱的暖流从心中向身体的四周扩散。我真切地体验到了作者——一位母亲对孩子深深的爱。这种爱不属于物质层面，只属于精神层面，母亲要给孩子小小的身体提供丰富的精神营养，让孩子的精神世界和灵魂沐浴在美好的精神滋养中，以精神滋养滋养孩子的精神世界。母亲要给孩子小小的身体开一个阅读的账户，在孩子尽情地阅读中，为阅读账户存下人类几千年来创造的文明成果——真、善、美。孩子感受到了图片的魅力、文字的魅力、书的魅力，如饥似渴地阅读。想一想，几年、十几年，我们的孩子在他身体里阅读的账户上，存储了多么丰富的精神财富啊。

更为奇妙的是，孩子似乎天生就与阅读结缘，天生就有着强烈的探究欲和好奇心。这是多么难能可贵的天性啊。你看文中这个可爱的小家伙：

"芽儿一岁时，刚能坐在床上咿呀学语，就对彩色的图片感兴趣，经常爱不释手地抓看。"

"芽儿两岁时，我和她一起看书是从识字卡开始的。我给女儿买来了正反面带有简单汉字和数字的多米诺骨牌，把这些骨牌摆成'蜻蜓的火车'的形状，按照数字顺序排列，然后推倒。骨牌倒下的连锁反应让女儿觉得很好玩。"

"芽儿三岁时，开始上幼儿园了。孩子的世界仿佛一下子就变大了，幼儿园里各式各样的彩色读本、彩色插图让芽儿很兴奋，总是回到家里磨叽着我给她买。"

"芽儿四岁时，孩子在幼儿园开始学习简单的汉字。一些画报上、报纸上、绘本上的简单字她能读出来了。""我便经常开车带着她去沃尔玛超市的小书店里，让她尽情去看、去认、去玩。每次去，我都会为她挑选适合她的书籍，然后告诉她，我们可以在这里坐着读会儿书，走的时候可以买一本回去，这是我们俩的秘密哦。"

"芽儿五岁时，我为孩子选择了大桥外语集团'上学去'幼小衔接专科学校的学前班，她开始学习拼音和大量的汉字。如何让孩子对很抽象的汉字产生兴趣呢？我觉得'上学去'学前班自己创新的一套学习软件很好很实用，把汉字演变的过程动漫化，配上声音，配上会跳舞的象形文字，一点点变化成孩子所学的简体字。"

"芽儿六岁了，荣幸地进入到长春五十二中赫行实验学校就读。随着认识汉字量的不断增加，我们俩每天要一起读一篇或短或长的故事。"

喜欢阅读是孩子的天性。喜欢阅读的真相是孩子天生具有探究未知世界的好奇心。阅读满足了孩子们的好奇心，他们从阅读中读到了更加丰富的知识、更加广阔的世界，也读到了人性深处更多的真与假、善与恶、美与丑。阅读，把孩子的思考引向了悠久的历史、广袤的宇宙、神奇的世界和未知的未来，也引向了阅读者自己，思考自己从哪里来，到哪里去，自己与世界的关系，自己服务世界、创造美好世界的路径和方式。

每个人都是物质生命和精神生命的结合体，物质生命与精神生命互相依附，紧密相连。我们既要追求物质生命的健康与富有，更要追求精神生命的价值与充盈，追求生命自我的完善与纯粹，这是一个人活着的全部意义。物质生命的享受适度就好，过度就是奢侈和贪婪。奢侈和贪婪终将损害我们的精神生命，让我们成为生命外物——金钱和利益的奴隶，最终也将损害我们的物质生命。

我们不得不非常遗憾地说，不少父母怀有这样一种想法：我们小时候很苦很累，现在经过十几年的打拼，家里已经积存了不少财富。我们再不能让孩子受苦受累了，我们要给孩子最好的物质生活享受。别人家孩子有的，我的孩子也一定要有。结果陷入了物质享受攀比的泥淖不能自拔。我们的孩子过早、过度享受了充裕的物质生活，习惯了充裕的物质生活，不知道挨饿是什么滋味，吃苦是什么滋味，劳累是什么滋味，没钱花是什么滋味，贫穷是什么滋味，节俭是什么滋味。不知道是劳动创造了财富，幸福是奋斗出来的。不知道自己当下享受的一切物质财富，都是父母用艰辛的劳动换来的。更不知道过早过度的物质享受会磨损一个人的志向和才干。

三国时期的诸葛亮曾写一篇《诫子书》，告诫自己的孩子。

"夫君子之行，静以修身，俭以养德。非淡泊无以明志，非宁静无以致远。夫学须静也，才须学也。非学无以广才，非志无以成学。淫慢则不能励精，险躁则不能冶性。年与时驰，意与日去，遂成枯落，多不接世，悲守穷庐，将复何及！"

要立志，要淡泊，要宁静，要节俭，要勤学，只有这样才能不断增长才干，成就自己的生命价值。作者爱子之心情真意切，堪称是我们学习的楷模。爱孩子，不是娇惯孩子、溺爱孩子，不是让孩子沉浸在过度享受、过度消费的物欲中，而是让孩子心有大志，专心致志，节俭生活，勤奋学习，让孩子继承我们不怕吃苦、敢于拼搏的奋斗精神，让孩子的精神生命更加健康和富有。这样的爱才是真爱，才不是伤害。

我们说要建立物质生命与精神生命的平衡，其意义就是不要走向两个极端：一个极端是只关注孩子的物质生命，关注孩子吃得是不是最好，用得是不是最好，玩得是不是最好，身体是不是最好，而对孩子的精神生命、精神追求、学业发展，很少过问。另一个极端是只关注孩子的学业发展、学业成绩，对孩子基本的物质需求不予理会、不予满足。还有一个极端，这个极端很隐蔽，很容易蒙蔽我们，就是只关注孩子的学业发展、学业成绩，对孩子其他方面的精神追求、心理需求进行选择性忽略。看上去也在关注孩子精神生命的发展，但实际上只是停留在对学习活动本身的关注，而对更高层次的精神生命发展少有问津。

人的精神生命，说起来是一个特别复杂的话题，不是几句话就能说清楚的。我们在前文中提到了马斯洛的心理需求层次论，它可以帮助我们做一个大概的说明。

生理需求、安全需求，是低层次的心理需求，它关乎人的物质生命。人首先要活着，要安全地活着，所以对食物以及食物安全、衣物以及衣物安全、住房以及住房安全、环境以及环境安全有着最基本的需求。满足这些需求是安全活着的前提。

归属与爱的需求、尊重需求和自我实现需求，是高层次的心理需求，它关乎人的精神生命。在马斯洛的心理需求层次论中，虽然没有对知识的需求，但实际上学习知识，是人特有的精神生命活动之一。学习知识，掌握知识，运用知识，是人实现高层次心理需求的必要前提，也是人们从更高标准层面理解自然、利用资源的安全需求。在现代社会中，一个人只有掌握了必备的专业知识，才能更好地服务于人民和社会，并在服务中实现个人的尊严和价值。就是说，学习知识、掌握知识，是实现个人尊严和价值的重要路径之一。看得见的是孩子们在学习知识，我们在关注孩子学习知识，看不见的是孩子们将来要运用所学去实现个人的尊严和价值，创造个人的幸福生活。

所以，看得见的学习知识只是表象，看不见的运用知识，实现个人尊严、价值和幸福才是真相。我们要透过表象看到真相，不只关注孩子的学习活动、学业成绩，更要关注孩子的自尊需求和自我实现需求。不能让孩子认为我学习是为了父母，是为了当下获得更好的物质利益和物质享受，是为了满足父母的尊严。把学习活动物质化，把学习活动作为父母获得尊严的功利化，都是错误的学习观、教育观。正是这些观念的大量存在，我们的孩子才成为学习的雇佣军，而不是志愿军。这是当下家庭教育存在的最严重的问题之一。

不错，作为父母，我们给了孩子一个身体，一个健康的身体，这是我们最伟大之处。这是生命的奇迹。我们还可以创造第二个奇迹，同样是生命的奇迹，那就是给孩子一个健全的精神生命。孩子没有办法参与他的第一个生命奇迹的创造过程，但他完全而且必须参与第二个生命奇迹的创作过程，因为孩子的精神生命只属于他自己。他要有自己的灵魂，有自己的价值观，有自己的追求，有自己的生命旅程。在第二个生命奇迹的创作过程中，我们可以影响但不能控制，我们可以期待但不能代替。

我们要让孩子早一点儿明白：你的物质生命是父母给的，但你的精神生命属于你自己，你要对自己的物质生命和精神生命负责。你的身体、你的物质生命是用来实现你的生命价值不可替代的无价之宝。你有一个会思考的大脑，一双会观察的眼睛，一张会说话的嘴巴，一双会聆听的耳朵，一双会活动的手，有力量的胳膊和大腿……这些都是父母给你的、最廉价也是最无价的学习资源、创造资源。有效地、快乐地利用这些资源，你就是天才。你要努力锻炼，增强自己的体力，让自己有一个健康的体魄。你要努力学习，丰富自己的知识，让自己成为一个有学养的人；你要立定志向，专注成长目标，让自己成为一个有信仰的人；你要不断改变，扬长补短，让自己成为一个有才干的人；你要不断突破，努力奋斗，让自己成为一个有价值的人。

我们要让孩子明白：由俭入奢易，由奢入俭难。过早、过度的物质享受，会让我们的孩子习惯于安逸、懒散、舒适的物质享受，会玩物丧志，为富不仁，迷失自我。过去，摆脱物质贫困是农家子弟的学习动力。现在，我们不再贫困了，我们的物质生活殷实了、富裕了，我们要给孩子注入新的学习动力、成长动力。这个动力就是让孩子努力成就自我、实现自我，而不是在父母创造的财富庇护下安逸地生活。倘若如此，恰恰是我们创造的物质财富害了孩子。我们把财富给了孩子，却没有把创造财富的价值观给孩子，没有把享受财富的消费观给孩子，这将是我们最大的教育失误。

　　我们要让孩子明白：物质消费适度就好，过度就是奢侈，过度就是浪费，过度就是攀比。孩子现在还是一个纯粹的消费者，如果把心思花在物质生活的消费上、攀比上、享乐上，就势必会减少在学习上的心思、在丰富精神生命上的心思。此消彼长，彼长此消，物质生命与精神生命只有不断达到动态平衡，生命才能蓬勃生长。

努力构建目标平衡系统

《爱能赢》中有一篇署名吴若权的文章《做自己的预言家》，全文如下（略有改动）：

回顾成长的岁月，有三件事情神奇中又有点儿冥冥注定，每当想起来的那一刹那，就会令我汗毛竖立、鸡皮疙瘩骤起，不得不对宇宙与自我之间的互动，油然而生敬意！其中，两件是好事，一件是遗憾的事。

几年前，住家过于老旧需要重新装修，我在整理珍藏多年的书籍时，在自己高中二年级的国文课本最后一页，发现我在联考之前密密麻麻重复写下100次的预言："我会考上政治大学；我会考上政治大学……"

当时，我的成绩并不是顶尖的，每个学期在班上的排名大概是在第10名到第20名之间，模拟考的成绩时好时坏，最好的状况也不过是全校第40名，加上高中联考时曾遭受重挫，对升学一直没有信心，唯一能凭借的信念只是不断用功苦读。我是不懂读书方法、只会死读书的那种学生，在事倍功半的情况下，能如愿考上政治大学，实在是一个奇迹。

而更令自己觉得神奇的是，我几乎忘了自己曾经如此认真地写下对命运的预言："我会考上政治大学"。只是冥冥中的一种信念的力量在催促着我用功而已。事后，跟朋友聊起，他们都调侃说："如果当年你写的是'我会考上台湾大学'，也许命运又会不同。"

我同意他们的说法，也因此得到一个经验——要做梦，就做大梦，只要你意志坚定，并付诸行动，美梦就会成真。

第二次神奇的经验，发生在刚踏入社会，工作的第五年。当时我转战于不同的职场，做了几份自己很喜欢但别人并不看好的工作。有一位十分关心我的长辈特别约我用餐，想要了解我为什么跳槽，还在百忙之中为杂志撰写专栏。

记得那是个冬日的午后，阳光暖暖地洒在他的身后，我面对他，很恭谨地说："我要成为一个快乐多职人。"他的笑容中，带着几许诧异。在传统的观念里，这简直就是"不务正业"。

十几年后，再碰到这位长辈，他依然记得那个午后的对话，不过他的笑容里多了些许肯定。他说："没想到所有的'不务正业'都变成了你的'正业'。"

其实当年对他说"我要成为一个快乐多职人"时，只有一个概念，心中也没有多大的把握，后来能够梦想成真，的确要感谢很多人的帮助。

第三件事，想起来就只有遗憾了。母亲被高血压、肾炎等慢性病缠身多年，又有家族遗传性的糖尿病，我常担心她的病情恶化，或可能导致中风。虽然也曾多次提醒她要遵照医嘱按时服药，多做运动。但我一忙，也就没有每天特别留意她的状况，倒是经常悲观地想，万一她意外中风时，我要怎么处理。

几年前，当母亲在菜市场因为脑血管破裂而昏倒，我被通知前往医院时，心里升起一个念头：我最担心的事情，终于发生了……

经过急救后，母亲的身体已经大不如前，幸好有父亲陪伴她接受长期的治疗与康复，病情在医生的掌握之中。每当看见父亲扶着母亲颤巍巍走路的样子，我十分后悔当时有那个"万一她意外中风时，我要怎么处理"的坏念头，更遗憾的是，我既然有过这种坏念头，为什么没有适时预防它发生。

这些经验带给我很大的启示：除非天灾，否则生命没有意外，每个人都可以成为自己的预言家！信念的力量，往往可以跨越现实的阻碍，结合所有对你有利的条件，构成一个神奇莫测的磁场。

只要你愿意立定志向，努力付诸行动——

美梦可以成真，它是世间最美丽的"预言"；

噩梦可以避免，它是最值得警惕的"预言"。

作家保罗·科埃略在《牧羊少年奇幻之旅》一书中说："没有一颗心，会因为追求梦想而受伤……当你真心渴望某样东西时，整个宇宙都会联合起来帮你的忙。"

我是在一本书中读到的这篇文章，读完之后便深深喜欢上了这篇文章。是什么东西深深吸引了我呢？是作者经历的三个神奇的故事，更是故事之后作者得到的启示："每个人都可以成为自己的预言家！"

每个人都可以成为自己的预言家，这是一句多么美妙的话。听起来这句话有点儿不可思议，有点儿唯心，但这样的预言确实在作者身上实现了。我相信也曾在很多人身上实现过。

也许会有很多人站起来反对，他们会拿出很多同样是事实的例子来证明自己的观点。比如说，很多孩子小时候也曾经做过这样的预言：长大了我要做科学家，我要登上太空，我要成为一名军人……但这样的预言，长大了却没有实现。

那么，我们该怎么理解"每个人都可以成为自己的预言家"这个判断呢？

这让我想起了中央电视台《朗读者》栏目第二季中的一位朗读者俞敏洪。他三次为自己的人生做下预言：第一个预言是"我要上大学"，三次参加高考，终于考上大学——北京大学。第二个预言是"我要成为中国最好的英语词汇老师之一"，于是开始一个一个单词背，终于背下了两三万个单词，成了一名不错的词汇老师。第三个预言是"我要做成中国最好的英语培训机构之一"，然后十几年如一日，终于成就了今天的新东方教育集团。

在《朗读者》的讲台上，俞敏洪朗读了他自己写的一篇短文《一堆散乱的砖头》。

小时候，父亲做的一件事情到今天还让我记忆犹新。

父亲是个木工，经常帮别人建房子，每次建完房子，就会把别人废弃不要的断砖乱瓦捡回来，或一块二块，或三块四块。有时候在路上走，看见路边有砖头或者石块，他也会捡起来放在篮子里带回家。久而久之，我家院子里就多出了一堆乱七八糟的砖头碎瓦。

我完全不知道这一堆东西的用处，只觉得本来就小的院子被父亲弄得没有了回旋的余地。终于有一天，父亲在院子一角的小空地上开始左右测量，开沟挖槽。我问他要做什么，他告诉我要造一间小房子。在随后的几天里，父亲和泥砌墙，用那堆乱砖左拼右凑，一间四四方方的小房子居然拔地而起，干净漂亮，和院子构成了一个和谐的整体。

当时我只是觉得父亲很了不起，等到长大以后，我才逐渐发现父亲做的这件事情对我的深刻影响。

一块砖没有什么用，一堆砖头也没有什么用，如果你心中没有一个造房子的梦想，拥有天下所有的砖头也只是占据了一堆废物；但如果只有造房子的梦想，而没有砖头，梦想也没法实现。当时我家穷得几乎连吃饭都成问题，自然没有钱去买砖，但我父亲没有放弃，日复一日捡拾砖头碎瓦，终于有了足够的砖头来造心中的房子。

在后来的日子里，这件事情蕴藏的精神一直激励着我，成了我做事的指导思想。

日子如果没有目标地过下去，只不过是几段散乱的岁月。但如果我们的努力凝聚每一日，去实现自己的某一个梦想，散乱的日子就聚积成了我们生命的永恒。

现在回过头来去看"每个人都可以成为自己的预言家"，我们好像有了更多真切的感受。

我们会感受到，有目标的日子才有意义。"日子如果没有目标地过下去，只不过是几段散乱的岁月。但如果我们的努力凝聚每一日，去实现自己的某一个梦想，散乱的日子就聚积成了我们生命的永恒。"是的，单纯从时间的概念来看，我们每个人都是在一天天的过日子，时间对每个人都是非常公平的，每天都是 24 小时。但是，不同的人在相同的时间里的生命状态却不尽相同。有目标的人，每一天都在为实现目标而活，这一天中的每一小时、每一分钟都变得有了意义，变得弥足珍贵。因为有了目标，起早就有了意义，贪黑就有了意义，工作就有了意义，休息就有了意义，吃饭就有了意义。是目标赋予了时间价值，它让我们对每一个新来的一天都充满了期待，对每一个过去的一天都充满了收获，对每一个经历的一天都充满了珍惜。目标就是串起时间珠子的那条彩线，它让时间幻化成为一条条精美绝伦的项链。没有目标的人，每一天都似乎可有可无，今天和昨天没什么两样，明天和今天没什么两样，日子总是单调地重复，生命在这种重复中走向死亡。

我们会感受到，预言的目标越具体越好。"我会考上政治大学""我要成为一个快乐多职人""我要上大学""我要成为中国最好的英语词汇老师之一""我要做成中国最好的英语培训机构之一"，这都是"我"的具体、切近的人生目标。目标具体了，才具有形象感，才能历历在目，才能激荡人心。目标切近了，才能看得见，才能激发自己跃跃欲试的精神动力。

我们会感受到，实现预言需要日积月累。当目标设定之后，剩下的就是努力、坚持、积累，这是任何人取得任何成功都不能逾越的规律。

这些感受之于家庭教育，意义重大。孩子的成长是漫长的累积的过程，教育不能只看见孩子的当下，看不见孩子的未来。我们要把眼光放得再远一些，把目标定得再高一些，让孩子描绘出十年后、十五年后的自己。然后以终为始，陪伴孩子朝着他心中的梦想出发。一个孩子只有心中定下了自己的目标，绘出了实现目标的路线图和时间表，他当下的每一天的生活和学习才有了意义。

我们要引领孩子设定目标。每个孩子，尤其是即将进入初中后的孩子，都应该在父母和老师的引领下，在比较充分地认识自我的前提下，播下一个梦想、定下一个目标。这个目标就是孩子对自己美好未来的预言，同时也是父母或老师美好的期待。在目标的设定过程中，有两个重要的前提：一个前提是，孩子的目标是孩子自己内心真实强烈的表达，是孩子自己的目标，不是父母的目标或是老师的目标。它完全来自孩子的内心，来自内心对于自己生命的殷切期待。第二个前提是，对孩子的目标，我们做父母的要给予满心欢喜的赞赏和期待。孩子有了自己的成长目标，这是最值得我们赞赏的一件事，因为从立下目标那一刻起，孩子才开始了真正意义上的人生——属于他自己的独一无二的人生。孩子先前的人生，还是我们在牵引，在助推。现在，孩子自己选择了方向，选择了道路，选择了目标，开始了自己的人生之旅。我们要为孩子开始做一个独立的、自主的人赞赏加油。只有这个目标是孩子发自内心想要强烈实现的目标，孩子才愿意为它全力以赴无怨无悔地付出。只有我们对孩子的目标给予满心欢喜的赞赏和期待，我们才会成为孩子实现目标路上的动力而不是阻力。

遗憾的是，在我们的教育过程中，我们很少看到孩子有目标，很少看到孩子有十年、十五年后的长期目标，我们父母也很少指导孩子设定长期目标。我们看到的更多的是，父母和孩子只有当下的目标，当下的目标也仅仅窄化为当下的考试成绩、考试名次。我们很少看到孩子有自己发自内心的成长目标，更多的是我们父母把自己未实现的人生目标强加给孩子去实现。作为初中生，孩子没有自己的高中目标，没有自己的大学目标，没有自己大学的专业目标，没有自己大学毕业后的职业目标，没有自己未来向往的幸福生活方式……只有当下，甚至只有每天日复一日周而复始的上课、作业、复习、考试，甚至双休日、寒暑假，也被父母塞满了各个科目的补课。我们的孩子举目望去，当下看到的只有学习和考试，只有成绩和名次，看不到远处和更远处的美丽风景，不清楚为什么要学习，不清楚为什么要成绩好。他们没有经历过贫穷落后的生活，没有体验过因为贫穷落后而被人瞧不起的痛苦，自然也就没有为改变贫穷落后的现状而努力学习的动力。为学习而学习，为考试而学习，为成绩而学习，为父母的期望而学习，成为很多青少年当下的学习目的。这样的学习，单单没有为自己的梦想而学习，为自己未来的目标而学习。这样的学习，单单没有把当下的学习与未来的目标联系起来，没有把学习知识与幸福生活联系起来，没有把学习知识与实现生命价值联系起来。这样的学习让孩子感到了学习的单调、疲倦、患得患失，孩子渐渐成了学习的雇佣军，而不是志愿军。

是的，孩子有当下的目标没有错，有当下的学习成绩目标没有错。但仅有当下的目标还不够，还不能激发孩子更大的学习动力和成长动力。孩子首先应该设定更远大的目标，我们称之为长期目标。这个长期目标应该关乎孩子未来的职业倾向，关乎孩子走出学校、走向社会、服务社会、实现价值的职业领域。因为每个个体生命都将在为社会服务的岗位中实现自己的生命价值。我们要引领孩子为自己的未来做一个预言：我要成为这样一个人，我要做成这样一件事，我要过上这样一种生活。同时，我们还要引领孩子设定中期目标。这个中期目标应该关乎孩子大学的学科或专业，而不仅仅是大学学校。只有孩子喜欢这个学科或专业，热爱这个学科或专业，才能不断了解这个学科或专业，才能更加喜欢学习与这个学科或专业相关的学科。同时，我们还要引领孩子设定短期目标。这个短期目标应该关乎一所高中或职业学校。最后，就是我们孩子当下设定的目标。我们只有让孩子构建出自己人生的目标系统，不断把这四个目标联系起来，清晰地看见实现每个目标的路线图和时间表，孩子才能站得更高，看得更远，才会明白千里之行始于足下的道理，才会以始为终，珍惜时间，让每一天的学习都有着不平凡的意义，让每一天的辛苦付出都成为登上通往梦想之巅的台阶的动力。而且因为心中有了更远更大的目标，才不会为生活中的一些小事斤斤计较、耗费精力，才不会为当下一时的小挫折、小失败患得患失，才会整合自己的和他人的学习资源为我所用，才会以更加平和的心态做学习的志愿军。作为孩子的父母，我们对孩子给予真诚、持久的期待和陪伴，进步时送上祝福，成功时送上赞赏，挫折时送上鼓励，失败时送上安慰，迷茫时送上方向，孤单时送上陪伴……永不气馁，永不怀疑，永不失望，永不放弃！

"没有一颗心，会因为追求梦想而受伤……当你真心渴望某样东西时，整个宇宙都会联合起来帮你的忙。"我们坚信，当每个孩子的四级目标已经牢牢扎根在孩子的内心时，目标本身便会凝聚起强大的成长动力，助力孩子在向目标进发的征途中，披荆斩棘，所向披靡。

　　退一步来说，即便我们的孩子通过努力学习，最后也没有实现当初设想的中长期目标，那也没有什么。因为有了一路努力学习的过程，我们的孩子已经有了太多的收获。立大志者得中志，立中志者得小志，立小志者不得志。如果我们的孩子因为立下大志而努力学习，最后实现中志，不也是很好的结果吗？更何况，立志的更重要价值不仅仅在于实现结果，而是培养孩子做一个有志向有信仰的人。我不一定要考上清华，但我一定要有考上清华的信心！信心照亮未来！

努力构建价值平衡系统

我们先来了解一下感动中国 2017 年度十大人物的先进事迹和颁奖词（来自网络）。

卢永根：2017 年 3 月，卢永根教授在夫人的搀扶下来到银行，将十多个存折的存款转入华南农业大学的账户，卢永根夫妇一共捐出 880 9446 元，这是他们毕生的积蓄，学校用这笔款设立了教育基金，用于奖励贫困学生与优秀青年教师。

卢永根没有将财产留给唯一的女儿，他说："党培养了我，将个人财产还给国家，是做最后的贡献。"卢永根的秘书赵杏娟说："钱都是老两口一点儿一点儿省下来的，对扶贫和教育，两位老人却格外慷慨，每年都要捐钱。"

颁奖词：种得桃李满天下，心唯大我育青禾。是春风、是春蚕，更化作护花的春泥，热爱祖国，你要把自己燃烧。稻谷有根，深扎在泥土，你也有根，扎根在人们心里。

廖俊波：廖俊波出身普通家庭，毕业后当过中学老师、乡镇干部，在县乡两级做过主要领导，在政和县工作的几年，始终牵挂群众，惦记着群众的冷暖安危，他把群众当亲人，用心用情为群众办实事、解难事，用自己的"辛勤指数"换来群众的"幸福指数"。廖俊波经历的岗位，都是"背石头上山"的重活儿累活儿，需要比别人付出更多的艰辛和努力。但他始终把工作当事业干，乐在其中。离开政和时，全县财政总收入翻了两倍多，连续 3 年进入全省县域经济发展"十佳"，实现了贫困县脱胎换骨的蜕变。2017 年 3 月 18 日傍晚，廖俊波出差途中因公殉职，年仅 48 岁。2017 年 6 月 20 日，中共中央宣传部向全社会公开发布廖俊波的先进事迹，追授他"时代楷模"荣誉称号。

颁奖词：人民的樵夫，不忘初心，上山寻路，扎实工作，廉洁奉公。牢记党的话，温暖群众的心，春茶记住你的目光，青山留下你的足迹。谁把人民扛在肩上，人民就把谁装进心里。

杨科璋：2015 年 5 月 30 日 1 点 13 分，杨科璋在灭火救援中紧急救出一名约两岁的孩子，但因烟雾太大、能见度低而踩空坠楼。从五楼坠楼时杨科璋紧抱孩子，最终保住了孩子，但自己却献出了年仅 27 岁的生命。杨科璋入伍以来共参加灭火救援战斗 200 多次，抢救疏散被困群众 160 多人。

颁奖词：有速度的青春，满是激情的生命，热爱这岗位，几回回出生入死，和死神争夺。这一次，身躯在黑暗中跌落，但你护住了怀抱中最珍爱的花朵。你在时，如炽烈的阳光；你离开，是灿烂的晚霞。

卓嘎和央宗：玉麦乡地处祖国西南边陲，1964 年至 1996 年的 32 年间，桑杰曲巴家是这片土地上仅有的一户人家。一个爸爸，两个女儿，一栋房子，既是乡政府，也是他们的家。父亲桑杰曲巴是个老民兵，放牧守边 32 年，从未离开过这片土地。卓嘎、央宗姐妹俩在父亲的带领下，加入了中国共产党，半个多世纪来，父女三人以放牧为生，守护着祖国数千平方公里的国土。父亲桑杰曲巴常对卓嘎和央宗说："如果我们走了，这块国土上就没有人了！"这句话，两个女儿记了一辈子。她们知道，守护土地，就是守护国家。

颁奖词：日出高原，牛满山坡；家在玉麦，国是中国。中国是老阿爸手中缝过的五星红旗，中国是姐妹俩脚下离不开的土地。高原隔不断深情，冰雪锁不住春风。河的源头在北方，心之所向是祖国。

刘锐：面对强国强军的时代要求，刘锐紧跟装备升级步伐，参与完成国产新一代中远程轰炸机改装，填补轰 -6K 作战使用的多项空白，和战友一起首次在南海和西太平洋留下中国新一代中远程轰炸机的航迹。刘锐所在团被确定为全军首家装备轰-6K的部队后,他作为"先行者"和"探路人",既当"改装员"又当"试飞员",仅用3个月就完成了改装。随后,刘锐一鼓作气,创造性提出"课题牵引训练"新思路,形成一批战法、数十套突击方案,填补轰-6K作战使用的多项空白。

颁奖词:脱翎换羽,展翅高飞,这是大国利器。穿越海峡,空巡黄岩,你为祖国的战机填上一抹太平洋的蓝。巡天掠海,为国仗剑,强军兴军的锐一代。只要祖国需要,你们可以飞得更远。

黄大年:黄大年留学英国18年,是国际知名的科学家。回国前,他住在剑桥大学旁边的花园别墅里,妻子还经营着两家诊所。2008年,中国开始实施"海外高层次人才引进计划",他用最短的时间辞职、卖掉房子和诊所,办好了回国手续。归国7年多来,黄大年担任国家多个技术攻关项目的首席专家,经常工作到凌晨,几乎没有休过寒暑假和节假日,甚至多次累倒在工作岗位上,这种工作状态直到生命最后一刻。

颁奖词:作别康河的水草,归来作祖国的栋梁。天妒英才,你就在这七年中争分夺秒。透支自己,也要让人生发光。地质宫五楼的灯,源自前辈们的薪传,永不熄灭。

卢丽安:卢丽安,1968年生于台湾高雄,从小受家人影响对大陆有着特殊感情。1997年,卢丽安夫妇到上海复旦大学任教。几年下来,卢丽安成为复旦大学最受欢迎的教授之一。2015年,卢丽安加入中国共产党,2017年,被选举为十九大党代表。"我以台湾的女儿为荣,我以生为中国人为傲。"卢丽安在十九大"党代表"通道上如是说。十九大会议结束后,"卢丽安效应"在慢慢蔓延。很多台胞朋友为她点赞,因为她说出了广大台胞们的心声。还有她的学生,默默地留言支持老师,向老师学习回报社会。卢丽安的父母表示,只要女儿做的是对社会、民族、国家有益的,能够促进我们两岸的和平发展、促进岛内同胞在大陆的发展,都会支持。

颁奖词:台湾的女儿,有大气概。祖国为大,乡愁不改;把握现在,开创未来。分离再久,改不了我们的血脉,海峡再深,挡不住人民追求福祉的路。

王珏：王珏化名"兰小草"，给急需帮助的孤儿寡母捐款，每年 2 万，已经坚持了 15 年，并承诺希望能捐够 33 年。慈善机构收到了捐款，想要寻找到这位好人，多次联络，王珏都没有现身。家人曾问王珏，为何以"兰小草"的名字行善？王珏当时说：平凡、善良的奶奶特爱画兰花，并且在村里很受尊重，取名时将"平凡小草"与"高洁兰花"结合。缺席了无数次公益奖项颁奖，坚持公益捐款十多年，2017 年 7 月，王珏被检查出肝癌，去世之前，他的身份最终得以大白。

颁奖词：碧草之芬，幽兰之馨；有美一人，在海之滨。你用善良为一座城市留下丰碑，芳香无尽。每年的十一月十七，狮子座流星雨如期而至，那一刻，映亮了夜空中你最美的背影。

黄大发：黄大发居住的地方以前叫草王坝，海拔 1250 米，山高岩陡，雨水落地，就顺着空洞和石头缝流走，根本留不下来。村里人用水去最近的水源地挑，必须来回走两个小时。因为缺水，当地只能种一些耐旱的苞谷。没有水，别说发展产业，村民连温饱问题都不能解决，一些家庭吃盐都需要赊账。20 世纪 60 年代起，黄大发带领群众，历时 30 余年，靠着锄头、钢钎、铁锤和双手，在绝壁上凿出一条长 9400 米的"生命渠"，结束了草王坝长期缺水的历史，乡亲们亲切地把这条渠称为"大发渠"。

颁奖词：水过不去，拿命来铺，这是一个老党员为人民许下的誓言，大发渠，云中穿，大伙吃上了白米饭。三十六年，为梦想跋涉，僵直了手指，沧桑了面孔，但初心不变。

谢海华：29 年前，湖南农民谢芳在见义勇为时受重伤，落下残疾。刚刚从部队复员回家的谢海华，经人介绍与谢芳订婚。面对谢芳日益严重的后遗症，谢海华仍选择了与她结婚。近 28 年来，谢海华一直悉心照顾妻子，每天早上 6 时准时起床做饭，帮妻子穿衣服、洗漱，一日三餐把饭菜送到床头喂她吃。对于谢芳来说，谢海华就是她的手和脚，"没有他，我活不到今天。"

颁奖词：相信，是那一刻的决定，相濡以沫，是半生的深情。平凡的两个人，在命运面前，却非凡地勇猛。最长情的告白，已胜却人间无数。心里甜，命就不苦。爱若在，厮守就是幸福。

这十大人物都是在平凡岗位上工作的平凡人物。在生命弥留之际，捐出存款880 9446元的中科院院士卢永根；把人民扛在肩上，因公殉职的公务员廖俊波；大火中抢救2岁女孩，却献出自己年仅27岁生命的消防战士杨科璋；家在玉麦，国是中国，一家人放牧守边近50年的卓嘎和央宗；巡天掠海，为国仗剑，中国新一代中远程轰炸机轰-6K先行者刘锐；告别剑桥回归祖国，七年中争分夺秒，献身祖国科技事业的黄大年；以台湾的女儿为荣，以生为中国人为傲，积极促进两岸和平与发展的十九大代表卢丽安；救死扶伤，隐姓埋名坚持捐款十五年，缺席无数次公益奖项颁奖的兰小草王珏；大发渠，云中穿，三十六年在绝壁上凿出9400米生命渠的村民黄大发；我勇敢了一次，你却勇敢了一辈子，相濡以沫厮守残疾妻子的复员军人谢海华。

每一个故事都感人至深，每一个人物都令人肃然起敬，每一个生命在浩渺时空中滑下的轨迹都是那样耀眼明亮。他们很平凡，他们却创造了不平凡的美丽人生。

每个人都是社会环境的产物，每个人最终的生命价值也都要以为社会服务的方式来实现。所以，我们要教育孩子不断拓宽心胸格局，从小树立大志。小爱爱自己，中爱爱家庭，大爱爱社会。要以天下为己任，将自己的生命价值与未来职业的工作价值和民族复兴的社会价值相联系，在为社会服务的坐标系中找到自己发光发热的坐标点。

他们是岗位上的专业精英。卢永根是中科院院士、作物遗传学家，长期从事作物遗传学的教学和研究工作，研究领域包括稻的遗传资源、水稻的经济性状遗传、稻的雄性不育遗传和栽培稻的杂种不育性遗传等方面。刘锐，身为南部战区空军航空兵某团参谋长，驾驶国产新一代中远程轰炸机飞向西太平洋，刷新中国空军远海训练新纪录。作为"先行者"和"探路人"，刘锐既当"改装员"、又当"试飞员"，仅用3个月就完成了改装。随后，刘锐一鼓作气，创造性提出"课题牵引训练"新思路，形成一批战法、数十套突击方案，填补轰-6K作战使用的多项空白。黄大年，国际知名战略科学家、中国著名地球物理学家。曾任吉林大学新兴交叉学科学部首任部长，地球探测科学与技术学院教授、博士生导师。主要研究方向为超高精密机械和电子技术、纳米和微电机技术、高温和低温超导原理技术、冷原子干涉原理技术、光纤技术和惯性技术……他们用自己精深的专业知识服务我们的国家和人民，为国家的富强和民族的振兴献智献策。

他们是岗位上的忠诚卫士。廖俊波，作为一名普通的人民公务员，始终牵挂群众，惦记着群众的冷暖安危，他把群众当亲人，用心用情为群众办实事、解难事，用自己的"辛勤指数"换来群众的"幸福指数"。杨科璋，这位 27 岁的消防战士，入伍以来共参加灭火救援战斗 200 多次，抢救疏散被困群众 160 多人。最后用自己年轻的生命挽救了一个如花的幼儿。卓嘎和央宗始终牢记父亲的话："如果我们走了，这块国土上就没有人了！"这句话，两个女儿记了一辈子。她们知道，守护土地，就是守护国家。卢丽安，1968 年生于台湾高雄，从小受家人影响对大陆有着特殊感情。1997 年，卢丽安夫妇到上海复旦大学任教，祖国为大，乡愁不改……他们守护一方水土，为百姓幸福工作，为人民安全负责，为祖国尊严巡边，为国家统一尽力。

他们是岗位上的爱的使者。王珏，一位普通的医生，每年的十一月十七日，都以"兰小草"的名字，给急需帮助的孤儿寡母捐款，每年 2 万，坚持了 15 年，并承诺希望能捐够 33 年。黄大发，历时 30 余年，靠着锄头、钢钎、铁锤和双手，带领乡亲们在绝壁上凿出一条长 9400 米的"生命渠"，结束了草王坝长期缺水的历史，乡亲们亲切地把这条渠称为"大发渠"。谢海华，被年轻姑娘谢芳见义勇为的壮举所感动，经人介绍与谢芳订婚。面对谢芳日益严重的后遗症，谢海华仍选择了与她结婚，近 28 年来，一直悉心照顾妻子……他们把爱献给了爱人、献给了村民、献给了那些需要帮助的人。

专业精英、忠诚卫士、爱的使者，是十位感动中国人物身上具有的美好品质。或以精深的专业知识报国，或以忠诚的家国情怀护卫，或以爱的专注情感爱人，他们都在国家、民族、社会、家庭的坐标系中，找到了自己发光发热的位置，谱写了不平凡的美丽人生。

作为父母，我们都希望我们的孩子将来能成为一个有价值的人。一个人的生命价值指向不外乎三个层面：指向自己的个人价值，指向亲人的家庭价值，指向社会的社会价值。由自己到家庭到社会，由小爱到中爱到大爱，构成了每个人的生命价值结构。

这三层价值就像三个同心圆，它们以个体生命为中心，第一个圆是指向自己的个人价值，第二个圆是指向亲人的家庭价值，第三个圆是指向社会的社会价值。我既属于我自己，也属于我的家庭，更属于我生存、生长的社会。一个人只有把自己的个人价值与家庭价值和社会价值联系起来，统一起来，才会有更多的幸福感和更高的价值感。

所以，家庭教育不能只强调让孩子实现个人价值，更不能把做高官、挣大钱、成大名作为孩子首选的甚至是唯一的价值取向。极端的个人利己主义和精致的利己主义，虽然能让孩子享受到富裕的物质生活，让孩子有成功人生的价值感，但如果这种价值感不能普惠更多的人，如果把占有更多的物质财富作为人生的唯一目标，我们的孩子就有可能走向人生的歧途：贪婪、纵欲、犯罪。这样惨痛的例子在我们今天的生活中可谓比比皆是。

我们必须让孩子明白，作为个体的人，无论他们将来的生命价值有多大，生命成就有多高，都离不开一路走来帮助过他、爱他的人，都离不开他生长的家庭环境和社会环境，都离不开社会发展为他提供的人生舞台，都离不开悠久的中华文化基因对他的心灵滋养。我们要让孩子怀着感恩的心态去学习、去工作、去创造自己的美好生活。用努力工作的行动，感恩父母、感恩亲人、感恩朋友、感恩社会。感恩是爱的更高境界，常感恩，幸福生。做一个心怀感恩的人，做一个心中有爱的人。心中有爱，人才厉害；心中有爱，生命出彩！

为实现自己的生命价值而读书，为实现自己的幸福生活而读书，为父母晚年的幸福生活而读书，为有能力承担家庭责任而读书，为有能力承担社会责任而读书，为实现中华民族伟大复兴而读书，为有能力爱自己、爱父母、爱家人、爱社会、爱民族、爱国家而读书。当个体生命价值的坐标定位在更加广阔的时空和更高的起点，生命便被赋予了更丰富的存在意义。

也许有那么一天，我们终于明白：为了自己，当下的我们什么都可以不做了，因为我们已经拥有了到死也用不完的物质财富，我们尽可以追求我们自己的健康和快乐。但我们还是感觉缺少了什么，我们内心深处还是渴望能做点什么，用我们的专业技能、用我们的体力精力、用我们的善良之心，为那些需要我们的人服务。原来，我们每个人的价值实现需要主客观两个要素：主观上是我们自己有体力、有能力、有爱心，客观上是有需要。被需要就是有价值，被需要就是有尊严，被需要就是有幸福，被需要才是我们活着的全部意义。需要你的人越多，你的价值就越大；需要你的岗位越重要，你的价值就越大；需要你的岗位责任越大，你的价值就越大。你的专业技能、你的体力精力、你的善良情感，只有付出给需要你的人，它们才能转换为你的生命价值。价值在交换中产生，在交换中实现。我们当下让孩子努力读书，努力学习，努力实践，正是为了不断累积孩子的才能和德行，让才能更大，让德行更高，让孩子在未来走向社会和工作岗位时，以岗位为舞台，演绎出自己的美丽人生。

当我们又多了一个视角，不仅从自己的视角思考如何实现自己的生命价值，还能从被需要的人的视角思考如何实现自己的生命价值，我们就实现了个体价值与社会价值的平衡，就会在动态变化的价值平衡中，在自身发展需求和外在需要双重动力驱动的良性循环中，不断提升自己的能力与德行，不断提升服务的能力与德行，从而实现自己的生命价值与社会价值。

参训家长微分享

——今天又一次听了北斗老师的培训，感慨良多。收获的同时，也深深反省自己的教育是不是真的从爱孩子出发。通过今天的培训，让我知道爱也是需要学习的，会爱才是真爱，只有将会爱变成真爱的信仰，我们才能学会爱孩子的正确理念和做法。中国家长犯的毛病是过度重视教育，忽略亲子关系。孩子越是不听家长的就越要管教，最后造成了对立、仇恨，导致教育彻底失败。家长不要总是把话题局限在孩子的学习上，而应该更多关注孩子的心理和精神上的需求，让孩子和自己贴近，所以在纠正孩子的行为之前，先赢得孩子的心。从小缺乏父母陪伴的孩子容易没有安全感，焦虑、急躁、易怒、自卑、孤独、狭隘、不合群、对人强势，表面看起来强势，内在又很懦弱，人格不完整，这就是缺乏父母陪伴的孩子。长时间陪伴孩子，会培养孩子强烈的家庭归属感。良好的亲子关系是家庭教育优化的前提。感谢北斗老师教会了我们爱自己、爱孩子、爱家庭、爱别人的善举，我将秉承这个信念，怀揣一颗感恩之心，一路走下去……

——今天参加了北斗老师主讲的"动力教育合格父母培训"课程，可以说受益良多，我本人感触很深。我就是一个脾气不太好的妈妈，可以说我一个严厉的眼神，孩子就会害怕，导致了孩子现在特别内向，有想法不太敢表达。正如北斗老师所说，因为平时的指责、训斥，一颗自卑的种子开始在孩子心中发芽了。课后我进行了自我反思，是啊，她只是一个 6 岁的孩子，不应该用成人的标准去要求她，要允许孩子犯错，犯错正是不再犯同样错误的教育起点，不怕犯错，不怕失败，才会收获成功。课上观看了洒掉的牛奶这个小故事，类似于这种事情，我相信任何一个妈妈都经历过，但妈妈们处理的方法大相径庭，处理方法的不同对孩子的影响就会不同。怎样去爱我们的孩子，孩子需要怎样的爱，我们要站在孩子的角度设身处地去想一想。或许她需要的真的很简单，一个肯定的眼神、一个微笑、一个拥抱、一个赞、一份鼓励，这些才能让我的孩子更加自信。真的是只有父母好好学习，孩子才能天天向上，学习做一个好妈妈，懂得理解孩子的妈妈，用同样的高度去和孩子交流沟通，而不是高高在上地去指挥。我们有错误的时候要敢于向孩子承认错误，对孩子说一声对不起，身体力行地给孩子做个好榜样，我会在不断的学习中完善自己，做一个合格的妈妈，做孩子的家庭导师和朋友。

　　——培训课上，北斗老师说到家庭的现状——"抱怨"，触动了我的神经。静下心来想想，突然发现自己现在变得好可怕。孩子起床晚了五分钟，我会抱怨；孩子吃饭慢了一会儿，我会抱怨；孩子放学一进屋，衣服满沙发扔，我会抱怨；写作业时书桌弄得乱七八糟，我会抱怨；写完作业，书包没有理顺，我会抱怨。几乎每天都是周而复始的这些事情，弄得我身心俱疲，孩子也很不快乐。这是怎么了？今天，北斗老师的一席话惊醒了我，在抱怨之前，想想自己的问题，是不是看错了问题的方向，是不是小题大做了。孩子起床晚了五分钟，为什么我没注意到他已经比昨天早了五分钟；孩子吃饭慢了，为什么我没注意到他今天吃饭时精力集中，没有东张西望了呢；今天衣服虽然扔得满沙发都是，但是昨天他还扔到床上了呢；书桌上虽然乱七八糟，但作业却比昨天快了很多；书包虽然很乱，但作业都带回来了，不像前一天还落在了学校。这样看来，孩子在一天天进步。这样一看，我的心情轻松了很多。突然觉得我的孩子很可爱，他在努力地一天天长大。其实，我真正应该做的是抱一抱他，说一句"宝贝，你真棒！"

　　——我可能和很多家长一样，每次培训完都会满腔热情，想要振臂高呼，我要改变自己，我要做个合格的妈妈，我要让我的孩子生活在充满关爱，充满正能量的家庭氛围中。可是过了一天两天，一旦遇到孩子学习磨蹭，自己的事情料理不好的时候，我还是会再次爆发，还是忍不住对孩子喊叫责备。当我静下心来慢慢思考的时候，突然发现，真相竟然是我太自私了，我责备孩子是因为他做事的速度耽误了我的时间。我想休息，我想玩会儿手机，或者看个电影，可就因为孩子，我不能安心休息，孩子做事情做不好，还需要我去给他善后，无故给我添加很多麻烦，所以我气愤，就把气都撒到了孩子身上，责怪孩子做不好事情。时间久了，他变得不自信，非常怀疑自己的能力。我反思自己，觉得我缺少的不光是耐心，还有对孩子成长规律的无知，我没有站在孩子的角度去想象一下，如果我是孩子，做这件事情我会做成什么样子，会遇到什么困难，我只是用了我定义的期望值去衡量他，就像北斗老师说的，一米是进步，难道十厘米就不是进步吗？我忽略了孩子的进步是循序渐进的过程。因为我的不满足，可能会让孩子失去继续努力的信心和动力！

——凝宝儿是个典型的起床困难户，自己不愿意起床，不爱穿衣服，不爱洗脸刷牙。这些都是由凝宝儿的爸爸帮助完成，因为我根本受不了她这个状态，要是我来做这些，我家每天早晨都会"硝烟弥漫"。为了能有个和谐的家庭氛围，我不再关注这些，但是每次看到凝宝儿躺着梳头、洗脸这种状态，我体内躁动的因子又受不了，总想要改变她，可又没什么好的措施。

昨天的培训忽然给了我了灵感。今天早上起来，我决定试试。凝宝儿一直是个很在乎自我形象爱美的孩子，借助这个，我来照顾她洗漱，我在旁边看着她洗脸，她手沾一点点水，然后放脸上就完事。哎，我控制好自己的情绪和语气，轻声地和她说，来妈妈教你洗脸，然后我给她示范，并且和她说洗脸的重要性，脸要洗得干干净净的，这样皮肤才会白白嫩嫩的，好看。然后教她刷牙，牙齿白白的，笑起来很漂亮。就这样，我轻声细雨地和她说，她很开心地照做，我俩愉快地完成了洗漱、穿衣服、吃早饭。吃饭的过程中也没有像之前一直在唠叨她快吃、时间来不及等，而且在她大口吃蔬菜的时候，给予她赞赏。哦，凝宝儿这么爱吃蔬菜啊，可以补充维生素啊，身体好，再喝些牛奶，你的皮肤会更加白的，然后能长高个子哦。早餐愉快地结束，凝宝儿开心地去上学，我的心情也很好。所以很感谢这期培训，我要做一个让孩子爱我、崇拜我的妈妈，以后多多赞赏她，鼓励她。

　　——丰富的物质不是爱。北斗老师分享的案例，双胞胎女儿的父母觉得爱就是给孩子漂亮的衣服和足够的零用钱。丰富的物质条件对孩子确实有一定的吸引力，会让孩子获得一定满足，但这解决不了全部问题。有些当父母的会有这样奇怪的想法，给你吃好穿好，就让你好好学习，怎么都是问题？可是，孩子不是花，定期浇浇水、施施肥就可以顺利成长。他需要的很多，父母的爱，理解，陪伴，交流，尊重，信任……这些都是衣服、零用钱满足不了的。

　　控制不是爱。当爸妈的都知道对孩子好，不能溺爱，不能放纵孩子。于是，很容易走向了另一个极端，对待孩子的一切，都一味地控制、命令，甚至打压。孩子是父母的，但也不是父母的。孩子的时间都掌握在父母手里，几点上学，看书，做作业，周末补习什么……在学习第一位的情况下，完全没有自主的空间，孩子长期生活在这样的环境下，很容易产生压抑、逆反的心理，甚至扭曲。就像那两个双胞胎姐妹，极端地选择了毒杀父母。毕竟，孩子不是上弦的机器，可以不停地转动。成绩虽然重要，但不是一切。

　　家长以为的爱不是爱。孩子年幼，没有一个完整的世界观，做父母的比孩子多许多人生经验，难免会以过来人的身份来指导孩子，代替孩子做选择。也许出发点是好的，也是爱孩子，为了孩子好，但这种"我经历过，我都是为了你好"的指导，却并不一定会被孩子买账。他们并不能体会到这种我们以为的爱，特别是这种爱并不纯粹，本身还掺杂了父母的尊严等其他因素时。我们总说尊重孩子，把孩子当一个独立的人来看，可是，我们做到了吗？以父母的身份自居，控制孩子，以父母人生经验安排孩子，给足孩子所有的一切物质条件，和装在笼子里的金丝雀有什么区别呢？这样养小孩，只会养出冷漠的陌生人吧！

不要再让双胞胎女儿的悲剧上演了！再一次感谢北斗老师的案例分享，感受颇深。

——五位家长登台分享案例和北斗老师的案例分享相结合，每一个案例都让我热泪盈眶，字字句句都说在我的心坎上。回首当妈妈的十三年中，有过抱怨、有过唠叨、有过怀疑、有过比较、有过打骂、有过讽刺，让亲子关系变得敏感而紧张。其实反思起来，孩子身上出现的问题大多是父母教育不当造成的，孩子"生病"，父母就应该"吃药"。贫穷不会带来教育的失败，但精神的虐待一定会制造出一个问题孩子。孩子进入初中以后，极易将自己封闭起来，我们一定要理解孩子，找到与孩子沟通的语言密码，但也要注意惜"言"如金。爱是一门艺术，爱需要表达也需要行动，有时一个拥抱胜过千言万语。爱需要适度，不要让爱泛滥成灾。看到登台分享的家长中有已退休的爷爷，有积极学习的姥姥，作为孩子的父母，我们更应该珍惜每一次的培训机会。培训是一种福利，应该让每个家庭成员都行动起来，参与进来。孩子的成长，不能没有父母！妈妈少做一点儿，爸爸多管一点儿，这才是一个幸福家庭应该有的模样！

——今天北斗老师说的教育案例，我非常震惊。每个孩子都是独一无二的天使，父母对孩子的教育也是包含了很多爱的因素，一切不能输在起跑线上的强大观念，使我们的教育理念出现了偏差，却往往忽略了父母和孩子间相爱的能力。爱是一个生命喜欢另一个生命的感情，是一种平等的关系，是无条件的，是一种整体接纳的，是要让对方接收到的。要真正做一个好家长并不难，要教育好孩子一定要注意下面几句话：绝对禁止高压打骂孩子的做法，建立平等的关系。真正地无条件爱孩子，给予孩子精神意义上的爱。一定要尊重孩子的独立人格，用正面的方法教育孩子，时常对其鼓励表扬，调整亲子关系，这是最重要的一点。要注意孩子的人格精神，教育是三分教，七分等。三分教，是指教诲要适量，说教过多只会让孩子产生逆反心理，适得其反。七分等，是指父母要尊重孩子的天赋秉性、成长步调，对孩子要保有耐心，让孩子去尝试、去体验、去失败、去成功。孩子的成长，需时日和世事的打磨，绝不可能一蹴而就。揠苗助长，只能得不偿失。

——今天的培训，对于我来说是具有特殊意义的一次培训。因为今天我作为分享嘉宾上台，把我跟随北斗老师学习这么久以来的感受，讲述给大家。并偕同我的母亲用我们的经历告诉大家，在每个人成长的道路上，有人为我们指明方向，是多么的难能可贵。成功有早晚，关键看方向。如果你的方向是对的，那么就等于选择了一条捷径，结果就可以事半功倍。人们常说选择不对，努力白费。所以能为我们指引方向的动能贵人就变得尤为重要。而我们现在参加"动力教育合格父母培训"的家长，就真的是太幸运了。因为各家都有在教育方面的难题，相信每位家长都有对教育孩子迷茫、束手无策的时候。幸好北斗老师的先进理念在这个时候来到我们的身边，为我们排忧解难，使所有的难题都变得迎刃而解。所以我们真的要向我们最敬爱的北斗老师深深地道一声，谢谢您！会上也听了其他家长的精彩分享，原来每个人都在北斗老师的理念下，潜移默化地发生着变化。我们每个人都在从量变到质变的过程中，准备飞跃，相信坚持跟随北斗老师指引的方向，我们的孩子都将心有方向地优质成长，也期待更多家长同我一起，在"动力教育合格父母培训"中迎接化茧成蝶的美好一天。再次感谢北斗老师。

——今天我如约参加了第三期的培训，站在台上分享的我既紧张又激动，感谢北斗老师对我的信任，给了我勇气和动力，您是我的动能贵人。同时也感谢女儿对我的支持和鼓励，女儿是我前进的动力。会上认真倾听了几位家长的分享，有孩子爷爷激情澎湃的分享，被其斗志昂扬的精神所感染，是我学习的榜样。有妈妈给女儿写的保证书，发自肺腑的给女儿真诚的道歉，这位妈妈的分享感人至深，情真意切，其真情实感，令我感同身受，使我其间几度落泪。北斗老师讲述的双胞胎姐妹毒死父母的事件令人震惊，发人深省。我们在教育孩子的过程中，存在着这样或那样的问题，作为家长的我们应该放下架子，抛开面子，不要逼迫孩子去维护我们所谓的面子，面子难道比孩子的生命还重要吗？教育不要捆绑，不要控制，我们应该适当地放开孩子的手脚，一味地束缚反而会适得其反。教育快不得，慢一点儿，教育高不得，低一点儿，教育不要比，教育要特一点儿，要特别一点儿。我会帮助女儿寻找人生的坐标，我始终坚信我的女儿是独一无二的，是最棒的，是能够创造奇迹的，是一定成功的！和北斗老师学习的道路任重而道远，我会尽最大努力紧跟北斗老师的脚步，努力学习，坚持对的，只要方向不错，我会勇往无前，一路前行，作女儿的榜样，和女儿共同成长！

——孩子是孩子，不是父母的成绩单。而我却一直认为学习阶段成绩才是唯一，狠抓狠补课，导致孩子没有自己的活动时间，甚至失去童年应有的玩耍和快乐。最终每每成绩不尽人意，指责、批评、拳打脚踢全部上阵，这就是成绩单背后孩子所承担的一切。我也自问自己，孩子是我的"成绩单"吗？这个"成绩单"不是孩子学习的成绩单，而是说孩子的表现是不是我的面子，是不是我在教育孩子方面成果的证明。如果孩子表现好，我就会觉得脸上有光哪？更多时候觉得孩子是自身的面子，是我的一张"成绩单"。通过三次的"动力教育合格父母培训"，改变自己固有的家庭教育理念，应该将孩子视作一个独特的个体，减少过度控制。不再把孩子看作是成绩单，是父母的面子。孩子不仅仅是我自己的，未来是属于社会的。我也不再会说："我是你妈你爸，你必须听我的，你将来就会明白，我这是对你好。"这其实就是没有把孩子当成一个独特的个体，所以才会过度地控制孩子。

——听了5位家长的实例分享，没想到让我潸然泪下，不能自已。《从美丽温柔到丑陋暴躁》，分析自己如何恨铁不成钢，如何干预孩子的正常成长，如何让自己变得丑陋暴躁，那一刻我泪流满面，那分明就是一个活生生的我啊！我总是想让我的孩子一学就会，我总是感叹为什么她就不像小时候的我呢，为什么人家孩子一学就会，我的芽干教也弄不明白，为什么……无数个为什么化成了心焦暴躁、恶语相向甚至暴力惩罚。这位妈妈分享的文章就如当头棒喝，喝醒了我这些天来的烦躁和忧郁。我的芽才一年级啊，我不能像这位妈妈一样，把自己渐渐变成丑陋的妈妈，暴力的妈妈。教育要遵循规律，家长的脚步要慢下来，再慢下来，寻找方法，循序渐进地来。学不会、总出错并不可怕，可怕的是拔苗助长，苗的根都离开了土地，让它到哪里去苗壮生长啊。站在家长的高视角，却想让孩子也看到家长眼中的风景，的的确确难为孩子。但就是这样一种关系，大多数家长却很不自知，于是就形成了各种落差，各种强迫，各种伤害。尤其是看过了北斗老师分享的教育案例"双胞胎姐妹毒死亲生父母"，让我切实地感受到，我们当家长的要把身体弯下来，与我们的孩子平视地对待学习，用孩子的思维去看待学习，要学习孩子的思维来看待成长。我们要把眼光收回来，不要光看到别的孩子身上的优点，也来看看我们自己孩子身上的优点，忽略孩子身上的缺点。我不想成为一名暴力的妈妈，我也不想成为一名拔苗助长的妈妈，通过这次学习，对我的心灵触动非常大，我只想成为一名园丁妈妈。

　　——倒过来的奥秘，我的理解也就是换位思考的秘密。每次遇到孩子问题，我总是气不打一处来。怒气比放在衣兜里放着都方便就出来了，气势汹汹地和孩子谈话，没三句就翻脸无情了！父怒子怨不欢而散。从没换过角度看问题，总指着孩子说你该干啥干啥，以一种老板对员工的口气，命令一出孩子必须服从，稍有不愿不服轻者被骂，重一点儿被打。都看幼儿园虐待儿童可恨，我何尝不是一样地在虐待自己的亲生骨肉呢？换位思考都知道。可谁真的换过位思考和实行了呢？今天听倒过来的奥秘，真心震撼！简单的换位思考执行起来就会有效果的，可我却忽略了，绕很大的弯，费时费力害了自己还耽误孩子，让孩子遭受不白之冤啊！本想用自己的手拯救孩子，却把自己最爱的孩子带到深渊。每天孩子在我的暴怒恼气中度过，想想真的是太可怕了，要是有人稍有脸色不好，我都受不了，何况孩子每天面对的人像劳教所的管教一样呢？多点灯少挖坑，多赞扬少挖苦，用正能量的光去引导孩子，带孩子积极向上！可我却做反了，专挖坑，用负面情绪拉孩子下坑。倒过来就明白，倒过来黑变白，倒过来有未来，挖苦抱怨给不了孩子动力和鼓励！多用眼睛看看孩子缺点背后的优点、存在点、不同点……这些是孩子的特点和起点。孩子有缺点，就不要在他的缺点上"落井下石"，激化更大的缺点。真的感恩老师，把最简单实用的教育技巧和方法实实在在地压在了我的心上，事要倒过来，倒过来才精彩。

　　——顺势思维习惯了，倒过来很难想到。更不会想到把它用在教育孩子上。北斗老师的教育理念全新又奇特，不过，细听下来，不仅有道理，而且非常实用。生动的例子很吸引人，家长们都很动容。父母们在正视自身的同时，很少去反向思考看问题，倒过来，世界更精彩，倒过来，看到的是孩子的优点和长处，倒过来，对孩子的影响是深远和不可思议。故事里的孩子是个可教的孩子，在妈妈的影响和反省下，深深明白了看人长处补己短处的道理，加上自己切实的努力，最终实现了目标。故事里的妈妈，一开始活在自己的理论里，且用自认正确的理论给自己制造了称得上是震惊的大麻烦。在情绪和状况都快要跌入谷底的时候，妈妈转为深深地审视检讨自己，及时找出了正确有效的方式方法：倒过来思维，倒过来思考，并身体力行地影响教育孩子，孩子和母亲都收到了意想不到的收获。这样的惊喜是母子两人共同努力的结果，也是母亲教育观念和教育手段适时转变带来的效果。倒过来，你会找到孩子成长的优点，特点，成长点，惊喜点。